Sulema

Ich bereite euch
auf dieses Ereignis vor:
Die Erleuchtung eures Gewissens

Band 1

Parvis-Verlag
1648 Hauteville / Schweiz

«Löscht den Geist nicht aus!
Verachtet prophetisches Reden nicht!»
(1 Thess 5,19)

> Um unseren Respekt und unseren Gehorsam dem Dekret von Papst Urban VIII. gegenüber zu bezeugen, erklären wir, dass wir dem Tatbestand, über den dieses Buch berichtet, nur den Glauben beimessen, den jedes menschliche Zeugnis verdient. Wir erklären auch, dass die hier zum Ausdruck gebrachten Urteile das Urteil unserer heiligen Mutter Kirche nicht vorwegnehmen wollen, dem der Autor sich demütig unterordnet.

Widmung

Als Dank an den Ewigen Vater für dieses Buch.
Es ist ein Geschenk,
das Jesus und Mama Maria ihren Kindern machen,
damit sie lernen, sich besser
auf die kommenden Ereignisse vorzubereiten.
Zur Ehre Gottes des Vaters.

Französischer Originaltitel: «Je viens vous préparer à cet énvénement:
L'illumination des consciences»

© der französischen Auflage:
Editions Christian
C.P. 22 033
Sherbrooke, QC J1E 4B4
KANADA
cl@edchristian.com
www.piccarreta.com

© deutsche Ausgabe: Oktober 2013

Parvis-Verlag
Route de l'Eglise 71
1648 Hauteville / Schweiz

Tel. +41 26 915 93 93
Fax +41 26 915 93 93

buchhandlung@parvis.ch
www.parvis.ch

Alle Rechte, auch die des Teilabdruckes, vorbehalten.

Gedruckt in der E.U.

ISBN 978-288022-860-3

Anmerkungen des Herausgebers:
– Die bibelstellen wurden vom Herausgeber hinzugefügt.

Prolog

*«Selig seid ihr, meine Kinder, wenn es euch gelingt, in dieser so tiefen Nacht des großen Glaubensabfalls im Gebet zu wachen. Ihr werdet würdig, aufrecht vor dem Menschensohn zu erscheinen, wenn ihr dieses außerordentliche Handeln der göttlichen Barmherzigkeit, die **Erleuchtung eures Gewissens** an euch erfahrt.»*

Maria, Königin des Friedens, 26. November 2011

Kurze Beschreibung des Bildes auf der Umschlagseite

Die bedeutendste Offenbarung von Fatima ist sehr wahrscheinlich die Vision aus dem Jahr 1929, bei der Lucia begriff, dass ihr das Geheimnis der Heiligen Dreifaltigkeit zusammen mit dem eucharistischen Geheimnis gezeigt wurde.

Dieses Bild[1], das nach ihren Anweisungen gemalt wurde, stellt noch andere Geheimnisse dar:

- Die Menschwerdung, die Erlösung, die Wahrheiten des Glaubensbekenntnisses, die Bitten des Vaterunser und des Gegrüßet seist du Maria…
- Das durchbohrte Herz Jesu, seine Verdienste, seine Eigenschaften, sein Kostbares Blut, aus dem die Kirche, die Sakramente, das immerwährende Opfer hervorgehen, die Quelle von Gnaden und von Barmherzigkeit sind…
- Das Unbefleckte Herz Mariens, die als Verbündete der drei Göttlichen Personen unter dem Kreuz steht. Mutter Gottes und Mutter der Menschen, ihre zahlreichen Privilegien, ihre Namen…
- Die schmerzhaften Geheimnisse des Rosenkranzes, die Kreuzerhöhung…
- Der außerordentliche Ernst der Sünde, der Sieg über den Tod, über die Hölle…

Diese Vision könnte mit der Erscheinung Unseres Herrn Jesus vor Saulus von Tarsus auf dem Weg nach Damaskus verglichen werden.

Am Tag der *Erleuchtung unseres Gewissens* werden auch wir Gott sehen, der in uns ist: Eine große Freude für die empfänglichen Seelen, ein schonungsloses Erwachen für jene, die noch nicht Ja zu Gott gesagt haben, *eine ernste Warnung!*

---

1. Dieses Bild hat am 26. April 1968 das Imprimatur des Bischofs von Leiria erhalten.

Vorworte

I

Liebe Leser und Leserinnen,

Nach der Lektüre dieser Botschaften der Liebe und der Zärtlichkeit kann ich keine Aussage entdecken, die dem katholischen Glauben widerspricht und stelle fest, dass diese Inspiration dazu bestimmt ist, uns zu helfen, uns Gott zuzuwenden...

Der Weg, den der Herr uns anbietet, ist ein Weg der Liebe und der Hingabe an den Willen des Vaters. Dieser Weg führt über die Jungfrau Maria, die uns die Größe und den Wert des Leidens klar macht, das wir Jesus aufopfern. Er führt uns zum Kreuz, das Quelle der Freude und der Hoffnung und der wahre Weg der Umkehr ist.

Es ist auch eine ständige Einladung, auf die unablässigen Aufrufe Jesu und unserer guten Mama Maria im Himmel zu antworten, die die Sakramente, das Gebet, die Anbetung, das Fasten und die Nächstenliebe betreffen.

Ich habe gefunden, dass der Himmel uns bei jeder Einladung zur Umkehr segnet. Nutzen wir diesen dreifaltigen und marianischen Segen, um darin die Gnaden zu schöpfen, die wir brauchen.

P. J. Rubén Riveros, Priester
St. Etienne de Bolton QC

II

Beim Lesen dieses Bandes könnte man sich sagen: Bloß keine weitere Person, die Botschaften vom Himmel erhält!

Und doch! Gott erwählt in seiner Güte und seiner Barmherzigkeit unablässig Zeugen, um seine Kinder zu wecken, die eingeschlafen sind und nicht mehr wissen, warum sie auf der Erde sind. Die Situation heute gleicht der Zeit des Noah: Man feierte, man aß, man trank ohne sich um den Ruf Gottes zur Umkehr zu kümmern.

Viele Menschen glauben, dass die Kirche ihre letzten Augenblicke lebt. Alles scheint zusammenzubrechen, doch der Herr hat versprochen, dass er bis zum Ende der Zeiten bei ihr ist. Das glaube ich zutiefst. Er wird es tun, denn Er ist seinen Verheißungen stets treu. Die Kirche muss ihren Karfreitag durchleiden, um den Ostersonntag zu erleben.

Diese Botschaften sind voller Frische und laden unablässig zum Gebet, zur Umkehr sowie zu den Sakramenten der Vergebung und der Eucharistie ein. Die Liebe ist erkaltet. Überall auf der Erde sehen wir, wie die Gewalt sich ausbreitet. Gott leidet, wenn er sieht, wie seine Kinder sich gegenseitig bekriegen. In dieser Situation gibt es nur eine Lösung: Die Augen zu Gott erheben und um das Licht Seines Geistes bitten. Wenn wir dieses Licht empfangen, fällt es uns dann wie beim heiligen Paulus wie Schuppen von den Augen. Dann können wir klarer sehen und auch besser leben.

Erinnern wir uns an die große Stadt Ninive, die sich auf die Verkündigung des Jonas hin bekehrt hat. Die Barmherzigkeit Gottes ist stets am Werk. Überall auf der Welt gibt es Propheten wie Jonas. Sie sprechen mit Macht, doch wir sind taub, da wir uns zu sehr um Lappalien kümmern. Die Gerechtigkeit Gottes zeigt uns das Entscheidende: die Vorbereitung unserer Herzen auf die große Begegnung mit Ihm.

Erschütternde Ereignisse werden angekündigt, doch der Herr sagt uns: «Habt keine Angst.»

Diese Ereignisse treten zum Wohl aller ein. Der Mensch muss Prüfungen durchmachen, um die Augen zu Gott zu erheben und zu ihm zu schreien.

Ich rate Ihnen, sich bei der Lektüre dieses Buches eine Botschaft pro Tag vorzunehmen, sie zu betrachten, darüber zu beten und sich zu fragen, wie Sie Ihr Leben ändern könnten, damit es mit dem Evangelium übereinstimmt.

Ich segne jeden Leser, jede Leserin. Ich bitte Gott, Sie mit Seinem Geist zu erfüllen, damit Sie Seinen Frieden kosten und in Ihrer Umgebung verbreiten.

Guy Giroux, Priester
Gemeinde St. Philippe, Windsor, QC

Einführung

Zwiegespräch zwischen Maria, Jesus und Sulema

Maria: Friede sei mit dir, meine Tochter. Warum dieser Gram, dieses Unbehagen, das du in deinem kleinen Herzen trägst? Warum? Willst du nicht weiter schreiben? Weißt du nicht, mein Kind, dass du wegen deiner Nichtigkeit erwählt wurdest? Du hast *Ja* gesagt, ohne etwas zu verstehen, du hast dein *fiat* gesprochen, ohne zu wissen, wo es dich hinführen würde, du hast dich in einer vollkommenen Hingabe in die Arme meines göttlichen Sohnes gestürzt.

Schlage das Buch «Die 24 Stunden der Passion Christi» (Verlag Résiac 1999) auf und lies, was du darin findest.

Sulema: Ich schlug das Buch auf, und am Ende von Seite 5 las ich, dass *Luisa Piccarreta* nur ein Jahr lang zur Schule gegangen ist, dass ihre Schriften voller Fehler waren, obwohl die entsprechenden Begriffe völlig mit ihren Offenbarungen übereinstimmten, die Unser Herr ihr eingegeben hatte.

Maria: Sie ist eine große Heilige und doch haben ihre Schriften nur eine gewisse Zahl meiner Kinder erreicht. Man will den Honig nicht annehmen, der aus ihnen strömt. Schau umher, allerorten erheben sich Sprachrohre, damit verschiedene Gruppen von Kindern erreicht werden können, denn ihr könnt nicht allen Herzen gefallen.

Meine Tochter, man wird versuchen, Schwachstellen zu finden, man wird die Gaben der Prophetie und des Voraussehens auseinandernehmen, die in dich gelegt wurden. Lass sie machen, bewahre deinen Frieden und vergiss nie, dass du unter unserem Schutz stehst.

Hier kommt mein Sohn:

Jesus: Deshalb gibt es so viele Boten, denn jeder von ihnen ist dazu bestimmt, eine Gruppe von Personen zu erreichen. Schau auf Mich, ich wurde nicht vom ganzen Volk angenommen. Nur die Kleinen, die Demütigen haben mich, Jesus, den Sohn Gottes, das Ewige Wort Gottes aufgenommen.

Warum meint ihr, dass ein Bote alle Herzen berühren kann? Nein, meine Kinder, ihr müsst mir nachfolgen. Obwohl Ich das Haupt der Kirche bin, wurde auch ich abgelehnt und verachtet, und man nannte mich einen Gotteslästerer, obgleich ich die Wahrheit lehrte.

Schau, als ich die Zwölf erwählte, habe ich weder Gesetzeslehrer noch Schriftgelehrte erwählt. Ich habe Fischer, Zöllner und jene erwählt, die in den Augen der Welt nichts waren. Durch meine Gnade sind sie die Apostel geworden, die die zwölf Stämme Israels richten werden.

So wie du bist habe Ich dich erwählt. Die Gnade strömt durch deine Nichtigkeit. Durch dich berühre ich die verhärteten Herzen. Durch dich werde ich große Dinge tun! Ich habe dich erwählt, weil ich niemanden gefunden habe, der kleiner ist als du. Du warst in der Lage, dich selbst zu vergessen und um meinetwillen auf alles zu verzichten. Du bleibst gern in den Armen meiner Heiligsten Mutter verborgen, denn ohne Mich bist du nichts. Ja, ich bin alles in dir. Hast du etwa Angst, mir jeden Tag nachzufolgen?

Sulema: Nein, mein Herr und mein Gott.

Jesus: Kritiker habt ihr immer. Lest die Evangelien, um mich besser zu verstehen. Eines ist sicher, meine geliebte Kleine, wenn du die französische Sprache gut beherrschen würdest, hätte ich dich nicht erwählt. Bleibe also im Frieden, schreibe weiterhin, denn was du bis heute geschrieben hast, ist nichts im Vergleich zu dem, was du schreiben wirst. Bleibe in den Armen meiner Mutter, tue alles, was sie dir sagt, denn nichts kann dieses Werk aufhalten, das der Vater seiner geliebten Tochter Maria, der Mutter Gottes, anvertraut hat. Ihr werdet staunen über alles, was ich durch dieses Buch bereits tue und noch tun werde. Schreibe weiter, wir müssen die verlorene Zeit aufholen.

Der Vater achtet eure Freiheit und euren Willen. Ihr müsst die richtige Wahl treffen. Ich habe meine Wahl getroffen. Überall auf der Welt habe ich meine Propheten, meine Boten, meine Sprachrohre erwählt. Für dieses Werk habe ich von Ewigkeit her gerade euch erwählt, bei meinem Werkzeug zu sein. Ich danke euch allen, meinen Mitarbeitern, die ich so sehr liebe. Ich danke euch für euren Wunsch, sie zu beschützen und sie zu unterstützen. Alles, was ihr für sie tut, tut ihr Mir. Ich hülle euch mit meinem ganz besonderen Segen ein, ich drücke Meinen Kuss des Friedens auf die Stirn eines jeden von euch.

Im Namen des Vaters, im Namen des Sohnes und im Namen des Heiligen Geistes. Amen. Halleluja.

Jesus, euer aus Liebe Gekreuzigter

2010

Maria, Königin des Friedens   30. November 2010
Erste Woche im Advent

1 – Man denkt an alles außer an das höchste Opfer Jesu, der Liebe ist, der in einer kleinen Hostie gefangen ist.

Danke, mein Kind. Bekreuzige dich und schreibe, bedeckt vom Kostbaren Blut meines göttlichen Sohnes, dem Herrn Jesus Christus, zur Ehre Gottes, seines Vaters.

Ja, mein Kind, es ist die Zeit für die Anbetung, die Betrachtung der Heiligen Schrift, die uns über die Passion meines Sohnes, meines Gottes und Herrn spricht.

Mein Kind, in der Zeit, in der ihr lebt, spricht man über alles, außer über das höchste Opfer, die Kreuzigung meines geliebten göttlichen Jesus. Man hat seine schrecklichen Leiden vergessen, was er alles erduldet hat, um euch zu retten, seinen schmerzlichen Todeskampf im Ölgarten. Man denkt nicht mehr an all das. Wer dankt Ihm schon? Wer denkt daran, Ihm zu sagen: «Danke Jesus, dass du aus Liebe zu mir und zur ganzen Menschheit Mensch geworden bist.»

Er ist Gott gleich und hat seine ganze Herrlichkeit beim Vater verlassen, um einer von uns zu werden. Er hat vergessen, dass er wahrer Gott und wahrer Mensch ist. Mehr und mehr ist es einem peinlich, über Ihn zu sprechen, an Ihn zu denken, den Urheber des Lebens, den Schöpfer aller sichtbaren und unsichtbaren Dinge, der sich nichts erspart hat, der euch bis zum letzten Tropfen Seines Kostbaren Blutes alles geschenkt hat …

Meine Kinder, dankt Ihm oft für so viel Liebe. Er hat gesagt (Joh 15,13): *«Es gibt keine größere Liebe als sein Leben hinzugeben für seine Freunde!»* Er ging so weit, ein Gefangener in einer kleinen Hostie zu werden. Er ist unendlich groß und ist doch unendlich klein geworden: Torheit in den Augen der Menschen, Wunderwerk in den Augen der Engel!

Wenn ihr ihn empfangt, sollt ihr dies mit großer Achtung, großer Frömmigkeit, großer Dankbarkeit, großer Demut und vor allem mit großer Liebe tun. Er soll Liebe in euren Herzen finden! Erwärmt Ihn mit eurer Liebe. Er stirbt aus Liebe zu seinen Kindern. Folgt ihm jeden Tag nach und fürchtet nichts. Er ist da, euer Jesus, der Liebe ist. Liebt ihn, liebt ihn, meine Kinder.

Danke, dass ihr das Leben meines Lebens, das Licht meiner Augen, das Herz meines Herzens, meinen Gott und Herrn tröstet.

Danke, mein Kind, dass du auf mein Mutterherz hörst, das so betrübt ist, weil so viele Kinder denken, dass es Gott nicht gibt, dass es keinen Gott gibt, der sie erschaffen hat und sie erwartet. Ich segne euch, meine Kinder, im Namen des Vaters, im Namen des Sohnes und im Namen des Heiligen Geistes. Amen. Halleluja.

༄

Maria, Königin des Friedens   4. Dezember 2010
Erster Samstag im Monat

2 – Sich in der Tugend der Geduld üben;
dann folgen Friede und Heiterkeit.

Bekreuzige dich und schreibe, bedeckt vom Kostbaren Blut meines göttlichen Sohnes, dem Herrn Jesus Christus, zur Ehre Gottes, seines Vaters.

Mein Kind, ihr müsst die Tugend der Geduld euch selbst gegenüber und vor allem den anderen gegenüber üben. Weißt du, um die anderen zu erreichen, muss man sich selbst überwinden und sich selbst vergessen. Man kann sie auch anders erreichen, aber es ist schwieriger.

Jeden Tag, ich möchte sogar sagen jeden Augenblick muss man sie üben, ohne sich entmutigen zu lassen. Meine Kinder des Lichtes, wie ihr euch im Glauben und im Vertrauen geübt habt, müsst ihr euch auch in der Geduld üben. Dann werdet ihr sehen, was in jedem von euch geschieht: Ihr lebt einen intensiveren Frieden, und dank eurer Ausdauer zieht nach und nach die Heiterkeit in euer Herz ein.

Danke, meine Kinder, dass ihr nicht aufhört, in meinen Anliegen zu beten. Seid gesegnet im Namen des Vaters, im Namen des Sohnes und im Namen des Heiligen Geistes. Amen. Halleluja.

൙

Maria, Königin des Friedens 6. Dezember 2010

3 – Betrachten wir den Glauben.
Singt wie die Kinder in der Feuersglut.

Gelobt sei mein göttlicher Sohn Jesus Christus, der Herr. Bekreuzige dich und schreibe, mein Kind, bedeckt vom Kostbaren Blut meines göttlichen Sohnes, dem Herrn Jesus Christus, zur Ehre Gottes, seines Vaters.

Mein Kind, betrachten wir Abrahams Glauben. Er hat alles verlassen, um seinem Herrn und Gott zu folgen. Er ging so weit, seinen einzigen Sohn zu opfern, denn er war gewiss, dass der Herr Isaak auferwecken würde, um seinen Verheißung zu erfüllen, ihm eine große Nachkommenschaft zu geben, die zahlreicher sein würde als die Sterne am Himmel, als die Sandkörner im Meer (vgl. Genesis). Das heißt, dass sein Glaube bedingungslos und unerschütterlich war; sein Glaube an Gott, seinen Vater, war vollkommen und verlässlich. Er hatte keine Hintergedanken und erst recht keine Zweifel, er hörte auf die Stimme des Höchsten und erfüllte im selben Augenblick, was er gehört hatte.

Um ihn auf die Probe zu stellen, bat der Herr ihn um das höchste Opfer seines Sohnes und – Wunder über Wunder – er erfüllte die Bitte unverzüglich, bis der Engel kam und ihm Einhalt gebot. Was für ein Glaube! Deshalb nennt man ihn den Vater des Glaubens.

Das alles soll euch klar machen, dass der Herr seine Verheißungen hält, dass er treu ist, dass er die Niedergeschlagenen unterstützt. Habt also keine Angst, lasst euch nicht erschrecken. Seid stark und voller Mut, denn er ist der Gott des Unmöglichen. Das wisst ihr ganz genau, er hat euch Seine Herrlichkeit gezeigt und zwar mehrmals. Denkt darüber nach, meine Kinder...

Haltet also durch und singt wie die Kinder in der Feuersglut (Dan 3,51). Sie bemitleideten sich nicht selbst, sondern glaubten an Gott, ihren Vater. Sie wussten, dass Er sie nie im Stich lassen würde. Und schließlich soll euer Glaube solider und stärker werden, meine Kinder. Betet, singt, dankt, hört nicht auf zu glauben und hofft vor allem auf den Frieden, den allein der Herr euch geben kann.

Seid gesegnet im Namen des Vaters, im Namen des Sohnes und im Namen des Heiligen Geistes. Amen. Halleluja.

୨∞

Maria, Königin des Friedens   10. Dezember 2010

4 – Eure Herzen seien voller Dankbarkeit und Liebe, damit ihr den Neugeborenen aufnehmen könnt.

Friede sei mit dir, mein Kind. Bekreuzige dich und schreibe, bedeckt vom Kostbaren Blut meines göttlichen Sohnes, dem Herrn Jesus Christus, zur Ehre Gottes, seines Vaters.

Ja, mein Kind, der Friede sei mit euch allen in dieser schönen Adventszeit, die die Herzen guten Willens darauf vorbereitet, den menschgewordenen Gott, das Kind in der Krippe, den Schöpfer des ganzen Alls, dieses Kind der Liebe aufzunehmen, das euch bis zur Torheit des Kreuzes geliebt hat. Eure Herzen seien voller Dankbarkeit! Dankt Ihm für alles und überall. Meine Kinder, diese Zeit ist sehr wichtig, um eure Herzen auf das Kommen dieses Neugeborenen vorzubereiten, das auf dem Angesicht der Erde alles verwandelt hat.

Bereitet euch vor, damit er einen warmen, einladenden Ort voller Liebe vorfindet. Eure Herzen seien Wiegen, in denen Er ruhen kann in dieser Zeit, in der man nur an Geschenke, Einkäufe, Weihnachtsessen usw. denkt und dabei den wahren Sinn von Weihnachten, die Geburt des Retters der Welt völlig ausblendet.

Mein Unbeflecktes Herz blutet, wenn ich bei der Mehrheit unserer Kinder so viel Gleichgültigkeit sehe: Sie vergessen fast völlig die Geburt des Sohnes Gottes, Jesu, des Immanuel. Seid gesegnet, die ihr an Ihn denkt, im Namen des Vaters, im Namen des Sohnes und im Namen des Heiligen Geistes. Amen. Halleluja.

༄

Maria, Mutter der Betrübten 14. Dezember 2010

5 – Wenn ein Armer ruft, erhört ihn der Herr.
Glaubt, dann werdet ihr nicht enttäuscht.

Der Friede sei mit dir, mein Kind. Bekreuzige dich und schreibe, bedeckt vom Kostbaren Blut meines göttlichen Sohnes, dem Herrn Jesus Christus, zur Ehre Gottes, seines Vaters.

Verliert nicht den Mut, meine Kinder. Seid stark, haltet durch, denn nichts ist dem Dreifaltigen Gott unmöglich. Er hat alle eure Sorgen in der Hand, vertraut Ihm.

Wenn ein Armer ruft, erhört der Herr ihn wirklich, meine Kinder (Ps 33). Glaubt mehr denn je, dann werdet ihr nicht enttäuscht, denn der Herr ist all denen nahe, die auf Seine Göttliche Vorsehung hoffen, die sich Ihm, dem dreimal heiligen Vater anvertrauen. Hört nicht auf zu beten, zu glauben und zu hoffen.

Ich, Eure himmlische Mama, die Unbefleckte Empfängnis, bleibe bei euch und mit euch. Nie werde ich euch im Stich lassen, glaubt mir.

Seid gesegnet, die ihr nicht aufhört, in meinen Anliegen zu beten, im Namen des Vaters, im Namen des Sohnes und im Namen des Heiligen Geistes. Amen. Halleluja.

༄

Jesus Eucharistie 15. Dezember 2010

6 – Die Welt geht einem wirtschaftlichen Chaos entgegen.
Lernt, mit dem Wesentlichen zu leben und zu teilen.

Habt keine Angst, meine Kinder. Bekreuzige dich und schreibe, bedeckt von meinem Kostbaren Blut, zur Ehre Gottes, meines Vaters. Friede sei mit dir, mein Kind.

Warum all dieser Aufruhr? Warum diese Angst? Warum diese Ungewissheit? Wo ist euer Vertrauen? Ich weiß, was für euch alle am besten ist, meine Kinder, Ich kenne den genauen Augenblick dessen, was geschehen muss. Es steht geschrieben: Alles hat seine Stunde. Für jedes Geschehen unter dem Himmel gibt es eine bestimmte Zeit (Koh 1,3). Warum also? Habt ihr Vertrauen zu mir, eurem Jesus, eurem Herrn und Gott?

Ich habe euch gesagt: Nichts Böses kann euch zustoßen. Glaubt es. Meine Kinder, ihr müsst eure Grenzen begreifen und annehmen. Ich kann euch nicht sagen, dass alles wieder anders wird, nein, meine Kinder. Die Welt geht einem sehr großen wirtschaftlichen Chaos entgegen. Ihr werdet lernen müssen, nur mit dem Wesentlichen zu leben und zu teilen. Nicht weil Gott will, dass es so sei, sondern weil der Mensch alles zerstört hat! Und jetzt schiebt man die Schuld dem einen zu und beschuldigt den anderen, und niemand übernimmt seine Verantwortung. Man spricht viele unnütze, giftige Worte, um die Seelen und die anfälligen Geister umzubringen, die sich vom Dämon vergiften lassen, der sich gut verkleidet hat. Deshalb sage ich euch: Seid wachsam, passt auf. Lasst euch nicht von diesen falschen Strömungen der Gedanken der Welt mitreißen.

Verharrt im Gebet, haltet euch an den Sakramenten fest, flieht in das Unbefleckte Herz meiner Heiligsten Mutter. Ihr aber, meine ganz kleinen Kinder, ihr sollt keine Angst haben, denn sie bewahrt euch unter ihrem Schutzmantel. Seid demütig von Herzen, hört nicht auf, in ihren Anliegen zu beten. Haltet ihre Hand. So werdet ihr vor allem Bösen beschützt, das vor eurer Tür steht. Bewahrt den Mut, seid stark, seid treu. Ich trage Euch alle in meinem Heiligsten Herzen. Habt keine Angst, eure Befreiung ist nahe (Lk 21,28); hört nicht auf zu beten, anzubeten und zu glauben.

Seid gesegnet im Namen des Vaters, im Namen des Sohnes und im Namen des Heiligen Geistes. Amen. Halleluja.

Das Gott-Kind 25. Dezember 2010
Am Morgen des Weihnachtstages

7 – Ich will meine Freude, meinen Frieden
und meine große Liebe mit euch teilen.

Danke, mein Kind, bekreuzige dich und schreibe, bedeckt von meinem Kostbaren Blut, zur Ehre Gottes, meines Vaters.

Danke für eure Wünsche, für eure Lieder und vor allem für eure Liebe. Ich will meine Freude, meinen Frieden und vor allem die große Liebe mit euch teilen, die ich euch allen entgegenbringe.

Habt keine Angst, denn ich bin bei euch (vgl. Mt 28,20). Seid gesegnet im Namen des Vaters, im Namen des Sohnes und im Namen des Heiligen Geistes. Amen. Halleluja.

Maria, Königin des Friedens 25. Dezember 2010
Am Abend

Freut euch mit mir und seid zutiefst dankbar.
Mein Kind, die Freude sei mit dir und mit allen Menschen guten Willens (vgl. Lk 2), denn heute ist uns ein Retter geboren: das göttliche Kind, das Gott-Kind, der einzige Sohn Gottes, des Vaters, des Heiligen der Heiligen.

Freut euch! Seine Freude sei in euren Herzen und auch sein Friede herrsche in euren Herzen. Seid gesegnet, seid demütig nach dem Vorbild Gottes, der sich allen Völkern der Erde offenbart hat: Ein neugeborenes Kind, das einen Stall als Palast, eine Krippe als Wiege gewählt hat (Lk 2,7)! Seid zutiefst dankbar für so viel Liebe und seid gesegnet!

※

Maria, Königin des Friedens 28. Dezember 2010

8 – Sich wie ein Kind voller Vertrauen hingeben.
Das göttliche Kind nach seinem Belieben handeln lassen.

Danke, mein Kind, bekreuzige dich und schreibe, bedeckt vom Kostbaren Blut meines göttlichen Sohnes, dem Herrn Jesus Christus, zur Ehre Gottes, seines Vaters, des Herrn Zebaoth.

Ja, meine Kinder, ihr müsst euch darin üben, mehr Vertrauen zu Dem zu haben, der Euch alles geschenkt hat, hundertprozentig an seine Macht zu glauben, trotz des Anscheins alles zu erhoffen, euch von seiner allmächtigen Hand führen zu lassen, an Sein Wort zu glauben, denn Er ist das Wort des dreimal heiligen Vaters.

Ich bitte euch, hört auf, Sein Heiligstes Herz mit all euren negativen Gedanken, euren Ängsten, euren Befürchtungen, euren Zweifeln zu verletzen. Sagt ihm ein für allemal: «Ja, mein Herr und mein Gott, ich überlasse mich deinen Händen, mache mit mir, was Dir gefällt», wie ein Kind, das fähig ist, sich den Armen seiner Mutter, den Armen seines Vaters zu überlassen, weil es den Schutz, die Sicherheit, das Vertrauen seiner Eltern spürt.

Das ist nicht zu viel verlangt, da ich weiß, wie groß eure Liebe zu meinem göttlichen Kind Jesus, der Liebe ist. Vertraut Ihm und lasst Ihn nach seinem Belieben handeln.

Hört nicht auf, in unseren Anliegen zu beten und seid gesegnet im Namen des Vaters, im Namen des Sohnes und im Namen des Heiligen Geistes. Amen. Halleluja.

༺

Jesus von Nazareth, euer König der Liebe   30. Dezember 2010

9 – Der Glaubensabfall erreicht seinen Höhepunkt:
die Zeit der Barmherzigkeit geht zu Ende

Friede sei mit dir, mein Kind. Bekreuzige dich und schreibe, bedeckt von meinem Kostbaren Blut, zur Ehre Gottes, meines Vaters.

Mein Kind, mein Heiligstes Herz ist zu Tode betrübt angesichts einer solchen Gleichgültigkeit meiner Kinder. Mehr denn je wird alles abgelehnt, was heilig ist. Man will nichts mehr vom dreimal heiligen Vater wissen, noch vom Sohn, der Sein Leben hingegeben hat, um euch zu erlösen, noch vom Heiligen Geist, der euch mehr denn je alle Seine Gaben mitteilt. Und leider will fast niemand diese Gaben Gottes empfangen.

Der Glaubensabfall erreicht seinen Höhepunkt. Man hat der Welt, dem Fleisch und dem Dämon den ganzen Raum überlassen. All das nimmt den ersten Platz bei den Kindern dieser Generation ein, die direkt in ihr Verderben und in ihren Untergang laufen.

Meiner Heiligsten Mutter und Mir ist es gelungen, den Arm der Göttlichen Gerechtigkeit noch etwas zurückzuhalten, doch... das wird nicht mehr lange möglich sein. Ihr stellt es hier und da auf der Erde mehr und mehr fest.

Betet, betet, betet, meine Kinder, denn ihr wisst nicht, was euch in naher Zukunft erwartet. Seid euch unseres Schutzes sicher. Gerade wird eine weitere Verschwörung gegen meinen Sohn Benedikt XVI. vorbereitet. Betet viel für ihn, damit er die nötige Kraft hat durchzuhalten.

Mein Herz ist so traurig wegen dieser Generation, die die Schlimmste von allen ist! Die Verderbtheit sprengt alle Grenzen, die Sittenlosigkeit hat den ganzen Raum eingenommen. Es gibt keine Achtung mehr, weder vor Gott noch vor den Personen. Meine Kinder sind schlimmer geworden als Tiere. Das ganz Kleine ist noch kleiner geworden, damit sich mein Wort erfüllt: «Wird der Menschensohn, wenn er kommt, auf der Erde noch Glauben vorfinden?» (Lk 18,8)

Meine Kinder, hört nicht auf, die Gnade der Beharrlichkeit bis zum Schluss zu erbitten, damit ihr bis zum Ende des Kampfes durchhaltet, denn Euer Jesus, der Liebe ist, ist auf dem Weg seiner Wiederkunft, um die Welt, das Fleisch und den Dämon zu besiegen.

Bereitet eure Herzen auf diese Begegnung mit eurem Gott und eurem Herrn vor. Seid gesegnet im Namen des Vaters, im Namen des Sohnes und im Namen des Heiligen Geistes. Amen. Halleluja.

ॐ

Maria, Königin des Friedens 30. Dezember 2010
10 - Tröstet das Herz meines göttlichen Kindes, indem ihr dafür betet, dass die verlorenen Schafe in den Stall zurückkehren

Tröste das Herz meines göttlichen Sohnes Jesus Christus, das so wenig geliebt wird. Bekreuzige dich und schreibe, mein Kind, bedeckt von seinem Kostbaren Blut, zur Ehre Gottes, seines Vaters.

Danke, meine Kinder, dass ihr das Heiligste Herz meines göttlichen Kindes tröstet. Wenn ihr wüsstet, wie sehr er leidet, wenn er sieht, wie vergeblich sein Opfer für so viele unserer Kinder war, besonders für jene, die erst zu den Betern gehört haben und dann auf das Licht verzichtet haben, um sich auf die Finsternis der Welt einzulassen, um dem Instinkt des Fleisches und dem Bösen zu folgen, der euch kennt. Er erkennt jene, die die Sünde lieben, er weiß, dass die Zahl der Verdammten von Stunde zu Stunde zunimmt. Er weiß auch, dass der Allmächtige Gott eure Freiheit achtet.

Deshalb bitten wir euch um Fürbittgebete, um zu versuchen, einige zu retten, bevor es zu spät ist. Doch die Zeit der Barmherzigkeit geht zu Ende, meine Kinder. Die göttliche Gerechtigkeit muss diese Generation strafen, die den Sinn für das Heilige verloren hat.

Betet, betet, betet, meine Kinder, damit eure Brüder und eure Schwestern die Gnaden der Reue annehmen und in den Stall zurückkehren, bevor die Tür geschlossen wird und es zu spät ist. Die Zeit drängt, meine Kinder, ich möchte sogar sagen, dass keine Zeit mehr ist.

Danke, dass ihr stets den heiligen Willen des Höchsten erfüllen wollt. Danke für euer Ja der Liebe. Seid gesegnet im Namen des Vaters, im Namen des Sohnes und im Namen des Heiligen Geistes. Amen. Halleluja.

༺

Maria, Königin des Friedens   31. Dezember 2010

*11 – Viele vergessen, dem Vater zu danken
und ihm das neue Jahr zu weihen*

Gelobt sei auf ewig mein göttliches Kind, Jesus Christus der Herr, zur Ehre Gottes seines Vaters. Bekreuzige dich, mein Kind, bedeckt von seinem Kostbaren Blut, und schreibe dieses himmlische Manna auf.

Jetzt habt ihr den letzten Tag dieses Jahres 2010 erreicht. In wenigen Stunden beginnt das neue Jahr. Bewahrt euer Herz und euren Geist in der inneren Sammlung und in der Vereinigung mit Gott, eurem Herrn und Vater. Dankt Ihm für alle Wohltaten, die ihr in diesem Jahr empfangen habt, für die vielen Gnaden, für die großen Vorrechte, für so viel Liebe.

Wenn ihr wüsstet, meine Kinder, wie sehr vergessen wird, Gott, dem Vater zu danken. Ihr müsstet ihm sogar für die Luft danken, die ihr einatmet, für den Lebensatem, den euch der Heilige Geist schenkt, für das kostbare Blut, das in euren Arterien fließt, denn euer Leib ist der Tempel des Heiligen Geistes geworden. Ihr müsst ihn schützen und auf diesen geheiligten Leib achten, der euch nicht gehört. Denn euer Leib ist die Wohnung des Vaters, des Sohnes und des Heiligen Geist.

Leider haben viele Kinder diesen Leib entwürdigt, den sie bekommen haben. Sie hören nicht auf, ihn zu entwürdigen und zu zerstören. Er ist die Ursache eures Verderbens und eurer Verdammung geworden. Menschliche Torheit!

Preist den Höchsten Tag und Nacht, preist Ihn für das Geschenk des Lebens, für den Frieden, der in euren Herzen wohnt, für die Freude, die allein Gott, der Sohn euch schenken kann. Preist Ihn für seinen heiligen Schutz. Weiht Ihm euer Leben, euren Geist, euer ganzes Wesen. Hört nicht auf, Ihn immer mehr zu lieben, damit ihr lieben könnt, wie er es euch lehren will, damit ihr zu einem Kanal der Liebe, der Gnade, des lebendigen Wassers werdet, der alle tröstet, die euch umgeben (vgl. Joh 4,10).

Ich liebe euch in der Liebe Christi. Seid gesegnet, meine Kinder, im Namen des Vaters, im Namen des Sohnes und im Namen des Heiligen Geistes. Amen. Halleluja.

2011

Maria, Königin des Friedens 1. Januar 2011
Erster Samstag des Monats

12 – Es wird ein schwieriges Jahr. Lasst euch auf die vereinten Herzen Jesu und Mariens ein, um vor allem Bösen sicher zu sein.

An diesem ersten Tag des neuen Jahres sei der Friede mit dir, mein Kind. Bekreuzige dich und schreibe, bedeckt vom Kostbaren Blut meines göttlichen Sohnes, dem Herrn Jesus Christus, zur Ehre Gottes, seines Vaters.

Ja, mein Kind, der Herr beschütze und behüte euch, er neige sich euch zu und hülle euch zu Beginn dieses Jahres 2011 in seinen väterlichen Segen. Seid gesegnet, die ihr an Sein Wort, Seinen einzigen Sohn, unseren Herrn glaubt, der in meinem jungfräulichen Schoß Fleisch angenommen hat, um die Erlösung des Menschengeschlechts zu vollbringen und so diese Kindesbeziehung zwischen dem Schöpfer und seinen Geschöpfen wiederherzustellen. Danke, dass ihr mein Gott-Kind, die Seele meiner Seele, das Leben meines Lebens liebt.

Seht, wie groß der Höchste ist: Er hat beschlossen, dass das Jahr mit dem Wochentag beginnen soll, der meinem Unbefleckten Herzen geweiht ist, «dem ersten Samstag des Monats». Diese Frömmigkeitsübung ist meinem Herzen so lieb und teuer! Und zudem ist es das Fest Mariens, der Mutter Gottes. Mein Kind, wie du siehst, hat das alles einen Sinn. Ein Marienjahr beginnt für dich und für alle meine Kinder guten Willens, die Nein zum Bösen und Ja zum Guten, Ja zur Liebe, Ja zum Vater gesagt haben.

Mein Kind, dieses Jahr wird ein sehr, sehr schwieriges Jahr, ein außergewöhnliches Jahr, ein unvergleichliches Jahr, das in jeder Hinsicht einmalig ist. Du wirst es zu gegebener Zeit und an gegebenem Ort sehen. In diesem Jahr müsst ihr euch mehr denn je dem Heiligsten Herzen Jesu nähern, damit er euch zum Allmächtigen Vater führt. Genauso müsst ihr euch an mir, der Unbefleckten Empfängnis, festhalten, damit ihr vor allen Angriffen des Feindes sicher seid und vor den vielen Naturkatastrophen beschützt werdet, die sich in den kommenden Monaten auf außergewöhnliche Weise intensivieren werden.

Ihr müsst in die vereinten Herzen Jesu und Mariens einziehen, um von allem Bösen bewahrt zu werden. Unsere vereinten Herzen sind die neue Arche, Euer Rettungsboot, euer sicherer Ort, an dem ihr euch ausruhen könnt, um wieder zu Kräften zu kommen und unsere Anweisungen zu befolgen. Ich wiederhole es: Das nun beginnende Jahr wird ein verheerendes Jahr sein, wie mein sanftmütiger Jesus dich vorgestern erahnen ließ.

Betet, betet, betet, meine Kinder, denn die Zeit ist ernst. Haltet Anbetung, betet, haltet Anbetung, betet solange noch Zeit ist! Seid gesegnet. Dankt dem Höchsten für die vielen Wohltaten! Ich hülle euch in meinen Schutzmantel und segne euch im Namen des Vaters, im Namen des Sohnes und im Namen des Heiligen Geistes. Amen. Halleluja.

༄

Maria, Königin des Friedens 3. Januar

13 – Wie bei seinem ersten Kommen wird Jesus abgelehnt.
Doch «Gott lässt keinen Spott mit sich treiben!»

Gelobt sei mein göttlicher Sohn Jesus Christus, der Herr, zur Ehre Gottes seines Vaters. Bekreuzige dich und schreibe, bedeckt von seinem Kostbaren Blut. Danke, mein Kind, dass du schnell auf meinen Ruf antwortest, danke, dass du bereit bist, meine Worte anzuhören und sie mit so viel Liebe aufzunehmen. Danke, danke, danke.

Ich bitte dich, höre nicht auf, in meinen Anliegen, in unseren Anliegen zu beten, die von Tag zu Tag immer zahlreicher werden. Wir müssen versuchen, einige Seelen mehr zu retten, denn meine Kinder sind blind geworden: nicht nur ihre Augen, sondern auch ihr Herz.

Alles, ich sage alles ist banal geworden: Man hat die Achtung vergessen, die man den Kindern, den alten Menschen, dem Leben schuldet und vor allem die Achtung, die man Gott, dem allmächtigen Vater, Gott Sohn und Gott, dem Heiligen Geist schuldet. Das ist sehr schlimm, mein Kind. Gerechtigkeit muss sein, denn Gott lässt keinen Spott mit sich treiben (Gal 6,7).

Er hat mit der derzeitigen Generation viel Geduld gehabt und wollte, dass sich die Herzen seiner Kinder ändern. Doch von Tag zu Tag laufen sie – um nicht zu sagen fliegen sie – in ihr Verderben. Es wurde bewusst auf den Glauben, auf die Liebe und auf die Achtung Gott, dem Höchsten, Gott dem Schöpfer, dem Vater gegenüber verzichtet, der dem Wesen nach Heiligkeit ist. Man will nichts von Seinem einzigen Sohn, Seinem ewigen Wort wissen, das Sein Licht in die Welt gebracht hat. Leider erkennen ihn Seine Kinder heute genauso wenig wie vor 2000 Jahren.

Amen, amen, wenn Jesus in seiner Heiligen Menschheit unter euch zurückkäme, würde dasselbe Verbrechen begangen wie das erste Mal: Er würde gekreuzigt werden. Schlimmer noch, man will euch sogar dazu bringen, seinen heiligen Namen «Jesus» zu vergessen, denn der Name Jesu stört, man will ihn nicht hören.

Meine Kinder, ich bitte euch, betet und haltet Anbetung, denn ihr habt keine Vorstellung von dem, was vor eurer Tür steht. Bewahrt jedoch euren Frieden, euer Vertrauen und vor allem euren Glauben an Den, der euch aus Liebe zu euch, seinen ganz kleinen Kindern, alles geschenkt hat. Seid gesegnet im Namen des Vaters, im Namen des Sohnes und im Namen des Heiligen Geistes. Amen. Halleluja.

୨

Maria, Königin des Friedens 7. Januar 2011

14 – Welch großes Vorrecht, an der Heiligen Messe teilzunehmen und zu kommunizieren! Bereitet euch in einer großen inneren Sammlung darauf vor.

Alle Ehre sei Gott dem Vater Unseres Herrn Jesus Christus. Bekreuzige dich und schreibe, mein Kind, bedeckt von seinem Kostbaren Blut. Danke, dass du bereit bist, meine Unterweisungen, dieses himmlische Manna, diesen lieblichen Honig zu empfangen, der in dein kleines Herz gegossen wird.

Gott ist die Liebe (2 Joh 4,16), hat euch der heilige Johannes, der Geliebte gesagt. Er hat die große Liebe Gottes des Vaters begriffen, der euch seinen einzigen Sohn, das Ewige Wort, geschenkt hat. Er hat die große Liebe Gottes des Sohnes, des Ewigen Wortes begriffen, das in meinem jungfräulichen Schoß Fleisch angenommen hatte, um den Willen des Vaters und die Erlösung seiner verstreuten Kinder zu vollbringen. Er hat die große Liebe Gottes des Heiligen Geistes begriffen, der dem Wesen nach die Liebe des Vaters und des Sohnes ist. Dieser überschattete mich, um in Unserem Herrn Jesus Christus durch das Geheimnis der Menschwerdung das Wort Gottes, das Wort des Lebens, die ganze Wahrheit zu zeugen. In diesem überwältigenden Geheimnis ist der menschgewordene Sohn Gottes vom Himmel herabgekommen, um einer von uns zu werden und unter uns zu wohnen. Was für ein Wunder!

Mein Kind, all das geschah, um euch klar zu machen, wie weit die Liebe Gottes, des Sohnes gegangen ist! Er hat daran gedacht, die Sakramente einzusetzen, um alle Tage bis zum Ende der Welt bei euch zu sein; Er hat auch daran gedacht, sich ganz klein zu machen, um in einer Hostie zu sein! Leider ist er in den vielen Tabernakeln unendlich einsam, wo Er aus eigenem Willen Gefangener seiner Liebe zu seinen Kindern, seinen Brüdern und Schwestern auf Erden geworden ist.

Erkennst du, welch großes Vorrecht ihr habt, an der Heiligen Messe teilzunehmen, euren Schöpfer in euren Herzen zu empfangen, Seinen Leib und Sein Blut zu empfangen, die eure Herzen und euren Leib darauf vorbereiten, das Geheimnis der Menschwerdung in euren Herzen zu erleben und den Sohn Gottes zu empfangen: den Menschensohn, der wahrer Gott und wahrer Mensch ist, Jesus Christus den Herrn?

Natürlich vollziehen sich all diese Wunder in einem Herzen, das im Stand der Gnade ist und sich darauf vorbereitet, den König der Könige, den Herrn der Herrn zu empfangen.

Deshalb werdet ihr gebeten, etwas früher anzukommen, damit ihr euch vorbereiten und euch von euren Sorgen, euren Zerstreuungen, eurer Unruhe befreien könnt, um das Heilige Messopfer zu feiern. Wenn ihr euer Herz leer macht, könnt ihr euch mit allen Gnaden erfüllen lassen, die der Vater, der Sohn und der Heilige Geist euch gewähren wollen, um euch zu helfen, nach dem Vorbild eures himmlischen Vaters jeden Tag in der Heiligkeit zu wachsen.

Verstehst du, kleine Tochter, wie wichtig es ist, dass ihr euch in einer tiefen inneren Sammlung auf die Heilige Messe vorbereitet? Doch leider kommt ihr in der letzten Minute an. Ihr vergeudet die Gnaden, die mein göttlicher Sohn euch durch seine Passion und seinen Tod verdient hat. Dann gehen die Kinder mit leeren Händen wieder weg, weil sie die Schätze nicht empfangen wollten, die der dreimal heilige Vater ihnen schenken wollte. Die Engel weinen, wenn sie all diese verlorenen Gnaden sehen.

Mein Kind, ich danke dir, dass du meine Unterweisungen mit Liebe aufnimmst und uns ernst nimmst. Sei gesegnet im Namen des Vaters, im Namen des Sohnes und im Namen des Heiligen Geistes. Amen. Halleluja.

༄

Maria, Königin des Friedens 8. Januar 2011

15 – Eine glückliche oder unglückselige Erfahrung,
je nach dem Zustand eures Gewissens

Gepriesen sei, der da kommt im Namen des Herrn. Bekreuzige dich und schreibe, bedeckt vom Kostbaren Blut meines göttlichen Sohnes, dem Herrn Jesus Christus, zur Ehre Gottes, seines Vaters.

Ja, mein Kind, du musst dich darauf vorbereiten, diese Veränderung zu leben, die die Kinder des Lichtes auf besondere Art erleben werden. Es wird ein Ereignis für alle Kinder der Erde sein, doch ihr werdet es anders leben. Was für die anderen ein Anlass zu Verwirrung, Angst, Not und großer Furcht sein wird, wird für euch die Freude sein, Den zu spüren und kurz zu sehen, den euer Herz liebt.

Ja, ich spreche über die Erleuchtung eures Gewissens mit dir, was die anderen die Warnung nennen. Hört nicht auf, den Reue-Akt in dem Maß zu beten, wie ihr das Bedürfnis danach habt, und geht vor allem schnell zum Sakrament der Buße, damit ihr die Vergebung Gottes sowie die Gnaden erlangt, die sich daraus ergeben.

Ich sage nicht, dass dies bald, sofort eintreten wird. Manche Dinge, natürliche Ereignisse, müssen zuvor eintreten. Ja, eine eisige Kälte wird euch einhüllen, eine Kälte, die meine Kinder nicht kennen...

Höre nicht auf zu schreiben, geliebte Tochter! Ich, die Unbefleckte Empfängnis, die Mutter Gottes spreche in diesem Augenblick nach dem Willen Gottes, des Vaters, des Herrn Zebaoth (vgl. 1 Sam 1,3) mit dir. Meine Kinder wollen die Sprache der Natur nicht verstehen, und selbst wenn es ihnen gelingt, die Dinge rechtzeitig zu erkennen, wollen sie die Wahrheit nicht akzeptieren.

Schau genau hin: Glaubst Du, dass es ein Zufall ist, dass so viele Vögel und so viele Fische in verschiedenen Teilen des Planeten sterben? Amen, mein Kind, ich sage dir, es ist das Vorzeichen dessen, was kommt und vor eurer Tür steht: Ein riesiges Erdbeben, eine plötzliche Kälte, ohne von dem irrsinnigen Wind zu sprechen, einem neuen Element, das alles wegfegt, was es auf seinem Weg findet. Und dann kommt eine erstickende Hitze...

Wenn das kommt, sollst du dir sagen, dass die Erleuchtung eures Gewissens ganz nahe ist und der großen Verfolgung Platz macht, die die Kirche erdulden wird, um dem Antichristen einen triumphalen Einzug zu erlauben.

Warum sage ich dir das heute? Um dich zu warnen, mein Kind. Und wenn du das von anderen hörst, sagst du dir dann in deinem Herzen: «Mama Maria hat es mir bereits gesagt.» Mein göttlicher Sohn Jesus, der Liebe ist, hat es gesagt: Du wirst direkt von uns gewarnt, unterwiesen, informiert, damit du jetzt schon beginnst zu beten, dich vorzubereiten und den Frieden zu bewahren, den allein Gott schenken kann. Und so gibst du den Frieden an die Betrübten weiter und beruhigst die verängstigen Herzen.

Sei gesegnet, Kind meiner Zärtlichkeit, im Namen des Vaters, im Namen des Sohnes und im Namen des Heiligen Geistes. Amen. Halleluja.

Maria, Königin des Friedens 9. Januar 2011

16 – Sich an das Wesentliche, das Wort Gottes halten.
Wie viele verleugnen ihre Taufe und die heilige Lehre!

Gesegnet seist du, mein Kind, dass du meine Unterweisungen aufnimmst. Bekreuzige dich und schreibe, bedeckt vom Kostbaren Blut meines göttlichen Sohnes, dem Herrn Jesus Christus, zur Ehre Gottes, seines Vaters.

Ja, mein Kind, durch die Taufe seid ihr von neuem Kinder Gottes des Vaters geworden. Durch das Wasser hat der Priester euch von der Erbsünde reingewaschen: Dieser Fleck hinderte die Gnade daran, in euren Herzen zu strömen, und hielt euch von eurem Gott und Schöpfer fern.

Wenn du wüsstest, wie viele Kinder in diesem Augenblick ihre Taufe verleugnen! Und was ist über diese neue Generation zu sagen, die den Kindern jedes Sakrament verweigert? Menschliche Torheit! Was werden sie auf die Frage antworten, die ihnen Gott Sohn stellen wird: Was hast du aus meinen Kindern gemacht? Wer bist du, um Gott Vater das Recht zu nehmen, seine Kinder von neuem zu empfangen? Weißt du nicht, dass jedes Kind das Recht hat, Erbe des Reiches zu werden?

Bete, mein Kind, für all diese Toren, die die Gnaden nicht nutzen wollen, die ihnen jedes Sakrament schenkt, denn eines Tages werden sie es bitter bereuen.

Man ist so weit gegangen, die heilige Lehre beiseite zu schieben. Jeden Tag werden die liturgischen Riten verändert. Man findet, dass es zu lang dauert. Diese Generation hat das Wesentliche vergessen: die wichtigste Zeit ist die Zeit, die ihr dem Herrn schenkt.

Ihr habt den Wert der Zeit vergessen. Am Abend seines Lebens muss jeder Mensch Rechenschaft über seine Zeit ablegen. Wehe denen, die ihre Zeit mit den Dingen der Welt, des Fleisches und des Dämons vergeudet haben. Wehe denen, die ihre Zeit verloren haben. Wehe denen, die bei ihren guten Absichten stehen geblieben sind, ohne zur Tat zu schreiten. Wehe denen, die für alles Zeit hatten, außer für Gott.

Ja, mein Kind, ich bin traurig, mein Unbeflecktes Herz weint blutige Tränen, wenn ich sehe, wie klein die Zahl derer ist, die nachdenken, die wirklich lieben, die Gott Vater, Gott Sohn und Gott Heiliger Geist anbeten.

Wie viele Kinder lassen sich von allen möglichen Dingen ablenken! Mein Kind, deshalb sage ich euch: Seid wachsam, lasst euch nicht verwirren, lasst den Lärm, den Wind vorüberziehen. Haltet euch an das Wesentliche, an das Wort Gottes in der Heiligen Schrift.

Alles wurde euch gesagt, alles muss erfüllt werden. Nichts und niemand kann die Bibel ändern. Man kann nichts hinzufügen und noch weniger etwas wegnehmen, denn der Heilige Geist hat durch die Hand der Propheten, der Evangelisten und der Apostel geschrieben.

Lasst eure Lampen brennen, denn es ist spät. Lasst sie mit dem Öl des Glaubens brennen, das ihr in der Heiligen Schrift, dem Wort Gottes schöpft: Er ist der Weg, der euch auf den rechten Pfad führt. Er ist das Leben, das in euch das Verlangen weckt, trotz allem weiterzugehen: Er ist die Wahrheit, die euch in dieser Zeit großer Verwirrung erleuchtet.

Passt auf, dass ihr nicht in die Falle der Neugier fallt, alles wissen zu wollen. Alles muss sich erfüllen. Betet, betet, betet, damit ihr der Versuchung nicht erliegt. Mit dem Gebet und der Anbetung könnt ihr alles durchstehen, was vor eurer Tür steht. Weiht euch dem Heiligsten Herzen Jesu und dem Unbefleckten Herzen eurer himmlischen Mama. Seid gesegnet im Namen des Vaters, im Namen des Sohnes und im Namen des Heiligen Geistes. Amen. Halleluja.

༄

Maria, Königin des Friedens   10. Januar 2011

17 – Die Zeit der göttlichen Barmherzigkeit geht ihrem Ende entgegen und macht der göttlichen Gerechtigkeit Platz

Alle Ehre sei Gott Vater, Gott Sohn und Gott Heiliger Geist. Bekreuzige dich und schreibe, mein Kind, bedeckt vom Kostbaren Blut meines göttlichen Sohnes, dem Herrn Jesus Christus.

Die Zeit vergeht, mein Kind, die Zeit der Barmherzigkeit geht ihrem Ende entgegen und macht der göttlichen Gerechtigkeit Platz.

Deshalb müsst ihr euch vorbereiten, indem ihr eure Seele im Stand der Gnade bewahrt, indem ihr liebevoll mit eurem Nächsten umgeht, indem ihr euch darin übt, mehr Geduld miteinander zu haben, indem ihr versucht, das Beste in dem zu sehen, der euch gegenübersteht, indem ihr auch versucht, die heilige Demut zu leben und eurem Nächsten stets dienen zu wollen nach dem Vorbild des Meisters, der nicht gekommen ist, um bedient zu werden, sondern um zu dienen.

Damit euch das gelingt, müsst ihr den heiligen Gehorsam üben und stets bereit sein zu gehorchen. Was kostet es, den Schritten meines sanftmütigen Jesus zu folgen, der gehorsam war bis zum Tod am Kreuz?

Warum spreche ich über all das mit dir? Weil du dich wie alle meine Kinder des Lichtes mehr und mehr darin üben musst, die Tugenden zu leben, mein Kind.

Wenn ihr in einer Welt lebt, in der der Egoismus herrscht, müsst ihr ihm die Nächstenliebe entgegensetzen. Wenn ihr von viel Ungeduld umgeben seid, müsst ihr sehr geduldig sein. Wo der Hochmut herrscht, müsst ihr mit eurer Demut glänzen und dürft nicht vergessen, dass der Größte im Himmelreich derjenige ist, der im Dienst an den anderen am kleinsten ist.

Ihr lebt in einer Welt der Ausschweifung, in der jeder tut, was er will... Ihr müsst den Gesetzen Gottes gehorchen und jedes seiner Gebote achten (Ex 20). Wenn du den Herrn liebst, wirst du sehen, dass es leicht ist, deinen Nächsten zu lieben, das heißt all jene zu lieben, die dich umgeben, sich dir anvertrauen usw.

Ach, mein Kind! Wenn die Welt der Lehre folgen würde, die mein göttlicher Sohn euch gebracht hat, sähe die Welt ganz anders aus! Es gäbe weder Krieg noch all diese Ungerechtigkeit, es gäbe keinen Hunger und keinen Hass mehr. Überall würden Frieden, Liebe und Harmonie herrschen. Die Liebe des Vaters würde frei in allen Herzen strömen. Alle Kinder könnten im göttlichen Willen[1] leben und sagen: «Ja, Vater, dein Wille geschehe wie im Himmel so auf Erden!» Es wäre das Paradies auf Erden.

---

1. Beim selben Herausgeber: «*Premiers pas avec Luisa Piccarreta – Vivre dans la Divine Volonté*», 2012, 165 S., von Marcel Laflamme.

Bete, mein Kind, dass eines Tages alle Herzen bereit sind, sich zu öffnen und die Gnaden anzunehmen, und dass auch sie ihr *fiat* sprechen, bevor es zu spät ist. Danke, mein Kind, dass du mir deine Zeit schenkst. Ruhe dich jetzt aus und sei gesegnet im Namen des Vaters, im Namen des Sohnes und im Namen des Heiligen Geistes. Amen. Halleluja.

૭

Maria, Königin des Friedens 11. Januar 2011

18 – Die verlogenen Theorien des New Age.
Nach der Erleuchtung werden mehrere zu Gott zurückkehren.

Der Heilige Geist kam herab, er schwebte über den Wassern des Jordans, um den Völkern zu zeigen, dass Jesus der Sohn Gottes, sein geliebter Sohn ist, doch leider haben die Großen dieser Welt ihn nicht als wahren Gott und wahren Menschen anerkannt! Bekreuzige dich und schreibe, mein Kind, bedeckt von seinem Kostbaren Blut, zur Ehre Gottes, seines Vaters.

Die Geschichte wiederholt sich heute wie gestern: Man will nicht anerkennen, dass Jesus wahrer Gott ist, geboren als Gott, geboren aus dem Licht, dass Er vom Heiligen Geist gezeugt wurde, um den Willen dessen zu erfüllen, der ihn gesandt hat: Gott Vater. Nur die Kleinsten des kleinen Rests haben ihn als wahren Gott, als Messias, als Erlöser angenommen.

In allen Generationen hat sich die Geschichte bis zur heutigen Generation wiederholt, in der die Spaltung und der Zweifel sogar in den kleinen Rest eingezogen sind. Man stellt sich folgende Fragen:

Gibt es Gott wirklich?

Gibt es wirklich ein Leben nach dem Tod?

Und die Kinder lassen sich von diesen Theorien des New Age täuschen, die euch weis machen, dass alles mit dem Tod des Körpers zu Ende ist, dass die Seele eine Erfindung ihrer Großeltern ist, dass man in diesem Leben voll und ganz leben muss, weil hinterher alles zu Ende ist, dass die Auferstehung ein von den Aposteln erfundenes Märchen ist...

Mein Kind, ich frage mich, bis wohin die gegenwärtige Generation mit dieser Wissenschaft gehen wird, die sogar die Existenz Gottes vollkommen leugnet und euch folglich dazu bringt, die heilige Lehre und euren Ursprung zu verleugnen.

Ich leide darunter zu sehen, was euch erwartet: Die Überraschung, die jene erleben werden, die sich geweigert haben, die Gnade anzunehmen… Mein Kind, du musst wissen, dass die Anhänger Satans euch dazu bringen werden zu glauben, die Erleuchtung eures Gewissens sei das Ergebnis der Angst, die unsere Kinder bei all diesen Ereignissen erfahren, die ihr vorausgehen, und sie werden diese Theorie annehmen. Ich spreche von denen, die Nein zu Liebe gesagt haben…

Doch andere Kinder werden begreifen, welches Unheil sie in ihrer Seele angerichtet haben, und werden es bereuen. In diesem Augenblick werden sie laufen und Hilfe suchen. Sie werden ihre Herzen öffnen, um die Heilige Schrift anzunehmen und kennenzulernen, um Jesus, den Vater und den Heiligen Geist besser kennenzulernen…

Und das ist dann die Stunde, in der die Kinder des Lichtes ihnen zu Hilfe kommen, um sie zu evangelisieren, sie aufzunehmen, sie zu heilen, sie zu ermutigen, ihnen Jesus nahezubringen, sie zu lehren, dass Gott die Liebe ist (1 Joh 4,16) und dass Gott, der ihr Vater ist, sie so sehr geliebt hat, dass Er seinen einzigen Sohn hingegeben hat, um sie zu erlösen.

Mein Kind, siehst du die riesige Aufgabe, die euch erwartet? Deshalb bitten wir euch, Anbetung zu halten, damit ihr euch formen lasst, damit ihr vom Heiligen Geist die notwendigen Gnaden, die Gaben und Charismen bekommt, die jedes Kind braucht, um die Mission zu erfüllen, die Gott, der Vater ihm anvertraut hat.

Ich bitte euch, auch für den Heiligen Vater Benedikt XVI. zu beten. Ihr müsst ihn durch euer Gebet unterstützen, das ihm die Kraft geben wird, bis zum Schluss durchzuhalten. Ihr dürft auch nicht vergessen, für alle meine Lieblingssöhne, die Priester, zu beten, die so sehr auf euer Gebet angewiesen sind.

Danke für eure Großzügigkeit. Seid gesegnet im Namen des Vaters, im Namen des Sohnes und im Namen des Heiligen Geistes. Amen. Halleluja.

Maria, Königin des Friedens 13. Januar 2011

19 – Es bleibt kaum noch Zeit. Dann folgen die Prüfung des Glaubens und der Übergang in ein Zeitalter des Friedens und der Liebe.

Der Friede des Herrn sei mit dir, mein Kind. Bekreuzige dich und schreibe, bedeckt vom Kostbaren Blut meines göttlichen Sohnes, dem Herrn Jesus Christus. Du kannst dich fragen oder dich wundern oder dich auch schrittweise daran gewöhnen, jeden Tag meine Unterweisung zu empfangen.

Mein Kind, du weißt in deinem tiefsten Innern, dass keine Zeit mehr zu verlieren ist. Die kurze Zeit, die euch derzeit noch bleibt, geht dem Ende entgegen. Und eines Tages muss sich auch der «Moment der großen Stille» erfüllen, in dem ihr die letzte Prüfung des Glaubens durchstehen müsst, damit sich das Wort erfüllt (Lk 18,7): «Wird jedoch der Menschensohn, wenn er kommt, auf der Erde noch Glauben vorfinden?»

Deshalb bitten wir euch, uns eure Zeit zu schenken, um dieses himmlische Manna zu empfangen, das euch in Zeiten der Not eine sehr große Hilfe ist. Ihr werdet lebendiges Wasser (vgl. Joh 4,10) in der Heiligen Schrift und auch in den Unterweisungen schöpfen, die der dreimal heilige Vater euch erlaubt zu empfangen: Er will seine Kinder vor dem warnen, was sie erwartet. Er will ihnen sagen, was sie tun müssen, dass sie sich durch die Sakramente vorbereiten und im Stand der Gnade bleiben müssen, um den Heiligen Geist zu empfangen, der sie aufwecken und aus diesem todesähnlichen Schlaf wecken will, in den eine große Zahl seiner Kinder gefallen sind.

Deshalb bitte ich euch zu beten, zu lobpreisen, Anbetung zu halten, den negativen Gedanken die Tür zu verschließen, allen möglichen Versuchungen euer Herz zu verweigern, wachsamer zu sein und zur Tat zu schreiten.

Es ist gut, um die Kraft zu bitten, nicht zu Fall zu kommen, aber ihr müsst dementsprechend handeln und vermeiden, das Böse zu tun oder euch dem Bösen zu nähern: Flieht das Böse, meine Kinder!

Lest das Leben der Heiligen, dann seht und versteht ihr alles, was sie getan haben, um die Gebote einzuhalten (Ex 20), die Tugenden zu üben und im Stand der Gnade zu bleiben. Alle Kinder sind berufen, in der heiligmachenden Gnade zu leben, um nach dem Vorbild des dreimal heiligen Vaters Heilige zu werden. Wenn ihr wirklich liebt, lebt ihr in seiner Liebe und tut alles um seiner Liebe willen. Dann beginnt ihr schrittweise, in der Neuen Erde und dem Neuen Himmel zu leben. Dann geht ihr leicht von dieser Zeit der großen Läuterung hinüber in das neue Zeitalter des Friedens und der Dreifaltigen Liebe, wo die Liebe des Vaters im Himmel wie auf der Erde frei strömen wird.

Betet, meine Kinder, damit die Zeit abgekürzt wird. Seid gesegnet im Namen des Vaters, im Namen des Sohnes und im Namen des Heiligen Geistes. Amen. Halleluja.

୨

Maria, Königin des Friedens 14. Januar 2011

20 – Welche Demut geht vom Gott-Kind in der Krippe aus!
Es zündet das Feuer der Liebe in den Herzen an.

Mein Kind, ihr braucht viel Demut, Sanftmut und Frieden, um gern mit mir im Schatten Gottes, des Vaters, Gottes, des Sohnes und Gottes, des Heiligen Geistes verborgen zu bleiben. Bekreuzige dich und schreibe, mein Kind, bedeckt vom Kostbaren Blut meines göttlichen Sohnes Jesus Christus, zur Ehre Gottes, seines Vaters.

Schau, mein Kind, welche Demut, welche Sanftmut und welcher Friede von dem Gott-Kind in der Krippe ausgehen: Er, der unendlich Große, stellt sich der Menschheit als unendlich kleines, neugeborenes Kind vor. Wunder der Wunder! Der Schöpfer der ganzen sichtbaren und unsichtbaren Schöpfung wählte eine Grotte, um arm unter den Armen zu sein.

Er hat Hirten als seine ersten Anbeter erwählt, um euch die Seligpreisung zu lehren (Mt 5,8): «Selig die ein reines Herz haben, denn sie werden Gott schauen.» Ihr müsst euch üben, diese Seligpreisung bereits hier auf Erden zu leben, damit euer Herz mit dem Heiligsten Herzen Jesu vereint ist und ihr lernt, mit und in seiner Liebe zu lieben:

1) Gott Vater lieben und Ihm den ersten Platz in eurem Leben einräumen. 2) Euren Nächsten mit jener kindlichen Liebe lieben, die

in den Herzen aller Kinder des Vaters da sein muss. 3) Die heilige Demut dessen nachahmen, der nicht gekommen ist, um bedient zu werden, sondern um zu dienen, der den Willen Dessen erfüllt hat, der Ihn gesandt hat, der ihm alle Ehre, alle Herrlichkeit und seine ganze Liebe geschenkt hat. 4) Die Sanftmut lernen, mit der man jeder Verärgerung im Alltagsleben begegnen muss. 5) Und schließlich sanft und demütig werden nach dem Vorbild dieses Herzens, das euch so sehr geliebt hat.

Das Heiligste Herz Jesu hat sich aus dieser glühenden Liebe durchbohren lassen, die sein ganzes Herz entzündete: Er dürstet nach Liebe, er dürstet nach liebenden Seelen, die sich in der Feuersglut Seines Herzens wiederum von seiner Liebe entzünden lassen. Er will, dass diese Seelen ihrerseits alle Funken entzünden, die auf einen Hauch der Hoffnung, der Liebe, des Mitgefühls, des Zuhörens warten und ihnen sagen: Meine Schwester, du bist nicht allein, ich bin da, die Liebe schickt mich zu dir, um dir zu helfen, dich zu ermutigen, dir zu trinken zu geben, damit du nie mehr Durst nach seinem Wort, Durst nach seiner Liebe hast. Komm und schöpfe wieder Kraft und geh auf die Wege zurück, die dich zum Vater führen. Steige auf den heiligen Berg, wo du das Licht siehst in dieser Nacht, in die du gefallen bist, in dieser finsteren Nacht, die dich gefangen hält.

Siehst du, mein Kind, was ihr alles mit euren Gebeten und eurer Anbetung tun könnt? Ihr könnt Werkzeuge, «kommunizierende Gefäße» werden, um eure Brüder und Schwestern zu nähren, denen ihr auf eurem Weg begegnet, um sie so wie sie sind aufzunehmen, nach dem Vorbild dessen, der Mitleid mit der Menschenschar hatte, die keinen Hirten hat, der sie führt, und die die Welt sich selbst überlassen hat.

Heute wie gestern hat mein sanfter Jesus Mitleid mit der Menschenschar. Er ist auf eure Hände angewiesen, um zu segnen, auf eure Füße, um sie zu empfangen und auf eure Stimme, um euren Glauben zu verkünden. Meine Kinder, ich danke euch für euer Ja der Liebe. Seid gesegnet im Namen des Vaters, im Namen des Sohnes und im Namen des Heiligen Geistes. Amen. Halleluja.

Maria, Königin des Friedens 15. Januar 2011

*21 – Die heilige, kindliche Hingabe bringt Liebe hervor,
wie die kleine Therese sagte.*

Dein Herz sei zutiefst dankbar, denn du hat Gnade gefunden bei Gott. Bekreuzige dich, mein Kind, und schreibe, bedeckt vom Kostbaren Blut meines göttlichen Sohnes Jesus Christus, zur Ehre Gottes, seines Vaters. Habt keine Angst, meine Kinder, denn Gott der Vater weiß, was ihr braucht, noch bevor ihr ihn darum bittet. Euer Glaube soll stärker, euer Vertrauen grenzenlos sein!

Wir werden heute über die heilige Hingabe sprechen. Die kleine Therese sagte: «Die Hingabe ist die köstliche Frucht der Liebe». Je mehr ihr lernt, euren Gott und Vater zu lieben, desto mehr kommt ihr auf diesem Weg der Hingabe voran, der ein geheimnisvoller Weg der unendlichen Liebe des Vaters für seine Kinder auf der Erde ist. Er sieht es so gern, dass seine Kinder sich in einer vertrauensvollen Hingabe, in dieser schönen Vater-Sohn- oder Vater-Tochter-Beziehung, in seine Arme werfen: Ein Kind, das alles von ihm erwartet, das alles von ihm erhofft, das Vertrauen zu Ihm hat, das Ihm, seinem Gott und Schöpfer vertraut.

Leider schaffen es nicht viele, diese kindliche Hingabe zu leben. Denn häufig fällt es den Kindern sehr schwer, ihre Ohnmacht und ihre Grenzen einzugestehen, auf ihre Handlungsweise und auf ihre alten Gewohnheiten zu verzichten. Es ist sehr schwierig, auf den alten Menschen mit all seiner Arroganz, seiner scheinbaren Überlegenheit, seinem Hochmut zu verzichten und dem neuen Menschen Raum zu geben, der mit der heiligmachenden Gnade bekleidet ist (Eph 4,24). Dieser neue Mensch liebt, betet Gott an, lobpreist Ihn und achtet seinen Schöpfer und Vater. Durch all diese Liebe wird ihm in seinem tiefsten Innern bewusst, wie sehr der Vater ihn geliebt hat, da er ihm seinen einzigen Sohn geschenkt hat, der ihn durch seine Passion und seinen Tod erlöst und ihm die Pforten des Himmels geöffnet hat.

Wenn diese Liebe Wurzeln in ihm geschlagen hat, öffnet sich sein Herz nach und nach und nimmt die Gnaden, Tugenden und Früchte auf, die der Heilige Geist in ihm ausgießen will. In diesem Moment beginnt er, seinen Vater kennen zu lernen und ihm zu vertrauen.

Dann kostet er die köstlichen Früchte der Hingabe, wenn er begreift, dass Gott sein Vater, dass Gott die Liebe ist (1 Joh 4,16), dass Gott ihn noch vor seiner Empfängnis zuerst und so geliebt hat, wie er war.

Dieser Gedanke übersteigt seine Intelligenz, denn er ist es nicht gewohnt, so viel Liebe zu empfangen. Von diesem Moment an bittet er mit einem reumütigen Herzen um Vergebung für seine Arroganz, seinen Hochmut und akzeptiert demütig, sich selbst abzusterben, um endlich in der heiligen Hingabe zu leben.

Das wollte ich dir heute Abend sagen, damit du begreifst, wie weit euch das Leben in der vollkommenen Hingabe in die Armen Gottes, des Vaters, führen muss: Ihr müsst das «Machen» vollkommen loslassen und bereit werden, das «zu sein», was der Vater von jedem erhofft, dem es gelingt, dieses Kind des Lichtes zu sein, das lebt, um den Willen Dessen zu erfüllen, der es erschaffen hat.

Seid gesegnet im Namen des Vaters, im Namen des Sohnes und im Namen des Heiligen Geistes. Amen. Halleluja.

༄

Dein Heiligstes Herz Jesu 16. Januar 2011

22 – Die Kirche lebt ihre Passion, man wird sie für tot halten.
Sie wird auferstehen und ein neues Pfingsten der Liebe erleben.

Friede sei mit dir, kleine Tochter meines Heiligsten Herzens. Bekreuzige dich und schreibe, bedeckt von meinem Kostbaren Blut, zur Ehre Gottes, meines Vaters.

Schau, mein Kind, wie meine Heiligste Mutter dich im Voraus darauf vorbereitet hat, diese Broschüre[2] zu empfangen, die ein Brunnen ist, in dem du das lebendige Wasser schöpfen kannst (vgl. Joh 4,10), das aus meinem Heiligsten Herzen fließt, denn ich bringe dich dazu, die Spiritualität dieses Herzens zu leben, das seine Brüder und Schwestern so sehr geliebt hat. Schau, wie ich voller Liebe, voller Einfühlsamkeit bin, wie ich mich um alles kümmere, wenn ich eine

---

2. «*Hin zur Fülle der Nächstenliebe*», S. 32, 2009, Herausgegeben von den Töchtern der Liebe des Heiligsten Herzen Jesu. Website: www.fcscj.org

Seele finde, die sich mir vollkommen hingibt und die diese Verehrung ehrt und liebt, die meinem Herzen so lieb und teuer ist.

Derzeit sieht man, dass Seminare, Gemeinschaften, Klöster sich leeren: Man glaubt, dass sie alle eines Tages verschwinden werden, dass die Kirche wie ihr Gründer direkt ihrem Tod entgegengeht. Doch die Kinder des Bösen wissen nicht, dass auch meine Kirche ihren Karfreitag durchstehen muss. Man wird sie für tot halten, wie sie geglaubt haben, dass sie bei der Grablegung mit mir abgeschlossen hatten… Und in diesem Augenblick habe ich den Sieg davongetragen und meinen letzten Feind, den Tod, besiegt. Mit meiner Auferstehung hat das Leben den Tod besiegt.

Und wenn die Stunde gekommen ist, wird auch die Kirche ganz schön, ganz demütig, ganz rein wie in der ersten Zeit auferstehen. Denn ihr alle werdet mein neues Pfingsten der Liebe erleben, bei dem der Heilige Geist alles reinwäscht, was befleckt ist, bei dem er euch mit seiner Kraft erfüllt und eure Schwächen heilt, damit ihr ohne jede Gefahr auf den Wegen dieser Welt wandeln könnt.

Er wird euch die Worte für diese große Aufgabe der Neuevangelisierung eingeben, bei der ihr die göttliche Flamme der Dreifaltigen Liebe in den Herzen jener entzünden werdet, die ich auf euren Weg schicke. So wird der Feind in die Flucht geschlagen, der den Untergang meiner Kinder will, und alle verstreuten Kinder des Vaters werden zu Ihm zurückgeführt. Meine Kirche wird einen neuen Aufschwung erleben und dem Dreifaltigen Gott alle Ehre, alle Herrlichkeit, alle Liebe erweisen.

Mein Kind, du wirst auch sehen, dass alle meine Priester in ihrem Inneren diese Berufung tragen, die sie am Tag ihrer Weihe empfingen, als der Bischof sie bei ihrem Namen rief und sie antworteten: «Hier bin ich». Mit der Zeit erstickten manche diese Antwort und gingen zu Trugbildern über, sie entfernten sich vom Heiligen Vater, dem Nachfolger des heiligen Petrus, und verzichteten sogar darauf, ihm zu folgen.

Mein Kind, du wirst sehen, wie ihnen dann nach und nach die Schuppen von den Augen fallen. Sie werden aufwachen, all das Böse erkennen, das sie getan haben, das sie sich selbst angetan haben, und in diesem Augenblick werden sie in den Schafstall zurückkehren, um

Vergebung bitten und eingestehen, wie schwer ihre Schuld war. Sie werden sich dem Bischof zu Füßen werfen und um Vergebung bitten. Dann wird der Vater sie als seine Geliebten, als seine Lieblingssöhne empfangen. Deshalb darf man keinen Priester richten, mein Kind. Man muss für ihn beten, ihn unterstützen, ihn ermutigen. Wenn ihr hört, dass ein Priester verurteilt wird, wisst ihr nicht, ob es stimmt oder ob es eine Verleumdung ist.

Betet für den Heiligen Vater, betet für die Priester. Betet auch für die Ordensfrauen, damit die Gemeinschaften Häuser des Gebetes, der Anbetung, des Fastens, der Opfer werden, in denen in großer Demut Liebe und Friede gelebt werden. Sie sollen den Strömungen der Welt die Tür verschließen und dem Wesentlichen den ganzen Raum überlassen: nämlich der Spiritualität ihres Gründers. Sie sollen zum Ursprung und zu den Regeln zurückkehren, die der Heilige Geist ihnen eingegeben hat.

Mein Kind, siehst du, wie wichtig es ist zu beten und Opfer für alle meine geweihten Seelen zu bringen? Danke für deine große Weitherzigkeit, mit der du Tag und Nacht für sie betest. Auch dir sage ich: Kümmere dich um meine Angelegenheiten und erlaube mir, mich um die deinen zu kümmern! Ich habe dich nicht vergessen. In den kommenden Tagen werdet ihr von neuem die Herrlichkeit Gottes sehen (Joh 11,40). Hört nicht auf zu glauben, zu beten und zu hoffen.

Das wollte ich dir heute sagen. Empfange meinen Segen und meinen Friedenskuss im Namen des Vaters, im Namen des Sohnes und im Namen des Heiligen Geistes. Amen. Halleluja.

༄

Maria, Königin des Friedens   18. Januar 2011

23 – Die Rüstung des Christen anziehen, um die Pfeile aufzuhalten, die die Welt durch die Medien, das Fernsehen, Internet abschießt...

Bekreuzige dich, mein Kind, und schreibe, bedeckt vom Kostbaren Blut meines göttlichen Sohnes Jesus Christus, zur Ehre Gottes, seines Vaters.

Mein Kind, heute spreche ich mir dir über die Rüstung des Christen. In diesen Zeiten, die die letzten sind, müssen die Kinder des Lichtes den

Helm des Heils nehmen (Eph 6,17), um alle negativen Gedanken und alle Worte zu vermeiden, die euren Geist vergiften wollen, sowie diese teuflischen Bilder, die euren Untergang zum Ziel haben – ich spreche über den Untergang eurer Seele. Ihr müsst den Panzer der Gerechtigkeit anziehen, um all diese Pfeile aufzuhalten, die die Welt durch die Medien, die Zeitungen, die Filme, das Radio, die Magazine auf euch abschießen.

Ohne über das Fernsehen, Internet usw. zu sprechen. Um euch vor allen diesen Gefahren zu beschützen, müsst ihr den Gürtel der Wahrheit und der Treue tragen, müsst ihr wahr, Gott und euch selbst gegenüber treu sein, damit es euch gelingt, trotz allem, was in eurer Umgebung geschieht, den Frieden zu bewahren.

Nehmt das Schwert des Heiligen Geistes, das heißt das Wort Gottes (Eph 6,17), damit ihr den Mut habt, euren Glauben, euer Engagement in der Kirche und das Evangelium zu verkünden. Das alles soll in einem Geist der Barmherzigkeit, der Demut, der Geduld und der Sanftmut geschehen. Man wird euch als wahre Jünger Jesu Christi erkennen, die seine Tugenden nachahmen und in seine Fußstapfen treten, indem sie häufig zur heiligen Eucharistie gehen. So lebt ihr aus Seinem Leben.

Es ist außerordentlich wichtig, dass ihr jeden Tag diese göttliche Rüstung des Glaubens an Gott Vater anzieht, der euch erschaffen hat, der Hoffnung, die Vertrauen zu Gott Sohn wird, der euch erlöst hat, der Nächstenliebe, die euch in Gott Heiliger Geist heiligt, der euch für den Vater öffnet und all jene mit Gnaden überschüttet, die den Herrn lieben.

Wenn ihr diese schöne Gewohnheit annehmt, werdet ihr sehen, wie ihr in allen Kämpfen, denen ihr euch jeden Tag stellen müsst, von Sieg zu Sieg geht. Diese Rüstung benutzten die Apostel, die Märtyrer und die Jünger aller Zeiten, sie ist das beste Mittel, um euch gegen die Fallen des Dämons zu beschützen.

Vertraut mir also und benutzt sie jeden Tag. Geht oft zum Sakrament der Vergebung, betet den Rosenkranz und empfangt die heilige Eucharistie, um im Stand der Gnade zu bleiben. Seid gesegnet, meine Kinder, ich liebe euch. Ich segne euch im Namen des Vaters, im Namen des Sohnes und im Namen des Heiligen Geistes. Amen. Halleluja.

Maria, Königin des Friedens 19. Januar 2011

24 – Sich angewöhnen, um den Segen des Allerhöchsten zu bitten, bevor man irgendetwas beginnt.

Mein Kind, ich danke dir, dass du mir in deinem Tagesablauf den Vorrang gibst. Bekreuzige dich, mein Kind, und schreibe, bedeckt vom Kostbaren Blut meines göttlichen Sohnes Jesus Christus, zur Ehre Gottes, seines Vaters.

Meine Kinder, ihr müsst euch angewöhnen, den Höchsten um seinen Segen zu bitten, bevor ihr irgendetwas beginnt. Dann gelingt es euch, alles zu Seiner Ehre zu tun nach dem Vorbild seines einzigen Sohnes Jesus Christus und eurer himmlischen Mama. Am Anfang mag euch das schwierig erscheinen, doch nach und nach tut ihr es dann, ohne überhaupt noch daran zu denken. Bittet um die Hilfe eures Schutzengels, es ist ihm eine Freude, es euch beizubringen.

Das ist ein anderer Weg, um den Göttlichen Willen eures dreimal heiligen Vaters zu tun. In der Tiefe eures Wesens müsst ihr an dieser innigen Vertrautheit festhalten, dann wird eure Liebe jeden Tag größer und stärker. Dann lasst ihr euch nach und nach auf ein Zwiegespräch mit eurem Gott und Herrn ein, das so weit geht, dass ihr schließlich im stillen Gebet lebt, um eure Seele zu nähren und euch von der ganzen Liebe nähren und erfüllen zu lassen, die Gott Vater in euren Herzen ausgießen will. Dann empfangt ihr das Feuer des Herzens Gottes, des Sohnes, der euch durch Gott Heiliger Geist entzündet.

Das dient dazu, diese Einheit zu bilden, nach der mein sanfter Jesus sich so sehr sehnt und die Er am Gründonnerstagabend von seinem Vater erbeten hat. Jesus will, dass seine Kinder eins sind wie Er mit seinem Vater eins ist. Er will dem Vater alle seine Kinder aufopfern, die eine einzige Familie mit einem einzigen Vater und einer einzigen Mutter bilden: der katholischen, heiligen und apostolischen Kirche.

Deshalb hat der Heilige Geist seinen Kindern eingegeben, für die Einheit der Kirchen zu beten, damit alle zu ihrem Gründer, unserem Herrn Jesus Christus zurückkehren, der seine Kirche Petrus anvertraut hat. Deshalb müsst ihr dem Papst treu sein, denn niemand anderes als er wurde vom Dreifaltigen Gott erwählt. Ein einziger Gott, ein einziger Papst.

Hört nicht auf, für den Heiligen Vater und für alle Priester zu beten. Sie haben diese unerhörte Macht, den Sohn Gottes mit der ganzen himmlischen Heerschar im Augenblick der Heiligen Wandlung vom Himmel herabzurufen. Unterstützt sie, ermutigt sie, liebt sie, denn sie werden derzeit sehr angefeindet. Der Feind kämpft erbittert gegen sie, weil er weiß, dass der Priester ein anderer Christus ist. Betet, betet, betet für meine Lieblingssöhne. Danke, meine Kinder. Seid gesegnet im Namen des Vaters, im Namen des Sohnes und im Namen des Heiligen Geistes. Amen. Halleluja.

༄

Maria, die Unbefleckte Empfängnis 20. Januar 2011

25 – Die Macht des heiligen Namens Jesu.
Ihn in allen Situationen aussprechen und anrufen.

Friede sei mit dir, mein Kind. Bekreuzige dich und schreibe, bedeckt vom Kostbaren Blut meines göttlichen Sohnes Jesus Christus, zur Ehre Gottes, seines Vaters.

Ja, mein Kind, ich, die Unbefleckte Empfängnis, spreche in diesem Augenblick nach dem Willen Gottes mit dir. Danken wir dem Höchsten, denn er hat Wunder getan. Gebt den Lobpreis, die Anbetung und das Herzensgebet nicht auf.

So vermeidet ihr die Fallen der Verzweiflung, der Ungeduld, des mangelnden Vertrauens. Mein Kind, du weißt, wenn es einem Kind an Vertrauen fehlt oder es zweifelt, verletzt es das Heiligste Herz Jesu zutiefst. Wenn sich der Zweifel in euer Herz einnisten will, müsst ihr sofort sagen: «Jesus, ich vertraue dir», «Jesus, ich glaube an Dich», oder einfach seinen heiligen Namen aussprechen: «Jesus». Ihr werdet sehen wie dann der Friede in eure Herzen zurückkehrt.

Selbst bei Nacht, wenn ihr nicht schlafen könnt, sollt ihr ganz langsam Jesus, Jesus, Jesus sagen, denn der Name Jesu hat große Macht, der Name Jesus heilt, er tröstet seine Kinder, er schenkt Freude in der Traurigkeit, Kraft in der Müdigkeit, Mut in der Ohnmacht, Friede in der Aggressivität, und man könnte noch vieles aufzählen…

Der Name Jesu ist allmächtig, er befreit, der Name Jesu ist Liebe, Zärtlichkeit… Gewöhnt euch an, den sanften Namen Jesu in jeder Situation immer wieder auszusprechen, dann werdet ihr feststellen, dass ihr die Dinge ganz anders betrachtet, dass sich die Augen eures Herzens durch die Allmacht des heiligen Namens Jesu öffnen und ihr mehr liebt.

Danke meine Kinder, dass ihr meine Unterweisungen mit Liebe aufnehmt. Seid gesegnet im Namen des Vaters, im Namen des Sohnes und im Namen des Heiligen Geistes. Amen. Halleluja.

༄

Maria, Königin des Friedens   24. Januar 2011

26 – Der Allmächtige führt und beschützt euch wie er die Israeliten in der Wüste beschützt hat.

Gesegnet seist du, mein Kind, da du auf meinen Ruf hörst. Bekreuzige dich, mein Kind, und schreibe, bedeckt vom Kostbaren Blut meines göttlichen Sohnes Jesus Christus, zur Ehre Gottes, seines Vaters.

Ich bin wieder hier, um dir zu sagen: Habt keine Angst, seid gewiss, dass sich alles erfüllen muss, wie die Prophezeiungen es euch in der Heiligen Schrift verkünden. Natürlich könnt ihr durch euer Fürbittgebet viel von der Barmherzigkeit Gottes erlangen. Nützt die kurze Zeit, die noch bleibt. Deshalb ist es wichtig zu beten, den Rosenkranz zu beten, zur Anbetung zu gehen, denn der Friede in der Welt ist in Gefahr. Man will einen großen Teil der Menschheit beseitigen und alles tun, um die Zahl der Bewohner auf der Erde zu verringern.

Doch habt keine Angst, der Herr, der Allmächtige ist da und beschützt euch, wie der sein Volk vierzig Jahre lang in der Wüste beschützt und geführt hat. Seine Macht ist dieselbe gestern, heute und morgen. Vertraut ihm.

Die Katastrophen werden immer schlimmer werden, doch das alles muss geschehen. Die Verfolgung in der Kirche wird heftiger werden. Du sollst dir jedoch sagen, dass niemand aufhalten kann, was bereits begonnen hat, mein Kind. Nur das Gebet und die Anbetung können die Folgen all dessen abschwächen.

Deshalb bitte ich euch allerorten auf der Welt zu beten, zu beten, zu beten solange noch Zeit ist: Danach ist es zu spät. Lasst euch nicht von allen möglichen Dingen verwirren, die ihr hört und noch hören werdet.

Bewahrt stets euren Frieden und eure Ruhe in dem Wissen, dass eure himmlische Mama euch in ihren Schutzmantel hüllt. Alle meine Kinder, die Ja zur Liebe gesagt haben, sind unter meinem Mantel, der ein großes Zelt geworden ist, um meinen ganz Kleinen Unterschlupf zu gewähren.

Danke für eure Treue, meine Kinder. Danke für eure Liebe. Ich segne euch im Namen des Vaters, im Namen des Sohnes und im Namen des Heiligen Geistes. Amen. Halleluja.

Maria, Königin des Friedens 25. Januar 2011

27 – Ihr erlebt auf Erden den Kampf der Geister: Das Gute gegen das Böse

Ja, mein Kind, Friede sei mit dir. Bekreuzige dich und schreibe, bedeckt vom Kostbaren Blut meines göttlichen Sohnes Jesus Christus, zur Ehre Gottes, seines Vaters.

In diesen Zeiten erlebt ihr den Kampf der Geister: Das Gute gegen das Böse, die Armee des heiligen Erzengels Michael gegen die Miliz der bösen Geister, die von Luzifer angeführt werden. Das ist der Kampf der Kämpfe. Man hat euch gesagt, dass die Hölle leer ist[3], weil alle Dämonen auf der Erde sind. Doch ihr sollt wissen, dass auch der Himmel leer ist[4], weil die ganze Phalanx der Engel unter dem Befehl des heiligen Michael steht und der dreimal heilige Vater alle seine Engel ausgesandt hat, um euch zu beschützen, euch zu verteidigen, euch zu unterstützen und euch zu führen. Das Ziel des Bösen ist der Untergang eurer Seele und die Vernichtung eures Leibes. Amen, ich sage euch: Es gibt nichts Schlimmeres als diesen Kampf der Geister, denn ihr wisst nicht, woher, von wem, wie oder wann ihr getroffen werdet.

---
3. Anm. d. Herausgebers: die Hölle ist leer, weil alle bösen Engel auf der Erde kämpfen.
4. Anm. d. Herausgebers: der Himmel ist leer, weil alle guten Engel auf der Erde kämpfen.

Deshalb bitten wir euch, sehr wachsam zu sein, euren Gürtel nicht abzulegen (Lk 12,35), unverwandt zur Sonne der Gerechtigkeit (Mi 4,2), meinem sanften Jesus zu schauen, der Liebe ist. Vermeidet es, nach rechts und links zu schauen, schaut stets auf euren Jesus, folgt ihm, folgt seinen Schritten und seiner Lehre. Hütet euch vor allem Bösen, denn heute ist das Böse überall.

Ihr wisst, was das Böse ist, denn das Gesetz Gottes ist in eure Herzen eingeschrieben. Das ist das große Geschenk, das Gott der Vater euch gemacht hat. Es liegt an euch, seinen Geboten zu folgen (Ex 20), die Rüstung des Christen anzuziehen (Eph 6,17), damit ihr den Mächten des Bösen entgeht, indem ihr euch um das Wesentliche kümmert und es lebt, indem ihr all diese Vergnügungen ablehnt, die euch daran hindern, die Stimme des Heiligen Geistes zu hören, indem ihr die Stille bewahrt und allen möglichen Lärm wie das Radio, das Fernsehen, Internet usw. ablehnt.

Seid sehr wachsam, meine Kinder. Ihr müsst jeden Tag gegen den alten Menschen kämpfen (Kol 3,10), der noch in euch ist und euch ermüden will, indem er eure Kräfte mit unnützen Dingen erschöpft.

Bewahrt euren Frieden, indem ihr zur Quelle zurückkehrt. Erholt euch in dieser Begegnung von Herz zu Herz mit eurem Jesus. Er ist stets da und wartet im Tabernakel auf euch, er wartet immer auf einen Besuch, ein Wort, einen Seufzer. Kehrt zum Wesentlichen, zum Gebet und zur Anbetung zurück, damit der neue Mensch mehr Raum in euch gewinnt (Eph 4,24). Nährt euch in der Stille eures Herzens, bereitet euch darauf vor, den König der Könige in der heiligen Eucharistie zu empfangen.

Ich liebe euch. Seid gesegnet im Namen des Vaters, im Namen des Sohnes und im Namen des Heiligen Geistes. Amen. Halleluja.

༄

Jesus, Herr des Universums   27. Januar 2011

28 – Ihr tretet im Hinblick auf die bevorstehende Rückkehr Jesu in eine neue Etappe des Plans des Vaters ein.

Ja, mein Kind, ihr seid gerade in eine weitere Etappe des Planes Gottes des Vaters eingetreten, damit ihr euch auf meine bevorstehende Rückkehr vorbereitet. Bekreuzige dich und schreibe, mein Kind, bedeckt von meinem Kostbaren Blut, alles sei zu seiner heiligen Ehre.

Ihr habt gerade eine Etappe mehr zurückgelegt. Ich spreche zu meinen Kindern des Lichtes, die zum Vater gesagt haben (Ps 40): «Ja, wir kommen, deinen Willen zu tun.» Ich bitte euch heute von neuem, sehr wachsam zu sein und auf das Wirken des Heiligen Geistes zu achten. Er ist bei den Kindern des Lichtes wirklich am Werk, um euch alle notwendigen Gnaden, alle seine Früchte, alle Gaben und Charismen zu schenken, die ihr braucht, um den anderen zu helfen, wenn die Stunde schlägt.

Bittet meine Heiligste Mutter jeden Tag, euch in ihren Mantel der Demut, des Friedens, der Sanftmut und auch der Geduld den anderen gegenüber zu hüllen.

Ich bitte euch, vermeidet es, euch über die Fehler und Schwächen eures Nächsten zu ärgern. Schaut vielmehr auf ihre Bemühungen, sich zu bessern. So vermeidet ihr es, sie zu richten.

Ihr dürft nicht vergessen, dass ihr am Abend eures Lebens mit dem Maß gemessen werdet, das ihr für die anderen verwendet habt. Ich wiederhole: richtet nicht, kritisiert nicht. Wenn es vorkommt, dass euch an den anderen etwas missfällt, so übergebt es mir sofort, meine Kinder, ich kann dieses Unbehagen verwandeln und euch wieder Frieden, Liebe, Geduld geben…

Warum spreche ich über all das mit euch? Um euch zu lehren, toleranter und aufmerksamer zu sein und es nicht an Nächstenliebe fehlen zu lassen: Beginnt mit ganz kleinen Dingen, dann wird es euch nach und nach zur Gewohnheit.

Hört, was ihr hören werdet, seht, was ihr sehen werdet, doch richtet nicht, verurteilt nicht. Betet lieber und dankt dem dreimal heiligen Vater, dass er euch davor bewahrt hat, Ähnliches zu tun, und betet für die anderen. Passt auf, dass ihr nicht in die Falle des «Ich habe ja nichts gesagt» geht, während ihr in euren Herzen alle möglichen Urteile ausspricht. Vergesst nicht, dass Gott alles sieht, alles hört. Habt viel Verständnis füreinander, denn unser Feind versucht, überall zu spalten.

Ich kann euch sagen, dass es derzeit nicht viele Kinder gibt, die die Nächstenliebe im rechten Maß leben: die Nächstenliebe, die die Frucht der Liebe zum Dreifaltigen Gott ist, die Nächstenliebe dessen, der die Heilige Dreifaltigkeit wirklich liebt. Deshalb habe ich euch gesagt: «Daran werden alle erkennen, dass ihr meine Jünger seid: wenn ihr einander liebt» (Joh 13,35).

Ich will euch lehren, meine heilige Lehre wirklich zu leben. Bildet eine einzige, vereinte Familie der Kinder Gottes, des Vaters, um so die Neue Erde vorzubereiten und ihr Kommen zu beschleunigen: Diese neue Gesellschaft der Liebe, die die Liebe des Vaters, die Liebe des Sohnes durch die Liebe des Heiligen Geistes aufnimmt, der alle Herzen guten Willens entzündet.

Meine Kinder, danke, dass ihr meine Unterweisungen gut aufnehmt. Ich trage euch in meinem Herzen und segne euch im Namen des Vaters, im Namen des Sohnes und im Namen des Heiligen Geistes. Amen. Halleluja.

ري

Jesus, dein König der Liebe   28. Januar 2011

29 – Maria hat vom Vater die Gnade der Erleuchtung eures Gewissens erlangt, um euch eine letzte Chance zu geben, die richtige Entscheidung zu treffen.

Der Friede sei mit dir, mein Kind. Bekreuzige dich und schreibe, bedeckt von meinem Kostbaren Blut, zur Ehre Gottes, meines Vaters.

Jetzt kommt die Zeit, da man die Toten beneiden wird, da alle Prophezeiungen sich erfüllen, da die heiligen Engel das Unkraut vom Weizen trennen werden (Mt 13,24), da es die Wonne des Menschensohnes ist, unter seinen Brüdern und Schwestern aller Rassen und aller Sprachen zu weilen, die nur einen einzigen Glauben, einen einzigen Gott, einen einzigen Vater haben. Die Zeit, da die Liebe Gottes in allen Herzen unserer Kinder frei strömen wird.

Es ist die Zeit, da die Liebe auf Erden herrscht, da der Friede in jedem Herzen herrscht, da die Freude die ganze Schöpfung einhüllt, damit ihr die Herrlichkeit eures Gottes und Vaters schaut. Was für eine Freude, mein Kind! Mein Heiligstes Herz erbebt vor Freude bei dem Gedanken an diese Zeit des Friedens und der Dreifaltigen Liebe.

Doch um diese Zeit zu erreichen, müsst ihr leider zunächst durch die Zeit der großen Drangsal gehen, in der jedes Kind sich äußern und Ja zu Gott oder Ja zum Dämon sagen und mit den Folgen leben muss, die sich aus seiner Wahl ergeben! Das wird die feierliche Stunde sein, da ihr für immer den Ort eurer Bestimmung wählt.

Mein Kind, deshalb erlangte meine Heiligste Mutter von der Barmherzigkeit des dreimal heiligen Vaters jene Gnade, damit ihr die Erleuchtung eures Gewissens erleben könnt. Das wird euch ein für allemal klar machen, dass es Gott wirklich gibt, und es wird euch zeigen, wohin die Sünde und eure Lebensweise euch geführt haben, wohin ihr durch eure Entfernung von den Sakramenten und durch eure Lauheit geraten seid. Dieses Ereignis ist ein Hilfsangebot, um euch aus eurem Schlaf aufzuwecken, um euren Geist aufzurütteln und euch auf den Weg zum Ewigen Reich zu führen, wo der Vater euch mit weit offenen Armen erwartet.

Deshalb müsst ihr dieses Ereignis leben. Einige Kinder wollen nicht daran glauben, andere sehen es nur von seiner katastrophalen Seite her und ganz wenige begreifen es als letzte Chance, die der Himmel ihnen schenkt, damit sie zu Mir, eurem Gott und eurem Herrn zurückkehren.

Bereitet euch durch das Gebet und die Anbetung vor, damit ihr all das mit der Gnade des Heiligen Geistes in meinem Frieden und im Vertrauen auf meine Vorsehung leben könnt und dabei in die neue Arche, das Unbefleckte Herz Mariens und das Heiligste Herz Jesu einzieht, wo ihr Schutz vor diesem Sturm der letzten Zeiten findet.

Ich liebe euch. Ich segne euch im Namen des Vaters, im Namen des Sohnes und im Namen des Heiligen Geistes. Amen. Halleluja.

Maria, Königin des Friedens 30. Januar 2011

Friede sei mit dir. Bekreuzige dich, mein Kind, und schreibe, bedeckt vom Kostbaren Blut meines göttlichen Sohnes Jesus, der Liebe ist, zur Ehre Gottes, seines Vaters.

Mein Kind, ihr dürft wirklich keine Zeit mehr verlieren. Ihr müsst dem Höchsten den Vorrang geben, denn alles ist bemessen. Ihr wollt nicht begreifen, dass das Schwert der göttlichen Gerechtigkeit über den Köpfen der Kinder der derzeitigen Generation hängt, die alle vorstellbaren und unvorstellbaren Grenzen überschritten hat. Ein außerordentlicher Gestank steigt von eurem Planeten Erde auf und hüllt ihn ein: Es ist der widerliche Geruch der Sünde, die der Himmel verabscheut.

Das Heiligste Herz meines Jesus wird von den kleinen Lichtern getröstet, die man allerorten sieht: Die Lichter seines kleinen treuen Restes der Kinder des Lichtes, die sich noch vom Licht der Welt, Jesus, dem Sohn Gottes leiten lassen.

Und mit seinen kleinen Liebesflammen wird er den kleinen Funken wieder entzünden, der in den Herzen gründlich verborgen ist, die sich derzeit in tiefer Finsternis befinden. Deshalb ist es wichtig, in der Wahrheit des Evangeliums zu sein und zu leben, es gründlich zu betrachten und den Heiligen Geist zu bitten, euch zu erleuchten, indem er euch jeden Tag die Gnaden gibt, die ihr für euch selbst und für die anderen braucht, denen ihr auf eurem Weg begegnet.

Denn auch ihr seid in dieser Nacht der großen Verwirrung das Licht der Welt (Mt 5,14). In dieser Nacht sind die bösen Geister entfesselt und tun alles, um die Welt zu entmutigen und sie dazu zu bringen, in einer großen Gewalttätigkeit zu leben: So sollen die Menschen alle Hoffnung verlieren und nach und nach zum Selbstmord getrieben werden, da sie ihnen weismachen, dass mit dem Tod des Leibes alles zu Ende ist. Es ist menschliche Torheit, das zu glauben.

Bete für alle Selbstmörder, mein Kind. Früher sagte man euch, dass alle Selbstmörder in die Hölle kommen... Nein, mein Kind, es gibt welche, die im allerletzten Augenblick um Vergebung bitten. Diese sind im Fegefeuer und werden oft von ihren Familien und ihren Freunden vergessen. Ich danke dir, dass du für sie betest, denn derzeit gibt es viel mehr Opfer des Selbstmordes als ihr glaubt. Oft sagt man euch, dass eine Person infolge einer Krankheit oder einer natürlichen Ursache gestorben sei, obgleich es ein Selbstmord war. Früher war die Zahl der Selbstmorde bei den Jugendlichen am höchsten, doch heute gibt es mehr und mehr Selbstmorde bei alten Menschen. Ihr müsst für all jene beten, die unter der Verzweiflung leiden, die die Lebensfreude verloren haben, die sich von der Kirche, vom Glauben und, schlimmer noch, von Gott entfernt haben.

Danke für eure große Weitherzigkeit, meine Kinder. Danke, dass ihr für eure Brüder und Schwestern in Jesus Christus betet. Seid gesegnet im Namen des Vaters, im Namen des Sohnes und im Namen des Heiligen Geistes. Amen. Halleluja.

൭

Maria, Königin des Friedens 31. Januar 2011

31 – Der Schock, den jene erleiden, die meinen, dass sie Gott nie gegenüberstehen werden! Der Dienst im Unsichtbaren.

Bekreuzige dich, mein Kind, und schreibe, bedeckt vom Kostbaren Blut meines göttlichen Sohnes, dem Herrn Jesus Christus, zur Ehre Gottes, seines Vaters.

Ja, mein Kind, danke dem Herrn, denn er tut wieder Wunderwerke, groß ist sein Name! Dein kleines Herz sei voller Jubel und Dankbarkeit... Ich bitte dich, mein Kind, höre nicht auf, für alle deine Brüder und Schwestern auf der ganzen Welt zu beten, vor allem für jene, die nicht an Gott, unseren Herrn glauben wollen und die in die Fallen gegangen sind, die der Feind ihnen gestellt hat.

Diese törichten Kinder glauben in ihrem Kopf und ihrem Herzen fast hundertprozentig, dass sie Gott nie gegenüberstehen werden, um vor ihm Rechenschaft abzulegen für alles, was sie getan haben, sowie für alles, was sie für Gott, für ihren Nächsten, für sich selbst nicht getan haben. Das wird für einige ein sehr großer Schock sein, doch nicht für alle, denn es gibt Menschen, die Satan alles übergeben haben.

Deshalb bitten wir euch um euer Fürbittgebet. Das ist ein großer Dienst, dessen wahrer Wert nicht bekannt ist. Man muss eine großzügige Seele haben, um diesen Dienst zu akzeptieren, ihn zu üben und ihn in der Stille des Herzens, im verborgenen Alltagsleben in die Tat umzusetzen, ohne dass jemand etwas davon merkt. Ich möchte euch sagen, dass ihr diesen Dienst im Unsichtbaren annehmen sollt, damit er nur für die Augen Gottes, des Vaters sichtbar ist, der im Verborgenen des Herzens jedes seiner Kinder sieht.

Es ist ein Dienst, der auf einem Leben des Gebetes, des Opfers, der Hingabe, der Selbstvergessenheit zugunsten der anderen gründet, die in Not sind, während man weiter in der Welt lebt. Für die kontemplativen Ordensleute in den Klöstern oder Gemeinschaften ist das einfacher, doch derzeit sind wir auf geweihte Laien angewiesen, die guten Herzens bereit sind, für alle ihre Brüder und Schwestern zu beten.

Danke für deine große Weitherzigkeit, mein Kind! Lass uns zum dreimal heiligen Vater beten, dass er in diesen Zeiten, die die letzten sind, Arbeiter für seine Ernte schickt. Danke für eure Großzügigkeit, meine Kinder! Lasst uns gemeinsam jeden Tag etwas mehr tun, um so viel Kinder wie möglich in die Arme des allmächtigen Vaters zurückzuführen. Seid gesegnet im Namen des Vaters, im Namen des Sohnes und im Namen des Heiligen Geistes. Amen. Halleluja.

༄

Heiligstes Herz Jesu 1. Februar 2011

32 – Meine Kinder sind meinen Aufrufen gegenüber gleichgültig. Die Jungfrau Maria ist betrübt und weint wegen ihrer Kinder.

Ja, mein Kind, mein Herz blutet wieder, wenn es sieht und feststellt, dass die Gleichgültigkeit sich wirklich in den Herzen vieler meiner Kinder eingenistet hat. Sie haben die Tür vor dem markerschütternden Schrei meines Heiligsten Herzens verschlossen, das inständig um eure Liebe bettelt... «Mich dürstet, mich dürstet nach eurer Liebe, und meine Kinder sind meinem Schrei gegenüber gleichgültig!» (vgl. Joh 19,28) Bekreuzige dich, mein Kind, und schreibe, bedeckt von meinem Kostbaren Blut, zur Ehre Gottes, meines Vaters.

Mein Herz blutet auch, wenn ich sehe, wie betrübt meine heilige Mutter ist, wie sie wegen ihrer Kinder weint, die ihr Heil nicht wollen, da sie ihren Sohn nicht aufnehmen, Der ist und Der Worte des Lebens hat. Ja, Ich bin das Wort Gottes, der einzige Sohn des Vaters, der in der Jungfrau Maria Fleisch angenommen hat. Meine Mutter zieht durch die ganze Welt, um euch vor der großen Gefahr zu warnen, die vor eurer Tür steht, indem sie euch zur Umkehr aufruft, euch bittet zu beten, zu fasten und Buße zu tun, bevor es zu spät ist…

Ich liebe euch, ich bin die Barmherzigkeit, ich bin euer Gott. Doch meine Gottheit zwingt mich, meine Barmherzigkeit beiseite zu lassen und der göttlichen Gerechtigkeit Raum zu geben. Deshalb vergießen mein Heiligstes Herz und das Unbefleckte Herz meiner heiligen Mutter blutige Tränen… Wir wissen, was vor eurer Tür steht, wir wissen, dass die Zeit der Barmherzigkeit Gottes ihrem Ende entgegengeht.

Meine Kinder, deshalb bitte ich euch, uns zu helfen, den Arm der Gerechtigkeit des Vaters durch euer Gebet und durch eure Anbetung zurückzuhalten und so zu erlauben, die Zeit der göttlichen Gerechtigkeit abzukürzen.

Bleibt dennoch im Frieden, meine Kinder, bewahrt euer Vertrauen zu Dem, der sein Leben hingegeben hat, um euch zu erlösen. Danke, meine treuen Kinder, ich liebe euch, ich liebe euch, ihr tröstet dieses Herz, das so wenig geliebt wird.

Ihr Kinder, vergesst in der Zeit der Not nicht, dass ich bei euch bin bis zum Ende der Zeit. Ich werde euch nicht im Stich lassen. Meine Mutter wird auch da sein, um euch zu führen und zu beschützen. Betet, betet, betet, damit ihr der Versuchung nicht erliegt. Seid gesegnet im Namen des Vaters, im Namen des Sohnes und im Namen des Heiligen Geistes. Amen. Halleluja.

༄

Maria, Mutter der Schmerzen 2. Februar 2011

Darstellung Jesu im Tempel

33 – Freude und Leiden Mariens, die als Mutter Gottes erwählt wurde. Entfesselung der Naturelemente vor der Erleuchtung des Gewissens.

Mein Kind, ich danke dir für deine Bereitschaft, in allem den Willen des Höchsten zu erfüllen. Bekreuzige dich und schreibe, bedeckt vom Kostbaren Blut meines göttlichen Sohnes, dem Herrn Jesus Christus, zur Ehre Gottes, seines Vaters.

Mein Kind, an diesem bedeutenden Tag der Darstellung des Herrn im Tempel vor seinem Herrn, möchte ich die Freude und das Leiden meines Unbefleckten Herzens mit dir teilen, als der heilige Gabriel mir verkündete, dass ich nach dem Wunsch Gottes die Mutter seines Sohnes werden sollte.

Ich habe mein «fiat» gesprochen und war bereit, den ganzen Rest meines Lebens im Leiden zu leben. Ich kannte die Heilige Schrift auswendig: Ich wusste, was mein göttlicher Sohn erleiden würde, um eure Erlösung zu bewirken. Ich wusste, dass nur die Kleinen bereit wären, ihn anzunehmen und an ihn, das Licht der Welt zu glauben.

Sobald er in meinem jungfräulichen Schoß war, betrachtete er seine schreckliche Passion, und das durchbohrte mein Unbeflecktes Herz, mein Kind. Am meisten litt er darunter, alle Kinder zu sehen, die im Lauf der Jahrhunderte verlorengehen würden, ohne ihr Heil annehmen zu wollen, ohne das höchste Opfer eines Gottes anerkennen zu wollen, der an einem Kreuz stirbt.

Du weißt, wenn der Vater es akzeptieren würde, wäre mein sanfter Jesus bereit, noch einmal für seine Kinder zu sterben. Er leidet sehr darunter zu wissen, dass er nichts mehr tun kann. Gott achtet euren Willen und eure Freiheit, und er muss eure Wahl akzeptieren und euch die Freiheit lassen, dort hinzugehen, wohin eure Wahl euch führt.

Ich weine blutige Tränen, wenn ich sein Leiden sehe, und auch wenn ich die große Zahl seiner Kinder sehe, die in ihre Verdammnis gehen.

Deshalb ziehe ich in diesen Zeiten, die die letzten sind, durch diese Welt, mein Kind, und bitte euch um Gebete, um Opfer und darum, den heiligen Rosenkranz so oft wie möglich zu beten, denn er ist eine mächtige Waffe, die den Mächten des Bösen entgegenwirkt. Versucht die Gnade der Reue in den Herzen jener zu erlangen, die in den kommenden Tagen wegen dieser katastrophalen Ereignisse sterben werden, die überall auf der Welt eintreten.

Die Natur ist wirklich entfesselt, sie schreit nach Rache vor ihrem Schöpfer, sie hat Mitleid mit der Erde, die vom Blut so vieler Unschuldiger, so vieler abgetriebener Babys, so vieler Gewalttaten aller Art, so vieler Märtyrer getränkt ist…

Die ganze Schöpfung sieht zutiefst bestürzt eure Unehrerbietigkeit eurem Schöpfer, eurem Gott und Herrn gegenüber. Ihr habt keine Achtung mehr vor dem Leben. Es gibt keinen Gehorsam den Gesetzen Gottes gegenüber mehr, außer bei dem kleinen Rest des kleinen Restes.

Ich bin so betrübt wegen all dessen, was euch erwartet. Glaube mir, mein Kind, für einige Nationen wird es schrecklich sein, vor allem für die, die gegen das Leben sind. Der Vater wird den Naturelementen freien Lauf lassen bis zu dem Augenblick, da Er sagen wird: Genug! Dann wird Er der großen Erleuchtung eures Gewissens Raum geben: Dabei erlebt jedes Kind in jenem Augenblick ein Einzelgericht, in dem alles innehält, um auf die Stimme Gottes zu hören. Ihr werdet sehen, wie die ganze Schöpfung der Stimme ihres Schöpfers gehorcht, außer dem Menschen, der sich ihm überlegen glaubt und so weit geht, die Existenz Gottes, des Schöpfers des ganzen Universums zu leugnen.

Meine Kinder, betet für alle Ungläubigen. Betet und seid sehr wachsam, damit eure Seele im Stand der Gnade bleibt. Betet, um das Öl des Glaubens in euren Seelen zu erhalten: Wenn der Bräutigam eurer Seelen zurückkommt, wird er euch dann mit brennenden Lampen in dieser Nacht der großen Verwirrung vorfinden? Danke, meine Kinder. Ich liebe euch. Seid gesegnet im Namen des Vaters, im Namen des Sohnes und im Namen des Heiligen Geistes. Amen. Halleluja.

☙

Maria, Königin des Friedens   4. Februar 2011
Erster Freitag des Monats

34 – Auserlesene Gnaden und Früchte eines Besuchs des Allerheiligsten. Freude und Trost für das Heiligste Herz Jesu.

Ja, mein Kind, danke dem Herrn für diesen Frieden. Bekreuzige dich und schreibe, mein Kind, bedeckt vom Kostbaren Blut meines göttlichen Sohnes, deinem Herrn Jesus Christus.

Wenn du wüsstest, welch große Freude ihr dem Heiligsten Herzen meines sanften Jesus macht, wenn er euch im Allerheiligsten auf dem Altar vor sich sieht. Haltet Ihm ein Herz hin, das von jeder Sorge, jeder Ablenkung, jedem Hindernis frei ist. Wenn du die auserlesenen Gnaden kennen würdest, die er in eure Herzen legt, wenn ihr mit einem kindlichen Herzen voller Liebe vor ihn hintretet, das sich im Feuer seiner Liebe formen lässt! Wenn du wüsstest, mit welcher Liebe er euch empfängt, um euch neue Kraft zu geben und euch alles zu schenken, was ihr für euren Tag braucht.

Doch leider erlauben ihm nicht alle Herzen, die vor ihn hintreten, sie zu formen, nicht alle wollen sich in ihm ausruhen. Danke, meine Kinder, dass ihr die ganze Liebe aufnehmt, die er euch schenken will! Er schenkt euch nur einen Teil, denn es wäre euch unmöglich, diesen ganzen Ozean der Liebe aufzunehmen. Er gießt und erfrischt euch mit einem Gnadenregen.

Danke, dass ihr sein Herz tröstet, das so wenig geliebt wird. Dieses Herz, das euch bis zur Torheit liebt, das euch jeden Tag in seine Nachfolge ruft. Danke für euer Ja der Liebe, danke, dass ihr tapfere Soldaten dieser himmlischen Armee seid, die vom Dreifaltigen Gott erwählt wurde. Danke, meine Kinder. Empfangt meinen Frieden. Seid gesegnet im Namen des Vaters, im Namen des Sohnes und im Namen des Heiligen Geistes. Amen. Halleluja.

൙

Maria, Mutter der Kirche 5. Februar 2011
Erster Samstag des Monats

35 – Es ist wichtig, der Kirche und dem Papst zu gehorchen.
Einige Kriterien, um falsche Propheten zu erkennen.

Friede sei mit dir, mein Kind. Bekreuzige dich und schreibe, bedeckt vom Kostbaren Blut meines göttlichen Sohnes, dem Herrn Jesus Christus.

Ja, mein Kind, ich bin die Unbefleckte Empfängnis, die Mutter meines Herrn und meines Gottes, meines Sohnes Jesus, der Liebe ist, und ich spreche in diesem Augenblick gemäß dem göttlichen Willen Gottes, des Vaters mit dir.

Mein Kind, heute werden wir darüber sprechen, wie wichtig es ist, der Kirche und ihrem Haupt, dem Papst zu gehorchen. Er ist der Nachfolger Petri und der Einzige, dem mein Herr die Schlüssel Seines Reiches gegeben hat. Ihr müsst ihm folgen, er ist Sein Stellvertreter auf Erden, ihr müsst für ihn beten, um ihn bei seinem schweren Dienst zu unterstützen, denn er wird von allen Seiten angegriffen.

Man will ihn sogar vollkommen zunichtemachen, man will ihn aus dem Weg räumen, damit er dem Antichristen Platz macht, der sich auf seinen Thron setzen will, um den Völkern der Erde weis zu machen, dass er der neue Papst, der Gesandte Jesu ist, der alle Macht des Himmels empfangen hat. Ihr werdet ihn an seinen falschen Worten erkennen. Er wird sogar ein paar Sätze aus dem Evangelium zitieren und ihnen einen anderen Sinn geben. Er wird die Heirat der Priester, die Weihe von Frauen zulassen, und was soll man über die Homosexualität sagen… Kurzum, er wird alles erlauben, um sich beliebt zu machen und von seinen Anhängern angebetet zu werden.

Warum spreche ich über all das mit euch? Um euch zu warnen, wie ich es allerorten mache. Ihr müsst euch vorbereiten, indem ihr um die Gnade der Beharrlichkeit bis zum Schluss bittet und das heilige Evangelium betrachtet. Ihr wisst genau, dass man nichts darin ändern, nichts hinzufügen und noch weniger daraus entfernen darf.

Seid äußerst wachsam, denn in dieser Zeit gibt es viele falsche Propheten. Seid achtsam, ihr werdet sie an ihren Früchten erkennen. Folgende Wahrheiten dienen euch als Anhaltspunkte:

- Wenn man euch sagt, dass Jesus wahrer Gott und wahrer Mensch ist,
- Dass er der Sohn Gottes, des Vaters ist, der aus Liebe zu euch in der heiligen Eucharistie gegenwärtig ist.
- Wenn man euch sagt, dass man dem Papst als Nachfolger des heiligen Petrus in der Kirche nachfolgen, gehorchen und glauben muss.
- Wenn man über Maria, seine heilige Mutter spricht und sie euch als Unbefleckte Empfängnis, als wahre Mutter und wahre Jungfrau vorstellt.
- Wenn man euch sagt, dass in der Bibel, dem Wort Gottes alles gesagt wurde, dann geht hin!

Andernfalls aber sollt ihr allen Lärm, allen Wind vorüberziehen lassen und euren Weg fortsetzen. Es gibt viele Kinder, die aus Neugier in die Falle gehen. Lest die Bibel, um Neues zu erfahren.

Wir erleben derzeit die Erfüllung des Wortes Gottes wie es euch von den Propheten gesagt wurde. Deshalb spreche ich heute Abend mit euch: Ihr werdet mehr und mehr von einer Persönlichkeit hören, die alle möglichen unwahren Dinge verbreitet. Lasst sie vorübergehen, ohne zu richten, ohne euch zu wundern.

Betet, betet, betet und bleibt auf das Wesentliche ausgerichtet. Ich muss euch warnen, denn die Zeit eilt.

Hört nicht auf zu beten, Anbetung zu halten und folgt gemeinsam diesem Weg, den der dreimal heilige Vater euch allen vorgegeben hat. Danke, dass ihr meine Worte gut aufnehmt. Seid gesegnet im Namen des Vaters, im Namen des Sohnes und im Namen des Heiligen Geistes. Amen. Halleluja.

༄

Jesus, das Licht der Welt 6. Februar 2011

36 – Ich habe meine Kinder des Lichtes erwählt. Gebt das Leben, die Liebe, das Licht im Sichtbaren wie im Unsichtbaren weiter.

Ich bin das Licht der Welt, und wer mir folgt hat das ewige Leben. Bekreuzige dich und schreibe, mein Kind, bedeckt von meinem Kostbaren Blut.

Mein Kind, ich nenne all jene Kinder des Lichtes, die ich erwählt habe (vgl. Joh 15,19) und die mich ihrerseits ebenso erwählt haben, die der Welt, dem Fleisch und dem Dämon entsagt haben. Sie haben entschieden, meinen Geboten, meinen Gesetzen der Liebe (Ex 20) zu folgen. Meine geliebten Kinder, meine lieben, zärtlich geliebten Kinder, ihr gehört zu meinen Kindern des Lichtes, und ich will euch mit meiner Liebe und mit diesem Licht überschütten, das von Dem kommt, der mich gesandt hat: Gott Vater.

Johannes, mein geliebter Jünger, hat gesagt (1 Joh 4,16): «Gott ist die Liebe, Gott ist das Licht.» Er hat das Wesen des Dreifaltigen Gottes genau verstanden. Wenn ihr es mir erlaubt, bringe ich euch während eurer Zeit der Anbetung dazu, dass ihr vor Liebe strahlt, damit ihr Licht in dieser so finsteren Nacht seid und die anderen voranbringt, indem ihr ihren Weg durch eure Gegenwart und euer Wesen erhellt und in ihnen das Verlangen weckt, mir nachzufolgen. Sie sollen wissen, dass Ich in jedem von euch lebe, dass mein Heiliger Geist in euren Herzen handelt. Das lehrt sie, mich kennenzulernen, mir zu vertrauen, mich zu lieben. Sie sollen lernen, dass Gott lebt, dass ich mitten unter euch bin, dass ich kein abwesender Gott bin, der fern von seinen Kindern ist.

Durch euch, meine geliebten Kinder, will ich in den anderen das Verlangen wecken, mir im Tabernakel zu begegnen. Ich will, dass sie euren Frieden, eure Freude, eure Liebe begreifen und spüren, wenn sie euch anschauen, dass die Herzen aufwachen und aus diesem todesähnlichen Schlaf herauskommen, dass sie das Leben spüren, das in euch strömt, die Liebe, die ihr ausstrahlt.

Ihr gebt euerseits dieses Leben, diese Liebe und dieses Licht nicht nur an jene weiter, die euch umgeben, sondern an alle Kinder, die ich euch im Sichtbaren wie im Unsichtbaren anvertraut habe.

Ich danke euch, meine Kinder, dass ihr mir erlaubt, Kanäle aus euch zu machen, durch die ich überall auf der Welt jene Herzen erreichen kann, die sich entfernt haben. Danke für eure Einsatzbereitschaft. Seid gesegnet im Namen des Vaters, im Namen des Sohnes und im Namen des Heiligen Geistes. Amen. Halleluja.

༄

Maria, Königin des Friedens 7. Februar 2011

37 – Lobt Gott für die vielen empfangenen Wohltaten. Die Macht des Gebetes, des Segens, der Sakramentalien in den Prüfungen.

Der Friede und die Freude Christi seien mit dir. Bekreuzige dich und schreibe, mein Kind, bedeckt von seinem Kostbaren Blut, zur Ehre Gottes, seines Vaters. Euer Herz soll unendlich dankbar sein, eure Seele darf keine seiner Wohltaten vergessen, sie soll den dreimal heiligen Herrn preisen.

Meine Kinder, euer Leben muss ein Dank für die vielen empfangenen Wohltaten werden. Wenn ihr euer Leben ein bisschen erforscht, werdet ihr feststellen, wie die Vorsehung in den kleinen wie in den großen Dingen gegenwärtig war, wie Gott Vater euch beschützt hat, wie Gott Sohn euch begleitet hat, um euch den Weg zu zeigen, dem ihr folgen sollt, und wie Gott Heiliger Geist euch auf den rechten Weg geführt und euch von den schlechten Wegen abgehalten hat, die sich mit allen ihren Verlockungen vor euch auftaten. Warum spreche ich über all das mit euch? Um euch bewusst zu machen, dass die göttliche Vorstehen für all jene, die sich ihrem Schutz anvertrauen, immer da war, immer da ist und immer da sein wird.

Schaut im Alten Testament nach wie der Vater das Volk der Israeliten vierzig Jahre lang in der Wüste beschützt hat, wie er sie gelehrt hat zu beten und zu lobpreisen. Und schaut im Neuen Testament nach wie Jesus, sein einziger Sohn, euch gelehrt hat zu beten und zu lobpreisen und dem Vater zu danken. Schaut, wie die Apostel und die Jünger es zu allen Zeiten getan haben.

Warum spreche ich über die Macht des Segens und des Gebetes? In den kommenden Tagen müsst ihr euch daran gewöhnen, alles zu segnen. Um zum Beispiel die Vermehrung der Lebensmittel zu bewirken und um euch vor allem zu schützen, was euch umgibt, denn die bösen Geister arbeiten wirklich daran, den Kindern des Lichtes zu schaden. Meine Kinder, gewöhnt euch an, alles zu segnen. Ihr werdet die Bedeutung und den großen Schutz begreifen, den ihr erlangen könnt, wenn ihr diese Geste vollzieht.

Wenn man euch ankündigt, dass die Gefahr eines Sturmes, eines Orkans oder einer anderen Katastrophe besteht, sollt ihr wissen, dass ihr mit dem Gebet, dem Segen, den Sakramentalien diese Verheerungen entweder abhalten oder abschwächen oder die Unwetter im Namen Jesu sogar stoppen könnt. Selbst wenn es eine Epidemie gibt, könnt ihr das alles und mehr noch durch den Glauben und das Vertrauen erlangen, denn ihr bekommt dann die Kraft, diese Prüfungen durchzustehen.

Ihr werdet von Jesus selbst in den Augenblicken tiefer Anbetung unterwiesen. Vergesst nicht, dass ich bei euch sein werde und bei euch bin, um euch zu beschützen. Habt keine Angst. Ich muss anfangen, eure Herzen vorzubereiten wie eine gute Mama, die sich um ihre Kinder kümmert. Dann wisst ihr zu gegebener Zeit, was ihr tun sollt.

Danke, meine Kinder, dass ihr euch nach und nach unterweisen lasst. Hört nicht auf, in meinen Anliegen zu beten, ohne zu vergessen, Gott den Vater zu bitten, Arbeiter zu schicken, denn die Ernte ist reich. Seid gesegnet im Namen des Vaters, im Namen des Sohnes und im Namen des Heiligen Geistes. Amen. Halleluja.

ೞ

Maria, Königin des Friedens 9. Februar 2011

38 – Hört aufmerksam auf das, was der Heilige Geist euch in der Tiefe eures Herzens sagen will.

In den kommenden Tagen müsst ihr in der Hingabe leben. Bekreuzige dich und schreibe, mein Kind, bedeckt vom Kostbaren Blut meines göttlichen Sohnes Jesus Christus, zur Ehre Gottes, seines Vaters.

Überlasst euch den Armen eures Vaters, eures Herrn und Gottes! Das wird euch helfen, euren Frieden, eure Ruhe, eure Freude und eure Heiterkeit zu bewahren.

Sonst wird es sehr schwierig sein, alle Hindernisse und sogar die kleinen Prüfungen des Alltags zu überwinden. Eure Wege sind von Fallen und Tücken des Dämons übersät: zum Beispiel alle möglichen Versuchungen, die euch manchmal weismachen, dass da nichts dran ist, dass es zum Lauf der Dinge gehört: Denn für die Welt ist alles erlaubt…

Wie gute Soldaten müsst ihr zu jeder Zeit die Rüstung des Christen tragen, damit es euch gelingt, den Angriffen mit eiserner Standhaftigkeit zu widerstehen und sehr, sehr wachsam zu bleiben. Hütet euch davor einzuschlafen und zu glauben, dass ihr gerettet seid, dass ihr stark seid, dass ihr vorbereitet seid, dass ihr euch in aller Sicherheit ausruhen könnt. Ein guter Soldat bleibt auf seinem Posten, er ist stets auf der Hut, wachsam und achtet auf das geringste Geräusch.

Dasselbe gilt für euch, die ihr zur himmlischen Armee gehört. Seid wachsam und hört aufmerksam auf den Ruf der Gnade, auf das warmherzige, leise Säuseln (1 Kön 19,12), damit ihr vernehmen könnt, was der Heilige Geist euch in der Tiefe eures Herzens sagen will, um euch vor Gefahren und Versuchungen zu warnen.

Überlasst euch wie kleine Kinder meinen mütterlichen Armen, ich kann euch beschützen und euch führen, damit ihr den Prüfungen die Stirn bieten könnt, die das Leben euch bringt. Ich will euch lehren, euch vollkommen der göttlichen Vorsehung hinzugeben, den Frieden zu bewahren und im Frieden zu leben, den allein mein Herr und mein Gott, mein Sohn euch geben kann.

Danke, dass ihr nicht aufhört, in meinen Anliegen zu beten. Ich segne euch im Namen des Vaters, im Namen des Sohnes und im Namen des Heiligen Geistes. Amen. Halleluja.

ତ

Maria, Thron der Weisheit 10. Februar 2011

39 – Der Heilige Geist, den Jesus verheißen hat, gießt seinen Hauch aus, um euch in das Leben im göttlichen Willen einzuführen.

Die Gnade des Höchsten erfüllt dein kleines Herz, Tochter Zion. Bekreuzige dich und schreibe, bedeckt vom Kostbaren Blut meines göttlichen Sohnes, dem Herrn Jesus Christus.

Seid ohne Furcht, lasst euch vom Heiligen Geist führen und unterweisen, der in dieser letzten Zeit wirklich am Werk ist. Bittet um die Gnade, eure Herzen weit zu öffnen, damit ihr seine Worte, seine Gaben, seine Charismen und vor allem die Gnade annehmt, bis zum Schluss auszuhalten.

Habt keine Angst, vertraut Ihm, achtet auf seine Regungen der Liebe, auf seinen Ruf. Er verteidigt euch im täglichen Kampf, er lehrt euch die Anpassungsfähigkeit, damit er euch dazu bringen kann, euch von euren alten Gewohnheiten und euren schlechten Neigungen zu lösen. Dann stellt er euch mit einem neuen Geist und einem neuen Herzen wieder her: Er weckt in euch das Verlangen, den Weg fortzusetzen, er schenkt euch die Hoffnung auf eine neue Welt, in der die Dreifaltige Liebe herrscht. Ihr werdet das neue Gesetz in Fülle leben, das mein Sohn euch gegeben hat: «Liebt einander, wie ich euch geliebt habe» (Joh 13,34).

Das ist dann das Leben im göttlichen Willen, das Leben der Erwählten, das Leben, wie es von Anfang an hätte sein sollen, als es weder für das Leiden noch für die Sünde noch für den Tod einen

Platz gab. Doch leider hat sich in der Ordnung, die Gott Vater aufgestellt hatte, alles verändert. Sein einziger Sohn, Sein Ewiges Wort musste also wiedergutmachen, was gebrochen worden war: diese Kindesbeziehung zwischen dem Schöpfer und seinem Geschöpf, zwischen den Kindern und ihrem Vater, diese Beziehung der Liebe, der Achtung, der Dankbarkeit, des Vertrauens Gott Vater gegenüber. Und nun gießt der Heilige Geist, der euch von Jesus selbst verheißen wurde, seinen Hauch aus, um euch zu lehren, im Göttlichen Willen zu leben, damit dieser dreimal heilige Wille des Vaters auf der Erde wie im Himmel erfüllt wird.

Meine Kinder, ich danke euch für euer Ja der Liebe, für euer «fiat», denn der Herr ist wirklich auf euch alle angewiesen, so wie ihr seid, mit eurer Trockenheit und euren sonnigen Tagen. Bittet den Heiligen Geist jeden Tag, eure Herzen zu erfüllen, damit ihr euch seinem Wirken besser hingebt. Nicht mehr ihr lebt, sondern Christus lebt in euch durch die Macht des Heiligen Geistes. Seid gesegnet im Namen des Vaters, im Namen des Sohnes und im Namen des Heiligen Geistes. Amen. Halleluja.

Maria, Unsere Liebe Frau von Lourdes   11. Februar 2011

*40 – Die Unbefleckte Empfängnis ist das größte Vorrecht,
das der Vater Maria geschenkt hat.*

Bekreuzige dich und schreibe, mein Kind, bedeckt vom Kostbaren Blut meines göttlichen Sohnes, dem Herrn Jesus Christus, an diesem großen Jahrestag meiner Erscheinungen in Lourdes in jener Grotte, die meinem Herzen so lieb und teuer ist.

Sage dir, mein Kind, dass ich einem jungen verachteten Mädchen, von dem die Welt keine Notiz nahm und das von allen lächerlich gemacht wurde, in einer Grotte erschien, um der Kirche und der ganzen Welt meine Unbefleckte Empfängnis zu verkünden. Das ist das größte Juwel, den das Vater mir geschenkt hat: die Reinheit des Leibes, der Seele, des Geistes. Mein ganzes Wesen war rein, um die Reinheit selbst, den Sohn des Vaters, sein Ewiges Wort, Jesus aufzunehmen.

Mein Kind, schau wie ich seinem Beispiel gefolgt bin. Es stimmt, dass ich seine Mutter bin... Aber ich bin auch sein Jünger und ich musste ihn in allem nachahmen. Als er zur Welt kam, wählte er eine Grotte als Palast. Wem zeigte er sich zuerst, um sich bekannt zu machen? Er erwählte Hirten.

Warum zeige ich euch diese Parallele? Um euch deutlich zu machen, dass ihr die Ehre fliehen müsst, dass ihr danach streben müsst, ganz demütig zu sein und unseren göttlichen Meister nachzuahmen. Um euch deutlich zu machen, dass nur die reinen Herzen Gott sehen werden. Selig, denen es gelingt, ein reines Herz zu haben (vgl. Mt 5,8). Um das zu erreichen muss man bereit sein, jeden Tag den guten Kampf zu kämpfen und sehr wachsam zu sein.

Und du weißt, dass eines der wirksamsten Mittel, um die Fallen zu vermeiden, die die bösen Geister euch stellen, die ständige Zwiesprache mit Jesus ist, das heißt das Herzensgebet. Was ist das? Beim Herzensgebet lasst ihr jene Liebe, jene Zärtlichkeit und jene Worte aufbrechen, die ihr eurem Geliebten sagen wollt. Es ist eine Unterhaltung mit eurem besten Freund, eurem besten Vertrauten, eurem Vater, eurem Bruder, eurem Alles.

Wenn ihr das tut, werdet ihr folgende zwei Dinge erreichen:
- Ihr erweist eurem Herrn und eurem Gott Liebe, Ehre und Dankbarkeit, indem ihr euer Leben mit dem seinen teilt.
- Ihr vermeidet, in die Fehler zu verfallen, die euch zur lässlichen Sünde führen können.

Während ihr eurer Beschäftigung nachgeht, könnt ihr diese Begegnung von Herz zu Herz aufrechterhalten, wenn ihr nur wollt. Bei der Begegnung mit eurem Nächsten könnt ihr die Nächstenlieben üben und diese enge Verbindung bewahren, die euch erlaubt, eurem Gott alles zu übergeben, was euch an den anderen missfällt. Ihr werdet sehen, dass die Kindesliebe in jedem von euch Fortschritte macht, dass eure Geduld größer wird und dass ihr den anderen mit großer Fürsorge dient.

Meine Kinder, heute bitte ich euch, für alle Ärzte, Krankenschwestern und Angestellten zu beten, die in den Krankenhäusern sowie in den Heimen und den Waisenhäusern im Dienst der Kranken stehen, und in besonderer Weise für meine armen Kinder in der Psychiatrie, diese verlassenen Kinder, die mit unmenschlichen Behandlungen gequält werden.

Danke für eure Großzügigkeit, meine geliebten Kinder. Beten wir gemeinsam für alle unsere Brüder und Schwestern, die überall auf der Welt leiden und krank sind. Seid gesegnet im Namen des Vaters, im Namen des Sohnes und im Namen des Heiligen Geistes. Amen. Halleluja.

※

Jesus, Retter der Welt   12. Februar 2011

41 – Die Kirche ist krank, sie muss ihre Verfolgung,
ihre Passion, ihre Auferstehung durchmachen

Der Tag kommt, an dem man laufen wird, um das Wort Gottes zu empfangen, um seinen Hunger und Durst nach der Kenntnis des wahren Gottes, Gott Vater zu stillen. Bekreuzige dich und schreibe, geliebte Tochter, bedeckt von meinem Kostbaren Blut zur Ehre Gottes, meines Vaters.

Ja, mein Kind, in diesen Tagen will man nichts von meinen göttlichen Gesetzen wissen, man will nichts von Jesus, dem wahren Gott und wahren Menschen wissen, man will nichts von meinem Evangelium wissen. Die Großen dieser Welt wollen meinen heiligen Namen vollkommen auslöschen und – schlimmer noch – alles, was euch an meine schmerzhafte Passion erinnert. Sie gehen so weit, sich über mich lustig zu machen, weil ich verkündet habe, dass mein Reich nicht von dieser Welt ist.

Ich habe ein einfaches, armes Leben unter den Armen gelebt. Ich habe mich dem Willen Dessen untergeordnet, der mich gesandt hat, und deshalb hat man mich als Gotteslästerer, Hexer, Verrückten, Besessenen, Trinker, Fresser beschimpft… Was haben sie nicht alles gegen mich, Jesus von Nazareth, den Menschensohn gesagt! Ich sage, dass sie in diesem Jahr 2011 einen erbitterten Hass gegen mich hegen, der noch schlimmer ist als der, den ich erlebte, als ich auf dieser Erde des Exils war. Die derzeitige Generation ist die schlimmste der ganzen Weltgeschichte.

Amen, ich sage dir, der Tag kommt, da ihr euch verbergen müsst, um die heiligen Sakramente zu empfangen. Ihr werdet eure Priester, eure heiligen Priester verstecken müssen, damit sie die Heilige Messe feiern. Meine Kirche ist krank und auch sie muss ihre Verfolgung, ihre Passion und ihre Auferstehung durchmachen. Nur dass sie nicht sterben wird, auch wenn man sie für tot hält.

In diesem Moment wird sie dann wie eine Blume im Frühling aufbrechen: schöner, demütiger, stärker und heiliger.

Doch bevor das geschieht, muss eine schwere Glaubensprüfung überwunden werden: Das ist der Moment, da alle wie verrückt herumlaufen und ein Wort der Hoffnung, der Unterstützung, der Kraft, des Friedens suchen werden… Ihr werdet erkennen, was für ein großer Irrtum es war, euren Gott und Schöpfer beiseitegelassen zu haben.

Ihr werdet das ganze Übel begreifen, das ihr eurer Seele angetan habt. Alle werden begreifen, dass jeder eine Seele hat, dass sie krank ist und vor Hunger und Durst nach dem Wort ihres Schöpfers, ihres Vaters, ihres Gottes und Herrn zu stirbt.

Deshalb bitte ich euch, für die Ungläubigen zu beten, die in Gefahr sind, verloren zu gehen. Wenn dieser Augenblick dann kommt, können sie dank eures Gebetes ihr Herz öffnen und die himmlische Nahrung, dieses Manna aufnehmen, das mein Wort ist. Alles wird vergehen außer meinem Wort, denn ich bin das Ewige Wort, das Lebendige Wort Gottes, des Vaters, und ihr empfangt es durch die Macht des Heiligen Geistes.

Danke, meine Kinder. Ich liebe euch. Seid gesegnet im Namen des Vaters, im Namen des Sohnes und im Namen des Heiligen Geistes. Amen. Halleluja.

∽

Maria, Königin des Friedens 14. Februar 2011

42 – Man glaubt nicht mehr an die Hölle, und noch weniger an das Fegefeuer. Nur wenige Seelen kommen direkt in den Himmel.

Gelobt sei mein göttlicher Sohn, der Herr Jesus Christus, zur Ehre Gottes, seines Vaters. Bekreuzige dich, mein Kind, und schreibe, bedeckt von seinem Kostbaren Blut. Ja, mein Kind, ich spreche mit dir, deine himmlische Mama Maria, die geliebte Tochter Gottes, des Vaters, die Unbefleckte Mutter Gottes, des Sohnes, und die makellose Braut Gottes, des Heiligen Geistes.

Heute teile ich meine Trauer, meinen Schmerz über die vielen Kinder mit dir, die sich weigern, die Gnade anzunehmen und in der Gnade zu leben. Ich bin so betrübt, denn ich weiß genau, was alles kommen wird, was vor eurer Tür steht... Leider will man uns nicht ernst nehmen!

Man glaubt nicht mehr an die Hölle und noch weniger an das Fegefeuer. Glaube mir, mein Kind, an diesen beiden Orten herrscht bitteres Leid. Der große Unterschied besteht darin, dass die Hölle für alle Ewigkeit ist. Im Fegefeuer dagegen nimmt das Leiden ein Ende, wenn die Seele ihre Sünden gesühnt hat. Wenn sie dann rein ist, fliegt sie zum Himmel, wo die Krone der Herrlichkeit sie erwartet.

Viele Kinder meinen, dass das Leben mit dem Tod endet. Viele glauben auch, dass die Seele nach dem Tod direkt in den Himmel kommt. Es ist menschliche Torheit, das zu glauben.

Ich sage dir, dass nur wenige Seelen direkt in den Himmel kommen. Auch von den großen Heiligen müssen einige einen kurzen Aufenthalt in den Flammen des Fegefeuers hinter sich bringen, damit jede noch so kleine Befleckung entfernt wird, denn um in das Himmelreich einzuziehen, muss man rein und ohne Makel sein.

Deshalb ist es wichtig, dass ihr eure Sünden sühnt und wiedergutmacht, dass ihr euch jeden Tag etwas mehr bekehrt, um vollkommen zu werden, wie euer himmlischer Vater vollkommen ist (Mt 5,48). Deshalb ist es wichtig, sein Gewissen zu erforschen.

Wenn ein Mensch es schafft, Gott in allen Dingen zu lieben, wenn er die große Liebe begreift, die Gott seinen Kindern entgegenbringt, hört er auf, das Böse zu tun – nicht aus Angst vor der Strafe, sondern um Ihm keinen Kummer zu bereiten und um Ihm nicht weh zu tun.

In diesem Augenblick entwickelt das Kind dann die heilige, ehrerbietige Gottesfurcht: Sie wächst in jedem Kind gleichzeitig mit der Liebe zu Gott, seinem Schöpfer und Vater. Diese Gottesfurcht gründet auf der Liebe des Sohnes zu seinem Vater, des Geschöpfes zu seinem Schöpfer und macht der kindlichen Frömmigkeit Platz. Von diesem Zeitpunkt an verwandelt der Heilige Geist dieses Kind schrittweise, das sich für die Liebe öffnet und bereit ist, seinen Willen mit dem Willen Gottes, seines Vaters zu vereinen – oder besser gesagt, Ihm zu übergeben. Von diesem Zeitpunkt an versucht es dann, sich auch in seinen ganz kleinen, leichten Fehlern zu bessern, um seinem Herrn und Gott Freude zu bereiten. Es betrachtet dies nicht als einen Zwang oder eine Last, oh nein! Es betrachtet dies als einen Beweis seiner Liebe und denkt nicht mehr an die Strafe, die die Sünde hervorruft. Es empfindet diese Besserung als das Mindeste, was es aus Liebe zu seinem Vater tun kann.

Wenn Jesus eine Seele sieht, die in diesem Zustand ist, birgt er sie an Seinem Herzen, er liebkost sie, sie ist seine Wonne, er zeigt sie dem dreimal heiligen Vater und erfüllt sein Wort (vgl. Joh 14,23): «Wenn eine Seele mir die Tür öffnet und mich wirklich liebt, werden mein Vater und ich zu ihr kommen und bei ihr wohnen.» Dieses Kind lässt sich durch sein liebendes Ja auf den göttlichen Willen ein und erfüllt so das Erste Gebot: «Du sollst den Herrn deinen Gott lieben mit ganzem Herzen, mit ganzer Seele und all deiner Kraft» (Mk 12,30).

Das ist also das Wunder, das die Liebe in einer Seele hervorbringt, die liebt und sich lieben lässt. Seid gesegnet im Namen des Vaters, im Namen des Sohnes und im Namen des Heiligen Geistes. Amen. Halleluja.

༶

Maria, Königin des Friedens   15. Februar 2011

43 – Nur wenige nehmen unsere Warnungen und Rufe an.
Die Erde wird schwer erschüttert werden.

Der Friede des Herrn sei mit dir, mein Kind. Bekreuzige dich und schreibe, bedeckt vom Kostbaren Blut meines göttlichen Sohnes Jesus Christus, dem Herrn der Herren.

Ich bitte dich, für alle Personen zu beten, die verloren gehen, denn der Tag kommt, da die Erde von einer gewaltigen Bewegung schwer erschüttert wird, die von ihrer Mitte ausgeht. Du wirst es zur gegebenen Zeit und am gegebenen Ort sehen.

Ich leide, wenn ich sehe, dass meine Kinder geistlich nicht vorbereitet sind. Die, die übrig bleiben, werden schockiert sein und eine schweres Trauma erleiden.

Auf der ganzen Welt haben mein sanfter Jesus und ich, seine Heilige Mutter, Warnungen ausgesprochen. Doch leider will man uns nicht ernst nehmen… Wir bitten euch zu beten, umzukehren, Anbetung zu halten, doch wenige von euch antworten großzügig auf unseren Aufruf. Sehr wenige bringen Opfer und sehr wenige fasten.

Deshalb bitte ich euch, in meinen Anliegen zu beten, meine geliebten Kinder. Ich sehe alles überall auf der Welt. Ich sehe alle meine Kinder, alle Bedürfnisse, alle Ungerechtigkeiten. Ich gehe durch die Welt, um die Tränen jener zu trocknen, die jede Hoffnung verloren haben, die vollkommen im Stich gelassen werden, die Ärmsten, die Abgeschobenen. Mit eurem Gebet kann ich den Kranken, den Betrübten, den Straßenkindern zu Hilfe kommen.

Schau, mein Kind, auch wenn ihr hier seid, könnt ihr mit eurem Gebet den besuchen, der irgendwo anders im Gefängnis ist. So kann ich eine liebende Hand erwecken, die einem Menschen in Not Nahrung oder Kleidung gibt. Euer kleines Gebet kann einen Bruder oder eine Schwester unterstützen, die erschöpft sind. Es kann eine Witwe, einen Waisen ermutigen…

Durch euer großzügiges Gebet können mein Sohn und ich so viele Dinge in dieser Welt tun, die gerade im Sterben liegt, und in der man nur an sich selbst, an Macht und an eitlen Ruhm denkt. Mit dem kleinen Rest verschaffen wir uns also die Macht des Gebetes und des Opfers, um den völlig mittellosen Kindern zu Hilfe zu kommen.

Durch eure Anbetung kann Jesus die Herzen derer erreichen, die den Frieden, die Freude, die Hoffnung verloren haben. Derzeit herrscht in den Herzen der Kinder dieser Welt eine sehr große Unsicherheit bezüglich der Zukunft. Und zugleich empfangt ihr in und dank der Anbetung Frieden in euren Herzen, mehr Kraft und die große Freude, euch von eurem Dreifaltigen Gott geliebt zu wissen.

Danke, meine Kinder, dass ihr mir helft, die Frohe Botschaft zu allen euren Brüdern und Schwestern auf der ganzen Welt zu bringen. Ich liebe euch. Seid gesegnet für eure große Weitherzigkeit im Namen des Vaters, im Namen des Sohnes und im Namen des Heiligen Geistes. Amen. Halleluja.

Euer Jesus, der in der Eucharistie ist 17. Februar 2011

44 – Die Geschichte der Patriarchen und der Wunder des Alten Testaments nochmals lesen. Das Vertrauen zu Jesus bewahren, der in der Eucharistie ist.

Mein Kind, ihr dürft nicht vergessen, dass Gott der Gott des Unmöglichen ist. Ich bin der Gott Abrahams, Isaaks und Jakobs, der Ewige. Bekreuzige dich und schreibe, mein Kind, bedeckt von meinem Kostbaren Blut.

Wenn die Verzweiflung und die Verwirrung in eure Herzen einziehen wollen, dann müsst ihr sofort an alle Wohltaten denken, die ihr empfangen habt, sowie an die großen Gnaden, die der Höchste euch gewährt hat.

Lest die Geschichte der Patriarchen noch einmal und betrachtet die Wunder, die der dreimal heilige Vater für seine Kinder getan hat. Das Alte Testament ist voller Wunder, die seinen Dienern, den Propheten gewährt wurden.

Derzeit erscheint euch die Zukunft sehr ungewiss, doch bewahrt das Vertrauen. Ich, euer Herr und euer Gott sage es euch: Seid stark, macht weiter, haltet durch, dann werdet ihr nicht enttäuscht. Ich bin da, ich bin unter euch, vertraut mir, ich bitte euch! Seid gesegnet im Namen des Vaters, im Namen des Sohnes und im Namen des Heiligen Geistes. Amen. Halleluja.

Maria, Mutter der Kirche 18. Februar 2011

45 – Das große Vorrecht, noch Priester zu haben, die mit Jesus selbst bekleidet sind. Die Bedeutung und die Größe ihres Amtes.

Gelobt sei mein sanfter Retter, mein Sohn und Herr Jesus Christus. Bekreuzige dich und schreibe, mein Kind, bedeckt von seinem Kostbaren Blut.

Ja, mein Kind, ihr seid euch nicht genügend bewusst, dass es ein großes Vorrecht ist, noch Priester zu haben, die euch die gesunde Lehre predigen, dass es eine unerhörte Gnade ist, jeden Tag in die heilige Messe gehen zu können. Es gibt so viele Kinder auf der Welt, die keine Möglichkeit haben, die Heilige Eucharistie und das Brot des Wortes zu empfangen, obwohl diese für ihr geistliches Wachstum und ihren täglichen Weg nötig sind.

Dankt dem Höchsten für diese große Gnade und betet für jene, die sich wegen des Priestermangels nicht an dem großen Tisch nähren können.

Betet, betet, betet, damit der Herr neue Priester- und Ordensberufungen weckt. Betet für die Priester, die noch im Dienst am Volk Gottes stehen. Betet für alle Missionare, die durch die Welt reisen, um die Frohe Botschaft zu verkünden und den heiligen Namen Jesu bekannt zu machen. Und vor allem, Kinder, betet für meine Lieblingssöhne, die so schwer verfolgt werden. Die heftigsten Angriffe aller bösen Geister richten sich gegen die Priester, da sie die Bedeutung und die Größe ihres Amtes kennen.

Nur der Priester kann den Sohn Gottes durch die Macht des Heiligen Geistes vom Himmel herabrufen und das große Wunder der Transsubstantiation bewirken. Nur der Priester kann das Brot und den Wein in den Leib und das Blut Jesu verwandeln, der Liebe ist. Nur der Priester kann die Sünden vergeben, denn in diesem erhabenen Augenblick ist er mit Jesus selbst bekleidet. Deshalb wird der Priester ein anderer Christus, der sein Leben für seine Kinder hingibt wie Christus es getan hat, der sich um das verlorene Schaf kümmert.

Warum spreche ich heute über die Priester mit euch? Um euch deutlich zu machen, warum wir euch bitten, in erster Linie für den Heiligen Vater zu beten, der an der Spitze aller Priester steht, sowie für alle Kinder, die Ja zum Priesteramt gesagt haben. Solange es einen heiligen Priester gibt, gibt es für immer das Heilige Messopfer. Ihr müsst sie unterstützen, sie lieben, sie ermutigen, denn sie leben in einer großen Einsamkeit. Ihr müsst viel für sie beten.

Danke, meine Kinder, denn ich weiß, dass ich auf eure Großzügigkeit zählen kann, um jene zu unterstützen, die körperlich oder geistlich krank sind. Ihr dürft nicht vergessen, dass die Kirche krank ist, dass die Kirche eure Mutter ist, und als gute Kinder müsst ihr für sie beten. Heute vertraue ich euch unsere Priester an.

Danke, meine Kinder, dass ihr meine Worte so gut aufnehmt. Seid gesegnet im Namen des Vaters, im Namen des Sohnes und im Namen des Heiligen Geistes. Amen. Halleluja.

༄

Das Heiligste Herz Jesu 19. Februar 2011

46 – Der Tag der Erleuchtung eures Gewissens naht. Wie zur Zeit des Noah… wird es ein unbarmherziges Erwachen geben.

Danke, dass du meine Worte so schnell aufnimmst. Bekreuzige dich und schreibe, mein Kind, bedeckt von meinem Kostbaren Blut, zur Ehre Gottes, meines Vaters.

Die Tage vergehen und man will sich nicht darauf vorbereiten, seine Seele zu reinigen. Man lebt weiter so, als würde nichts geschehen. Amen, ich sage dir jedoch, mein Kind: Der Tag der Erleuchtung eures Gewissens kommt mit Riesenschritten näher!

Er kommt wie ein Dieb (Offb 3,3). Wie zur Zeit des Noah (Gen 7) trinken, essen, feiern die Leute weiter, ohne uns ernst zu nehmen, ohne sich die Zeit zu nehmen, in den Stand der Gnade zu gelangen, ohne sich die Zeit zu nehmen, den Gürtel des Dieners anzulegen (Lk 12,35), damit ihr Herr und Gott sie mit hell brennenden Lampen und mit einem großen Vorrat an Öl – dem Glauben – vorfindet. Ihr braucht einen starken Glauben, um in diesem großen Kampf gegen die Mächte der Finsternis durchzuhalten, der zurzeit ausgetragen wird.

Wenn ihr wüsstet, wie sehr die Sekten zugenommen haben, wie viele schwarze Messen auf der ganzen Welt gelesen werden, welches Ausmaß der Okkultismus in allen Bereichen der Gesellschaft angenommen hat, wie meine Kinder sich mit Ketten binden ließen, die aus ihnen Sklaven des Bösen machen. Sie sind derart verblendet, dass sie sich wohl fühlen, in diesem Strudel gefangen zu sein, der sie umgibt.

Oh meine Kinder! Was für eine Pein und Traurigkeit werden sie erdulden, wenn sie dann im Licht Gottes all das Böse erkennen, das sie in ihrem Leben akzeptiert haben und das sie sich von der Welt, dem Fleisch und dem Dämon auferlegen ließen. Es wird für einige ein unbarmherziges Erwachen geben, wenn sie entdecken, wie weit sie der Wille gebracht hat, dem Schein zu frönen, der Mode und den ungesunden Zeitströmungen zu folgen; wenn sie die Wahrheit erkennen, die im Gegensatz zu dem steht, was die Großen dieser Welt sagten, indem sie behaupteten, dass es Gott nicht gibt, dass er eine Waffe ist, die die Kirche predigt, um die Kontrolle und die Macht über sie zu erlangen!

Sie werden entdecken, dass es Gott gibt, dass Gott lebt und dass er euch fragt: Was habt ihr aus den Talenten gemacht habt, die ich euch gegeben habe? Was habt ihr aus der Zeit gemacht, die ich euch gegeben habe? Was habt ihr aus dem Geschenk des Lebens gemacht, das ich euch anvertraut habe? Was habt ihr aus den göttlichen Gesetzen gemacht, die in euren Herzen eingeschrieben sind? Was werdet ihr zur Befolgung jedes Gebotes antworten?

Denkt nach, meine Kinder! Nehmt euch Zeit für eine Gewissenserforschung, solange noch etwas Zeit ist. Hinterher ist es zu spät und ihr werdet es bereuen. Versucht, mit eurem Gott und Vater in Harmonie zu leben.

Versöhnt euch und vermehrt euren Glauben. Wenn die Zeit gekommen ist, dürft ihr nicht wie die törichten Jungfrauen sein, die wegliefen, um zu holen, was ihnen fehlte: das Öl des Glaubens, das Öl der Vergebung, das Öl der Gnade Gottes, das Öl der Barmherzigkeit Gottes. Der Tag kommt, da die göttliche Barmherzigkeit der göttlichen Gerechtigkeit des Dreifaltigen Gottes allen Raum lassen muss.

Ich spreche nicht, um euch Angst zu machen. Ich warne euch, um euch die Chance zu geben, euch vorzubereiten. Die Zeit eilt, und da ich euch liebe, meine geliebten Kinder, möchte ich… Ja, ich will euch bei mir haben, ich will, dass ihr alle in meinem Heiligsten Herzen seid.

Danke, danke, meine Kinder, dass ihr meine Worte gut aufnehmt. Seid gesegnet im Namen des Vaters, im Namen des Sohnes und im Namen des Heiligen Geistes. Amen. Halleluja.

Maria, Königin des Friedens 20. Februar 2011

47 – Der Feind tut alles, um euch abzulenken.
Gebt dem Wesentlichen den Vorrang und strebt danach,
dem Vater Freude zu bereiten.

Seid aufmerksam und lasst euch von nichts und niemandem ablenken. Bekreuzige dich und schreibe, mein Kind, bedeckt vom Kostbaren Blut meines göttlichen Sohnes Jesus Christus, dem Herrn der Herren.

Du weißt, dass der Feind in diesen Zeiten, die die letzten sind, alles tut, um euch abzulenken und euch das Verlangen nach Gebet und Anbetung zu nehmen, indem er euch drängt, bestimmte unnütze Dinge zu tun, damit ihr müde und erschöpft seid.

Seid wachsam, meine Kinder, verschiebt nicht auf morgen, was ihr heute tun könnt oder müsst, denn morgen ist es vielleicht zu spät. Wisst ihr, die Gräber sind voller guter Absichten. Am Abend eures Lebens haben die Taten einen Wert, die ihr vollbracht hat, nicht die, die ihr gern vollbracht hättet. Passt auf! Denkt daran.

Achtet auch auf die Weise, wie ihr eure Zeit aufteilt. Lernt, dem Wesentlichen den Vorrang zu geben, denn ihr kennt die Stunde nicht, da ihr gerufen werdet, vor eurem Gott und Herrn zu erscheinen, der in diesem Augenblick der höchste Richter ist. Eure Hände sollen mit guten Taten, guten Früchten und Geschenken für euren dreimal heiligen Vater gefüllt sein.

Meine Kinder, ihr sollt eurem Vater, eurem Papa und Lieben Gott gegenüber jeden Tag zutiefst dankbar sein und jeden Tag versuchen, ihm etwas mehr zu gleichen, um ihm Freude zu bereiten. Versucht, euer Herz jeden Tag etwas mehr zu öffnen, um die Gnaden anzunehmen, die er euch schenken will, und vor allem um Seine Liebe anzunehmen und euch im Feuer seiner Liebe verwandeln zu lassen.

Lasst euch erfüllen, damit jede Leere in eurem Leben ausgefüllt wird, damit ihr Kinder voller Liebe, Frieden und Freude werdet, damit ihr eure Brüder und Schwestern, denen ihr auf eurem Weg begegnet, ausreichend berühren könnt, damit ihr ihnen Hoffnung schenkt und ihnen die Freude vermittelt, als Kinder Gottes zu leben. Seid mutige Zeugen in dieser kranken Welt.

Danke, meine Kinder, für euer Ja der Liebe. Danke, dass ihr das Heiligste Herz meines sanften Jesus tröstet, der Liebe ist. Seid gesegnet im Namen des Vaters, im Namen des Sohnes und im Namen des Heiligen Geistes. Amen. Halleluja.

༄

Maria, Königin des Friedens 21. Februar 2011

48 – Das Sakrament der Vergebung empfangen. In Freiheit seinen Weg wählen: das ewige Leben oder den ewigen Tod.

Lasst euch nicht niederschmettern von dem, was ihr möglicherweise hört. Bekreuzige dich, mein Kind, bedeckt vom Kostbaren Blut meines göttlichen Sohnes, dem Herrn Jesus Christus.

Ich, deine himmlische Mama Maria spreche nach dem göttlichen Willen gerade mit dir, um euch zu sagen, dass ihr wachsam und stark sein müsst. Lasst alles Gerede und/oder alle Äußerungen vorüberziehen, die euch den Glauben und den Frieden nehmen wollen – diese überaus kostbaren Gaben, die ihr haben könnt. Seid standhaft in eurem Glauben, in euren täglichen Entscheidungen und eurer Wahl.

Euer Leben besteht aus Entscheidungen und Folgen, die ihr wegen eurer Wahl zu tragen habt.

Es gibt bestimmte Folgen, die ihr euer Leben lang mit euch herumschleppt, unter denen ihr leidet und die sich von Generation zu Generation auswirken. Diese Folgen können unter anderem zu Krankheiten oder zu einer schlechten seelischen Verfassung führen.

Wenn ihr die Heilige Schrift lest und betrachtet, findet ihr mehrere Beispiele dafür. Um euch davon zu befreien, müsst ihr das Sakrament der Vergebung empfangen, für die begangenen Sünden büßen, die Nachlässe empfangen, die die Kirche gewährt, um jede Folgeerscheinung wegzunehmen und zur vollkommenen Heilung zu gelangen.

Heute ist die Welt krank, die Kinder leiden an unbekannten Krankheiten, an ungeordneten Situationen aller Art, denn man hat vergessen, wie wichtig es ist, im Stand der Gnade zu sein. Man tut alles, was in den Augen Gottes, des Vaters, des Sohnes und des Heiligen Geistes ein

Gräuel ist. Man hat keine Achtung mehr vor nichts und niemandem und noch weniger vor sich selbst.

Man hat vollkommen vergessen, dass der Leib der Tempel des Heiligen Geistes ist, der zusammen mit seiner Seele nach dem Bild Gottes und ihm ähnlich erschaffen wurde. Man hat vergessen, dass der Körper sterblich ist und die Seele unsterblich ist. Es gibt ein Leben nach dem Tod: das wahre Leben in Gott. Man hat vergessen, dass das Leben auf Erden ein kurzer Übergang ist, dass das wahre Ziel des Lebens, für das ihr erschaffen wurdet, der Himmel ist.

Der dreimal heilige Vater hat euch eure Freiheit und euren Willen gelassen, damit ihr alle in Freiheit den Weg wählen könnt, den ihr während eures Aufenthaltes auf Erden einschlagen wollt: Entweder den Weg, der euch zum ewigen Leben ins Himmelreich führt, oder den Weg, der euch zum ewigen Tod in die Hölle führt. Erkennt ihr, wie und warum ihr sehr auf eure alltäglichen Entscheidungen achten müsst?

Ich liebe euch, meine Kinder, und deshalb spreche ich mit euch. Ich lade euch ein nachzudenken, bevor es zu spät ist, und Nutzen aus den Sakramenten der heiligen Kirche zu ziehen, damit euer Kleid sauber ist, wenn der Bräutigam euch holen kommt, um zum Hochzeitsmahl zu gehen und euch einzulassen, bevor die Türen geschlossen werden.

Vergesst nicht, dass Jesus der beste Arzt ist. Er ist gekommen, um die Kranken zu behandeln und zu heilen. Er hat alle Krankheiten und Sünden auf sich genommen, um sie an Sein Kreuz zu nageln und euch von jeder Sklaverei zu befreien, um euch die Freiheit zu geben, den Willen Gottes des Vaters anzunehmen und zu erfüllen.

Was ist der Wille des Vaters? Dass ihr alle bei Ihm in seinem Reich seid, das er für alle seine Kinder vorbereitet hat. Er will, dass keines seiner Kinder verlorengeht und hat euch seinen einzigen Sohn geschenkt, um euch zu retten.

Meine Kinder, betrachtet die schmerzhafte Passion Jesu! Ich bin sicher, dass ihr dann doppelt nachdenkt, bevor ihr eine Wahl zwischen dem Guten und dem Bösen trefft, und dass ihr aus Liebe zu Ihm die rechte Wahl trefft – wenn ihr Ihn wirklich liebt. Danke, meine Geliebten. Seid gesegnet im Namen des Vaters, im Namen des Sohnes und im Namen des Heiligen Geistes. Amen. Halleluja.

Maria, Königin des Friedens 24. Februar 2011

*49 – Die Engel und die Heiligen sind bestürzt zu sehen,
in welchem Zustand sich die heutige Generation befindet.*

Gelobt sei mein göttliches Kind, der Herr Jesus Christus. Bekreuzige dich und schreibe, mein Kind, bedeckt von seinem Kostbaren Blut.

Die heiligen Engel und die Heiligen sind bestürzt zu sehen, in welchen Zustand sich die heutige Generation befindet. Sie haben Mitleid, wenn sie sehen, wie verblendet die meisten Kinder sind, die das Licht der Welt (Joh 8,12) nicht annehmen wollen, die ihre Herzen für seine Worte verschlossen haben, die der Weg, die Wahrheit und das Leben sind. Diese Kinder glauben an nichts mehr außer an sich selbst, an das Geld, an die Macht. Diese Kinder haben vollkommen vergessen, welchen Preis mein sanfter Jesus gezahlt hat, um ihre Erlösung zu bewirken.

Betet, meine Kinder, betet für die, die den Glauben ihrer Taufe verloren haben, die die Gnade verloren haben, die nichts von der Kirche und von Jesus Christus, seinem Gründer wissen wollen. Betet für eure Brüder und Schwestern, die der Verzweiflung zum Opfer fallen und ganz nahe am Abgrund des Selbstmords stehen.

Meine Kinder, ich danke euch für eure Hingabe und eure Opfer, die uns so sehr helfen, jene zu unterstützen, die keine Hoffnung mehr haben. Ich bitte euch, hört nicht auf, für sie zu beten. Euer Lohn wird groß sein. Vergesst nicht, dass ihr alles, was ihr für diese Kleinen tut, für Christus, für seinen Mystischen Leib tut. Seid gesegnet im Namen des Vaters, im Namen des Sohnes und im Namen des Heiligen Geistes. Amen. Halleluja.

∽

Jesus, dein König der Liebe 25. Februar 2011

*50 – Wie Jesus durch Maria kam, so kommt er auch
bei seiner Wiederkehr durch sie.*

Friede sei mit dir, mein Kind. Bekreuzige dich und schreibe, bedeckt von meinem Kostbaren Blut, zur Ehre Gottes, meines Vaters.

Ihr dürft nicht an meinen Worten zweifeln, denn meine Worte sind der Weg, die Wahrheit und das Leben. Schaut umher und seht all diese unglücklichen Menschen, die sich über ihr Schicksal beklagen, die keinen Ausweg aus all ihren Prüfungen, ihrem Leid, ihren Krankheiten finden... Arme Kinder, sie treiben ab.

Heute habe ich immer noch Erbarmen mit dieser Menschenschar, die nach dem Wort Gottes hungert und dürstet. Meine Kinder, seht ihr, wie reich die Ernte ist? Seht ihr, wie sehr ich auf meine Kinder des Lichtes angewiesen bin, um ihren Weg zu erleuchten und ihnen das Verlangen zu geben, in den Schafstall zurückzukehren?

Ihr seid das Salz der Erde, ich bin auf euch angewiesen (Mt 5,13). Meine Heilige Mutter und ich, das Heiligste Herz Jesu, gehen durch die Welt, um die Apostel der letzten Zeiten zu suchen und zu formen, die mir nachfolgen und sich dabei selbst vergessen. Sie suchen die verlorenen, verletzten, kranken Schafe, die in andere Schafställe gegangen sind, die in der Welt und von ihrer eigenen Familie vergessen werden und jede Hoffnung verloren haben.

Die Stunde ist gekommen, da meine Heiligste Mutter, die Unbefleckte Empfängnis, ihre Apostel aussendet, versehen mit marianischen Herz und von ihr, dem Thron der Weisheit geformt, wie es vom heiligen Ludwig-Maria Grignion de Montfort prophezeit wurde...

Höre nicht auf zu schreiben, geliebte Tochter, denn ich, dein geliebter Jesus, spreche in diesem Augenblick mit dir. Diese Apostel werden bis an die Enden der Erde gehen, um die Überlebenden dieses Schiffbruchs zu sammeln, die von der Arche, die die Kirche ist, herabgefallen sind oder sich haben herabfallen lassen, die außerhalb der Arche sind, die das Unbefleckte Herz Mariens, der Mutter der Kirche ist.

Ihre ganze himmlische Heerschar ist gerade dabei, Stellung zu beziehen: Jeder nimmt seinen Platz ein, um den letzten Kampf auszutragen, da die Königin des Himmels und der Erde den Kopf der alten Schlange zertritt, das Böse verjagt und meine glorreiche Wiederkehr vorbereitet. Wie ich bei meinem ersten Kommen durch sie kam, komme ich auch bei meinem zweiten Kommen durch sie, damit alle Völker der Erde sie als ihre Mutter und Königin, als das reinste Geschöpf anerkennen, das je über diese Erde gegangen ist.

Oh, meine Mutter! Sie ist das Meisterwerk, das der dreimal heilige Vater erschaffen hat, um das große Geheimnis meiner Menschwerdung zu vollziehen. Durch sie hat mein Vater mich euch, meinen Brüdern und Schwestern der ganzen Welt geschenkt, und durch sie werdet ihr mich alle bei meiner Rückkehr in Herrlichkeit sehen, um in die Neue Erde und die Neuen Himmel einzuziehen.

Hört nicht auf, für die Bekehrung der Ungläubigen zu beten, meine Kinder, für die eine, heilige, apostolische Kirche und für die Einheit der Christen. Meine Kinder, ich danke euch für euer Ja der Liebe. Ich liebe euch. Seid gesegnet im Namen des Vaters, im Namen des Sohnes und im Namen des Heiligen Geistes. Amen. Halleluja.

୨

Maria, Königin des Friedens   27. Februar 2011

51 – Sich Tag für Tag der Vorsehung hingeben, alles dem Vater übergeben. Jesus Christus wird mit Macht und Majestät wiederkehren…

Mein Kind, ich danke dir, dass du auf meinen Ruf hörst. Bekreuzige dich und schreibe, bedeckt vom Kostbaren Blut meines göttlichen Sohnes, dem Herrn Jesus Christus.

Mein Kind, siehst du, was der Vater alles tut, um euch von eurer Sklaverei und euren alten Gewohnheiten zu befreien, damit der alte Mensch, der in euch wohnt, weiter abnimmt und dem neuen Menschen mehr Raum lässt? (Eph 4,24)

Dankt dem Höchsten für so viel Einfühlsamkeit. Gewöhnt euch an, jeden Tag zu empfangen und zu geben, ohne etwas zu behalten, den bösen Geistern alle Türen zu verschließen, die euren Untergang und euch ablenken wollen. Meine Kinder, ihr dürft nicht vergessen, dass jeder Tag genug eigene Plage hat (Mt 6,34). Lebt euer Heute, sonst verliert ihr die Gnaden der Gegenwart. Wer sich der Vorsehung hingibt, muss einen Tag nach dem anderen leben, denn gestern ist vorbei und ihr wisst nicht, ob ihr morgen noch hier auf Erden seid. Ich glaube, dass niemand sich dessen sicher ist, meine Kinder. Deshalb wurde euch auch gesagt, dass ihr nicht auf morgen verschieben sollt, was ihr heute tun könnt…

Der Mensch will der Herr der Zeit, seiner Zeit und auch der Zeit der anderen werden. Das ist ein schwerer Irrtum, denn am Tag des Gerichts wird jeder einzeln gerichtet für das, was er getan und was er nicht getan hat. Dann muss jeder für seine Taten Rechenschaft ablegen. Keiner, der jetzt seinem Willen und seiner Freiheit folgt, kann dann sagen, dass es die Schuld eines anderen war oder dass er das nicht sagen oder tun wollte…

Nein, meine Kinder, vergeudet nicht eure Zeit, lasst euch nicht von euren Sorgen, eurer Gesundheit, euren Ängsten ablenken. Übergebt alles eurem dreimal heiligen Vater. Folgt dem Weg, den er euch vorgegeben hat, dem Licht der göttlichen Worte, seinem Gesetz der Liebe, und folgt der so sanften Stimme des Heiligen Geistes der Liebe, der in euren Herzen flüstert.

Bleibt im Stand der Gnade, lasst euch führen und unterweisen, bereitet euch auf die glorreiche Rückkehr des Herrn Jesu Christi vor, der wahrer Gott und wahrer Mensch ist. Er wird mit Macht und Majestät wiederkommen, um die Augen der Blinden zu öffnen, die Krüppel zu heilen, die Zungen jener zu lösen, die sich für den Lobpreis verschlossen haben. Er wird die Herzen öffnen, die sich für die Liebe des Vaters verschlossen haben, und ihnen Seinen Frieden und Seine Freude schenken will.

Seid gesegnet, meine Kinder, dass ihr die heilige Hingabe leben wollt im Namen des Vaters, im Namen des Sohnes und im Namen des Heiligen Geistes. Amen. Halleluja.

༺ჶ༻

Maria, Königin des Friedens   28. Februar 2011

52 – Ruft den Heiligen Geist an, bevor ihr euer Gebet beginnt.
Die Verlockungen der Welt… und ihre zahlreichen Lügen.

Friede sei mit dir, mein Kind. Bekreuzige dich und schreibe, bedeckt vom Kostbaren Blut meines göttlichen Sohnes, dem Herrn Jesus Christus, zur Ehre Gottes, seines Vaters.

Ja, mein Kind, ich bin die Braut der ewigen Liebe, des Heiligen Geistes, die Liebe, die aus dem Vater und dem Sohn hervorgeht. Und deshalb bin ich auch die Mutter der schönen Liebe, des einzigen

Sohnes Gottes des Vaters, seines Ewigen Wortes, das Leben und Liebe ist. Gott ist die Liebe (1 Joh 4,16) und Gott ist das Licht. Er ist das Licht, das euer Leben erleuchtet und eure Schritte auf diesem Weg führt, der immer schwieriger wird.

Die Welt bietet euch so viele Wege und Abkürzungen voll vermeintlich wunderschöner Blumen an. Doch wenn ihr euch nähert, könnt ihr die Laster sehen, die sie enthalten, die Fallen, um euch zu verführen, und diese Düfte, um euch zu verunsichern. Sie berauschen eure Sinne und machen euch apathisch, damit eure Herzen von der Bosheit und der Gier beschwert werden…

Deshalb bitten wir euch, sehr wachsam zu bleiben, auf den Ruf der Gnade zu achten, eure Lampen brennen zu lassen und der Stimme des Guten Hirten zu folgen, damit ihr euch nicht von den vielen Wölfen beeinflussen lasst, die sich als Schafe verkleiden.

Dankt meinem göttlichen Sohn, dass er euch den Heiligen Geist gesandt hat, der in jedem Herzen guten Willens, in jedem weit offenen Herzen wohnt, das ihn aufnimmt und Ja zur Dreifaltigen Liebe sagt. Der Heilige Geist führt euch, offenbart euch die Wahrheit und erklärt euch den verborgenen Sinn der Heiligen Schrift.

Seht ihr, wie wichtig es ist, den Heiligen Geist herabzurufen, bevor ihr eure Lektüre, Eure Betrachtung, euer Gebet, euren Lobpreis beginnt, damit er euch erleuchtet und euch sein Licht schenkt, das in dieser Zeit der Finsternis so notwendig ist?

Ruft ihn jeden Tag an, meine Kinder: Er ist da, er wartet auf euch. Vergesst ihn nie, gebt ihm den Platz, der ihm zusteht! Er soll im Mittelpunkt eures Lebens stehen und euer Führer auf dieser Erde des Exils sein. Wenn ihr ihm nachfolgt, seid ihr sicher, wohlbehalten dort anzukommen, wo der dreimal heilige Vater euch erwartet und sein einziger Sohn Jesus euch haben will: auf dem heiligen Berg.

Danke, meine Kinder, dass ihr den Geist der Wahrheit, den Geist des Lichtes, den Geist der Liebe, den Beistand aufnehmt, den mein göttlicher Sohn Jesus in seiner Liebe versprochen hat. Seid gesegnet für eure Treue im Namen des Vaters, im Namen des Sohnes und im Namen des Heiligen Geistes. Amen. Halleluja.

Maria, Königin des Friedens 1. März 2011

53 – Die Bürgerkriege werden den Krieg zwischen den Nationen auslösen. Bald wird Gott sagen: «Es reicht!»

Mein Kind, der Tag kommt, da ihr euch wünscht, die Zeit zu haben, die ihr derzeit habt. Bekreuzige dich und schreibe, bedeckt vom Kostbaren Blut meines göttlichen Sohnes, dem Herrn Jesus Christus.

Denn alles wird von einem Moment zum anderen umkippen. Schaut umher: Das Böse und die Zerstörung sind überall und werden noch zunehmen, denn der Mensch will alles zerstören. Brüder derselben Rasse und Sprache lehnen sich gegeneinander auf. Derzeit herrscht der Krieg innerhalb dieser Länder, aber der Krieg der Nationen gegen die Nationen steht vor eurer Tür. Meine Kinder, ihr müsst für den Frieden in der Welt beten, denn er ist ernsthaft bedroht.

Schau, da sind auch neue Krankheiten, die vom Menschen geschaffen werden, denn man will die Zahl der Menschen senken, man will sie mit allen Mitteln um jeden Preis und auf Kosten der Unschuldigen senken. Der Mensch wird von seinem Hunger nach Macht, nach Geld und nach Götzen aller Art beherrscht. Er ist schlimmer geworden als die wilden Tiere. Ich sage dir, mein Kind, beobachtet die Tiere und seht, wie sie euch belehren, denn sie haben Achtung vor den göttlichen Gesetzen und den Naturgesetzen. Der Mensch hat die Achtung seines Nächsten vergessen. Doch der Tag kommt, da Gott sagt: Genug! Denn Gott lässt keinen Spott mit sich treiben (Gal 6,7), und in diesem Augenblick wird die göttliche Gerechtigkeit durchgreifen.

Betet, betet, betet, damit die Zeit abgekürzt wird. Betet, damit ihr nicht der Verzweiflung, der Angst, des Zweifels zum Opfer fallt. Betet zum Heiligen Geist, dass er euch die Kraft und die Unterscheidung gibt – diese Gaben, die für die kommende Zeit so notwendig sind, da das Durcheinander seinen Höhepunkt erreichen wird.

Dank der Kraft werdet ihr im Glauben und dem Vertrauen zu eurem Gott Vater durchhalten. Dank der Unterscheidung werdet ihr den Fußstapfen eures Erlösers folgen. Der Heilige Geist wird euch mit seinem Licht erleuchten, damit ihr in dieser dunklen Nacht dem rechten Weg folgt. Danke, meine Kinder, dass ihr nicht aufhört, in meinen Anliegen zu beten. Danke, dass ihr für die Priester und für euren Heiligen Vater, Papst Benedikt XVI. betet. Seid gesegnet im Namen des Vaters, im Namen des Sohnes und im Namen des Heiligen Geistes. Amen. Halleluja.

୬

Maria, Königin des Friedens 3. März 2011

54 – Angesichts des Buchs eures Lebens werdet ihr euch selbst richten. Geht regelmäßig zu den Sakramenten, vor allem zur Eucharistie.

Bekreuzige dich und schreibe, geliebtes Kind meines Unbefleckten Herzens, bedeckt vom Kostbaren Blut meines göttlichen Sohnes, dem Herrn Jesus Christus.

Höre gut zu: Die Tage vergehen und die Leute verbringen ihre Zeit als würde nichts auf sie zukommen. Jeder will ein Maximum aus seinem Alltag und Leben herausholen, um einen ganz menschlichen Ausdruck zu verwenden. Es gibt nur sehr wenige, die an das Jenseits denken: an dieses Leben, das sofort beginnt, wenn die Seele den Körper verlässt, an diesen entscheidenden Moment, in dem die Seele Jesus, der Liebe ist, dem Richter der Lebenden und der Toten, entgegengeht. Das ist der Moment, da ihr alle das Buch eures Lebens durchsehen werdet, da ihr euch selbst richten werdet je nachdem, was ihr an Gutem oder an Bösem getan habt. Ihr werdet begreifen, dass ihr euren Körper übertrieben wichtig genommen habt, dass ihr Sklaven geworden seid, dass der Hochmut, die Eitelkeit und die Wollust euch euer Leben lang genährt haben.

Ihr werdet die Bedeutung der heiligen Sakramente begreifen und dass alles anders gewesen wäre, wenn ihr sie häufig empfangen hättet! Denn dann wäre es euch gelungen, die große Liebe zu begreifen, die Jesus, der Sohn Gottes seinen Brüdern und Schwestern bewies, als er sie einsetzte, um euch zu helfen, wieder aufzustehen, wenn ihr zu Fall gekommen seid, um euch mit dem Brot der Engel – der heiligen Eucharistie – zu nähren und euch die Kraft, den Mut und das Licht der Dreifaltigen Leibe zu schenken. Dies alles soll euch helfen, beharrlich auf dem guten Weg voranzugehen.

Ihr dürft euch nicht ablenken und vor allem von keiner negativen Strömung beeinflussen lassen. Bereitet euch vor! Denn niemand kennt die Stunde, da er diese Welt verlassen muss und seinem Schöpfer, dem höchsten Gott, entgegengeht. Begreift ihr besser, wie wichtig es ist, dem Höchsten jeden Tag für das Leben zu danken, das er euch schenkt, und ihn jeden Abend für den Tag zu preisen, der zu Ende geht, und euren Geist Seinen dreimal heiligen Händen zu übergeben? Warum spreche ich über die Sakramente mit euch? Um euch zu lehren, sie mit einem weit offenen Herzen voller Liebe und Dankbarkeit und auch voll aufrichtiger Reue zu empfangen, damit es nicht zu einer Routine für euch wird.

Bei jedem Empfang soll es eine Begegnung der Liebe sein, als wäre es das letzte Mal, dass ihr dieses große Privileg empfangt! Ihr werdet sehen, wie euer Leben sich verändert, wie ihr diese Liebe, diese Kindesbeziehung genießt, wie der Heilige Geist in jedem eurer Herzen wirkt und wie das Bild des geliebten Sohnes, eures Jesus, aus jeder eurer Gesten strahlt. Dann dient alles, was ihr tut, zur Ehre Gottes, des Vaters, der dann durch die Macht des Heiligen Geistes, der in euch wirkt, seinen Sohn, sein Ewiges Wort in euch sieht.

Danke, meine Kinder, dass ihr euch von der Dreifaltigen Liebe, von dem Feuer dieser glühenden Liebe verwandeln lasst. Seid gesegnet im Namen des Vaters, im Namen des Sohnes und im Namen des Heiligen Geistes. Amen. Halleluja.

Maria, Königin des Friedens   5. März 2011

55 – Je mehr ihr gebt, umso mehr empfangt ihr. Gott ist auf Zeugen angewiesen, um das Evangelium zu verkünden.

Nimm dir die Zeit, dieses himmlische Manna zu empfangen. Bekreuzige dich und schreibe, mein Kind, bedeckt vom Kostbaren Blut meines göttlichen Sohnes, dem Herrn Jesus Christus.

Mein Kind, während du deinen Beschäftigungen nachgehst, sollst du auf den Ruf der Gnade achten, denn die vergangene Zeit ist vergangen. Ich danke dir, dass du alles annimmst und alles den Händen deines Herrn und Gottes übergibst.

Habt keine Angst, mein Kind, was ihr derzeit erlebt, ist eine Vorbereitung auf die kommenden Zeiten, die immer schlechter werden.

Weltweit und auf allen Kontinenten wird es eine große Hungersnot geben, die von den immer verheerenderen Kriegen und Naturkatastrophen verursacht wird. Auch Seuchen werden sich ausbreiten...

Andrerseits werdet ihr sehen, wie die göttliche Vorsehung des dreimal heiligen Gottes sich dank der Großzügigkeit der Kinder des Lichtes vermehrt. Je mehr ihr gebt, umso mehr empfangt ihr. Das ist ein Gesetz Gottes, des Vaters. Sein einziger Sohn hat es ja gesagt: «Was ihr für einen meiner geringsten Brüder getan habt, das habt ihr mir getan» (Mt 25,40).

Gewöhnt euch an, alles zu segnen. Schon jetzt, auch wenn ihr in der Fülle lebt und daran gewöhnt seid. Wenn dann die Stunde der Prüfung schlägt, werdet ihr überall Menschen sehen, die verängstigt umher eilen. Vergesst nicht, dass Gott Vater sich wirklich um seine Kinder kümmert, die ihm treu sind, die ihn wirklich auf ganz besondere Weise lieben. Er kümmert sich um alle, auch um die, die ihn beiseitegeschoben haben. Seht ihr, wie weit seine Vorsehung geht?

Deshalb braucht er Zeugen, die sein Evangelium verkünden und es bekannt machen, damit die Welt weiß, dass Gott lebt, dass Er die Liebe ist, dass er sich um all jene kümmert, die sich ihm anvertrauen, dass er sie so sehr geliebt hat, dass er ihnen seinen einzigen Sohn hingegeben hat, um ihre Erlösung zu bewirken.

Er braucht Zeugen, die in dieser Zeit der Lügen die Wahrheit verkünden, die in dieser Zeit der Finsternis das Licht sind, die das Salz der Erde sind und die das Verlangen wecken, als Kinder Gottes zu leben (Mt 5,13). Wenn die Leute euch sehen, werden sie sich sagen: Seht, wie glücklich sie sind! Dann werden sie sich fragen: Wie kommt es, dass sie im Frieden und in der Freude sind? Wie kommt es, dass sie so glücklich sind? Sie werden sich angesprochen fühlen von dem, was sie sehen. Eure Art zu sein und zu leben wird das stärkste Zeugnis sein. Wenn sie euch so leben sehen, erwacht in ihnen das Verlangen, diese Liebe kennenzulernen, die von jedem von euch ausgeht, sowie diesen Frieden, den Gott allein schenken kann, und der so ganz anders ist als der Friede der Welt.

Wie die Jünger von Emmaus (Lk 24,13-21) bringt ihr ihnen Jesus nahe, damit sie ihn erkennen können, wenn ihr das Brot Seines Wortes brecht. Seht ihr, was für eine riesige Aufgabe euch erwartet? Habt keine Angst, Gott braucht euer Ja, das genügt ihm. Den Rest macht der Heilige Geist, der euch alles schenkt, was ihr im gegebenen Moment braucht.

Vergesst nicht, dass der Herr mit ganz kleinen Dingen Wunder vollbringen kann! Heiligkeit besteht nicht darin, aufsehenerregende Dinge zu vollbringen. Heiligkeit besteht darin, Gott zu lieben, alles aus Liebe zu ihm zu tun und sich dabei selbst zu vergessen, indem man sich zu seiner heiligen Ehre völlig zurücknimmt. Danke, meine Kinder, seid gesegnet im Namen des Vaters, im Namen des Sohnes und im Namen des Heiligen Geistes. Amen. Halleluja.

༄

Maria, Königin des Friedens 6. März 2011

56 – Die verstreuten Kinder werden bereuen, sie werden die verlorene Zeit beweinen. Das schöne Geschenk des Glaubens.

Eines Tages wirst du sehen, wie die Kinder, die sich entfernt haben, aufrichtig bereuen! Bekreuzige dich und schreibe, bedeckt vom Kostbaren Blut meines göttlichen Sohnes, dem Herrn Jesus Christus.

Ich spreche nicht über alle Kinder mit dir, sondern nur über eine bestimmte Zahl. Sie werden verstehen, in welchem Irrtum sie einen Großteil ihres Lebens verbrachten und dass sie die Gnaden vergeudeten, die der Herr ihnen vorbehalten hatte, um ihren Weg fortzusetzen. Leider taten sie so, als sei nichts, als sei das einzige Ziel ihres Lebens das Vergnügen, und zwar auf Kosten anderer Personen in ihrer Umgebung.

Diese Kinder werden all diese verlorene Zeit bitterlich beweinen, und wenn die Schuppen von ihren Augen fallen, werden sie entdecken, dass das Leben schön ist, wenn man es unter dem Blick Gottes, des Vaters lebt, wenn man dem Weg, der Wahrheit und dem Leben Gottes, des Sohnes folgt, indem man auf die ganz sanfte Stimme Gottes, des Heiligen Geistes hört.

Dann werden sie ihren Gott und Vater kennenlernen, seinen Geboten folgen und diese ihnen unbekannte Liebe aufnehmen wollen. Dann wollen sie diese Worte aufnehmen, die süßer sind als Honig, sowie diese neue Sprache, die voller Zärtlichkeit, Gerechtigkeit und

Frieden ist. Sie werden begreifen, wie wertvoll das Leben ist, warum sie erschaffen wurden und wie das Leben durch den Glauben verwandelt wird.

Der Glaube ist das schönste Geschenk, das man empfangen kann. Durch den Glauben kann man an die Wirklichkeiten glauben, die man nicht sieht, durch den Glauben und im Glauben lernt man die heilige Bibel lesen, um unseren Gott kennenzulernen, durch den Glauben kann man alles vom Gott des Unmöglichen erlangen, denn das Wort sagt uns: «Alles kann, wer glaubt» (Mk 9,23).

Und um zu glauben, muss man an Den glauben, der euer Vater, euer Leben und euer Alles ist: Ein unerschütterlicher Glaube, der euch in den schwierigsten Momenten eures Lebens trägt, der euch die Überzeugung schenkt, dass ihr nie allein seid, denn der Vater lässt kein Kind im Stich, das sich ihm anvertraut. Auch wenn die Welt euch im Stich lässt – der Vater ist da, er beschützt euch, tröstet euch, unterstützt euch und liebt euch.

Das ist der Glaube, den ich in jedem von euch sehen will, meine geliebten Kinder. Seid gesegnet, dass ihr meine Worte mit Liebe aufnehmt, im Namen des Vaters, im Namen des Sohnes und im Namen des Heiligen Geistes. Amen. Halleluja.

୨

Maria, Königin des Friedens 7. März 2011

57 – Das Vertrauen zum Vater ist eine große Tugend; die Hingabe ist die köstliche Frucht der Liebe[5].

Wie du siehst, ist der Vater da und kümmert sich um die kleinen wie um die großen Details. Bekreuzige dich und schreibe, mein Kind, bedeckt vom Kostbaren Blut meines göttlichen Sohnes, dem Herrn Jesus Christus.

Das Vertrauen ist eine der großen Tugenden, es entsteht und wächst in der Liebe zu Gott Vater. Je besser man das Vertrauen kennt, umso mehr liebt man es, umso größer und stärker wird es, und umso

---

5. Zitat des heiligen Augustinus, das von der heiligen Therese vom Kinde Jesu wieder aufgenommen wurde.

besser lernt man auch, sich den Armen des Vaters zu überlassen. Um zu begreifen, mit welcher Liebe er uns geliebt hat, mit welcher Liebe er uns liebt, musst du dir folgende Frage stellen: «Welcher Vater, welche Mutter auf Erden würden aus Liebe zu den anderen ihr eigenes und einziges Kind hingeben?» Das ist eine Frage, die jeder sich stellen muss. «Würde ich das tun?» Ich glaube nicht, dass es einen Vater oder eine Mutter gibt, die das tun würden. Es braucht einen Gott, um so zu lieben, es bedarf der Liebe Gottes, des Vaters, um dies zu tun.

Wenn es einem gelingt, dieses Wunder besser zu verstehen, entstehen das Vertrauen und die Hingabe. Die Hingabe ist die köstliche Frucht der Liebe, und wenn man liebt, begreift man, mit welcher Liebe der Vater uns geliebt hat. Dann ist man nicht mehr fähig, ihn zu verletzen, ihm zu missfallen oder ein einziges seiner Gebote zu übertreten aus Angst, ihn zu verletzen oder ihm weh zu tun. Und das ist der Anfang des Wegs der Heiligkeit. Alle Kinder sind zur Heiligkeit berufen, alle sind berufen, nach dem Vorbild des dreimal heiligen Vaters heilig zu werden, wie es seit Anbeginn der Schöpfung sein sollte.

Deshalb ist es wichtig, den Heiligen Geist zu bitten, uns das Wort der Heiligen Schrift verständlich zu machen. Je besser ihr ihn kennt, umso mehr liebt ihr ihn mit einer reinen, aufrichtigen Kindesliebe und umso mehr liebt ihr euren Nächsten. Dann preist ihr Ihn für seine Schöpfung und für seine Geschöpfe. Dann betrachtet ihr alles mit einem neuen Blick, mit den Augen des Herzens, mit dem klaren Blick eines Kindes, das über alles staunt, was sein Vater für es selbst und in seiner Umgebung getan hat. Durch diesen Blick der Liebe erkennt ihr das Siegel der Dreifaltigen Liebe in den Herzen eurer Brüder und Schwestern, denen ihr auf eurem Weg und in eurer Umgebung begegnet.

Die Apostel und die ersten Jünger hatten diesen Blick und er erlaubte ihnen, zu Gott in einer Kindesbeziehung zu stehen und so die große Familie der Kinder Gottes zu bilden, in der alle eins waren, zusammen beteten, lobten und Gott Vater, Gott Sohn und Gott Heiliger Geist priesen.

Zu dieser Gemeinschaft seid ihr berufen, damit ihr diese große und schöne Kindesbeziehung aufbaut. All das wird dank der Liebe, dem Vertrauen und der Hingabe möglich, die ihr eurem Dreifaltigen Gott gegenüber im Herzen habt.

Danke, meine Kinder, dass ihr euch unterweisen lasst und meine Lehren gut aufnehmt. Seid gesegnet im Namen des Vaters, im Namen des Sohnes und im Namen des Heiligen Geistes. Amen. Halleluja.

ବ

Maria, Königin des Friedens 10. März 2011

58 – Die Fastenzeit ist eine Zeit der Vorbereitung, der Buße und des Fastens. Worin besteht das Fasten?

Alle Ehre sei Gott Vater, Gott Sohn und Gott Heiliger Geist. Bekreuzige dich und schreibe, mein Kind, bedeckt vom Kostbaren Blut meines göttlichen Sohnes, dem Herrn Jesus Christus.

Ja, die Zeit ist erfüllt und ihr werdet die Erfüllung der Prophezeiungen erleben. Ihr seid von neuem in der Fastenzeit angelangt, in der die Kinder des Lichtes meinem sanften Jesus Gesellschaft leisten sollen. Es ist eine Zeit der Vorbereitung, der Buße und des Fastens. Weißt du, mein Kind, das Fasten bezieht sich nicht nur auf die Nahrung. Man kann auf verschiedene Weisen fasten: auf schlechte Angewohnheiten, bestimmte Annehmlichkeiten oder auf Dinge verzichten, die nicht notwendig sind. Man kann fasten, indem man in der Fastenzeit in allen Bereichen mehr Entsagung lebt, auch was das Schweigen anlangt.

Worin besteht das Fasten? Es besteht darin, den Leib zurückzunehmen, um ihn zu zügeln und ihm beizubringen zu tun, wozu er erschaffen wurde: nämlich der Seele und dem Geist zu dienen (und nicht bedient zu werden), damit das geistliche Leben den ganzen Raum einnehmen kann. Und meint nicht, dass das unmöglich sei, denn mein Sohn, mein geliebter Jesus, hat euch vorgelebt, dass man alle Versuchungen überwinden kann, wenn man im Gebet bleibt, wenn man die Augen unablässig zum Himmel, zum Vater richtet und sich von aller Gefahr fernhält.

Denn ihr wisst genau, dass das Böse euch in eurer Zeit unter allen möglichen Erscheinungen und Formen auflauert. Überall gibt es Fallen. Seid sehr wachsam und aufmerksam, damit ihr nicht in Versuchung geratet.

Doch habt keine Angst, der Heilige Geist ist stets gegenwärtig! Wenn ihr ihn ruft, kann er euch sein Licht, die notwendige Unterscheidung, die Kraft geben, um als Sieger hervorzugehen, sowie den Mut, das Böse anzuprangern. Er zeigt euch die Wahrheit, damit ihr die Lüge widerlegen könnt. Er wird euch alles geben, was ihr braucht, um dem dreimal heiligen Vater treu zu bleiben, vorausgesetzt ihr habt den guten Willen in euren Herzen und den Wunsch, im Guten zu verharren, um das zu Ende zu führen, was Gott Vater von jedem seiner Kinder erwartet.

Nutzt diese Fastenzeit für euer geistliches Leben und für eure Versöhnung mit eurem Dreifaltigen Gott. Gewährt denen das Almosen eurer Vergebung, die euch verletzt und Böses angetan haben. Danke, meine Kinder, seid gesegnet im Namen des Vaters, im Namen des Sohnes und im Namen des Heiligen Geistes. Amen. Halleluja.

༄

Maria, Königin des Friedens   11. März 2011

59 – Die Naturkatastrophe in Japan. Die Prophezeiungen werden von der Zahl der Gebete entscheidend beeinflusst.

Mein Kind, ihr müsst für die beten, die in Japan[6] den Tod gefunden haben. Bekreuzige dich und schreibe, bedeckt vom Kostbaren Blut meines göttlichen Sohnes, dem Herrn Jesus Christus.

Mein Unbeflecktes Herz ist so traurig, mein Kind, denn ich weiß, was diese so sündige Generation erwartet. Wir haben euch mit allen Mitteln gewarnt, doch leider wollt ihr die Stimme des Himmels nicht ernst nehmen, ihr wollt nicht an die Rückkehr in Herrlichkeit meines Herrn und Gottes, meines Sohnes Jesus glauben, der Liebe ist! Ihr zieht sie in Zweifel, ihr wagt sogar zu sagen: «Schon so lange warten wir auf diese Warnung, sie kommt ja doch nicht.» Oh ihr törichten Kinder, ihr wisst nicht, was ihr sagt. Alles muss sich erfüllen…

Natürlich können alle Prophezeiungen bedingt sein, alles hängt von eurer Handlungsweise ab: Wenn ihr betet, wenn ihr fastet, wenn ihr Anbetung haltet, könnt ihr eine Prophezeiung abschwächen, ab-

---

[6]. Naturkatastrophe in Japan am 11. März 2011: 30 000 Tote, und wie viele Katastrophenopfer?

kürzen und sogar stoppen. Denkt an Ninive (Jon 3): Als Jonas durch Ninive ging, beteten alle Bewohner, sogar die Tiere fasteten, und so wurde das Herz Gottes berührt und Er vergab ihnen. Amen, ich sage euch, in diesem Jahr werden sich mehrere Dinge ereignen. Die Zeit ist sehr ernst, betet, betet, betet, meine Kinder. Heute ist es Japan, morgen ist es vielleicht ein anderer Ort. Niemand weiß, welches der nächste sein wird. Mehrere Katastrophen wurden euch angekündigt und leider muss sich alles erfüllen, es sei denn ihr zeigt aufrichtige Reue, ihr betet viel und die Bewohner bestimmter Nationen ändern ihr Verhalten…

Die anderen Kinder, die im Moment nicht betroffen sind, sollen sich die Zeit nehmen nachzudenken und zu begreifen, dass etwas Unnormales geschieht und dass sie sich folglich Gott, ihrem Schöpfer und Vater zuwenden und ihn als den alleinigen und einzigen Gott anerkennen müssen. Sonst machen euch die Natur und alle ihre Elemente die große Achtung klar, die wir unserem Herrn und Gott, dem Ewigen schulden.

Diese Fastenzeit soll euch dazu bringen, in eurem Herzen zu betrachten, wie groß die Liebe des Schöpfers zu seinen Geschöpfen ist, und wie sehr er die Kinder liebt und beschützt, die sich ihm anvertrauen. Danke für euer Gebet. Ich liebe euch. Seid gesegnet im Namen des Vaters, im Namen des Sohnes und im Namen des Heiligen Geistes. Amen. Halleluja.

৯

Maria, Königin des Friedens   13. März 2011

60 – Die absolute Macht des Glaubens über das Herz des Vaters…
Werkzeuge für die Evangelisierung sein.

Mein Kind, wenn du wüsstest, was man alles tun kann, wenn man glaubt. Bekreuzige dich und schreibe, bedeckt vom Kostbaren Blut meines göttlichen Sohnes, dem Herrn Jesus Christus.

Wenn man den wahren Glauben hat, weiß man, dass man alles vom Gott des Unmöglichen erlangen kann. Es ist Gott Vater eine Freude zu gewähren, worum man ihn mit Liebe und Vertrauen bittet, wenn eure Bitte dem Wohl eurer Seele oder der anderen dient. Deshalb sage ich dir, dass der Glaube der größte Schatz ist, den man besitzen kann.

Für die kommenden Zeiten braucht ihr einen reinen, charismatischen Glauben, das heißt einen festen, starken, unerschütterlichen Glauben, einen unbedingten Glauben, um bis zum Ende zu gehen und bis zum Schluss auszuharren. Und auch um denen zu helfen, die an eure Tür klopfen und eure Hilfe suchen, damit ihr sie führen, ihnen zuhören, ihnen die Wahrheit sagen, das heißt sie evangelisieren könnt, damit sie Jesus, den Sohn Gottes, Jesus ihren Erlöser kennen lernen, der auf dem Weg seiner baldigen Rückkehr ist, denn die Stunde naht.

Danke, meine Kinder, dass ihr bereit seid, Werkzeuge zu sein, durch die der Dreifaltige Gott seine Kinder in der letzten Stunde erreicht. Seid voller Sanftmut mit einem barmherzigen Herzen sein, wie mein sanfter Jesus es euch vorgelebt hat, als er alles für alle wurde, arm unter den Armen, mit einem mitleidenden Herzen voller Liebe für alle seine kranken Kinder und für jene, die Sklaven der Sünde waren.

Meine Kinder, übt euch in dieser Fastenzeit darin, mehr Geduld miteinander zu haben, mehr nachzugeben, guten Herzens alles anzunehmen, was euch an den anderen stört, eurem Nächsten mehr zur Verfügung zu stehen, auch wenn ihr auf später verschieben müsst, was ihr in dem Moment gerne tun würdet.

Seht ihr, meine Kinder, wie viele Dinge ihr tun und aufopfern könnt? Kleine Dinge, die ihr aus Liebe zu eurem Jesus tut, um sein Herz zu trösten, das so wenig geliebt wird. Danke, meine Kinder. Seid gesegnet im Namen des Vaters, im Namen des Sohnes und im Namen des Heiligen Geistes. Amen. Halleluja.

ଓ

Maria, Mutter der Schmerzen 15. März 2011

61 – Der Mensch hat alles verdorben. Bereitet die Rückkehr Jesu Christi vor. Betrachtet die Passion Jesu.

Danke, mein Kind. Bekreuzige dich und schreibe, bedeckt vom Kostbaren Blut meines göttlichen Sohnes, dem Herrn Jesus Christus.

Die Zeit wird abgekürzt, sonst würde niemand bis zum Schluss aushalten. Deshalb sind das Gebet und die Anbetung wichtig. Mein

Kind, schau wie die Temperatur sich bereits verändert. In Kürze wird der Winter vorbei sein und dem Frühling Platz machen, ohne dass jemand diese Bestimmung aufhalten kann, die Gott Vater der Natur gegeben hat. Sogar die Jahreszeiten folgen nicht mehr wie früher aufeinander, weil der Mensch alles verdorben hat. Die Zyklen werden so weit wie möglich aufrechterhalten.

So wird es mit der Reihe von Ereignissen sein, die überall auf der Welt eintreten werden. Niemand wird sie vorhersehen oder anhalten können. Ihr seid in jene Etappe eingetreten, die von jeher vorausgesagt wurde, um die Rückkehr Jesu Christi, des Herrn der Herren in Herrlichkeit vorzubereiten.

Seid sehr wachsam und versucht, im Stand der Gnade zu sein. Öffnet euer Herz für die Großzügigkeit und kommt all jenen zu Hilfe, die ein Wort des Lichtes, ein aufmerksames Ohr brauchen, das ihnen zuhört und sie ermutigt. Danke, meine Kinder, für euer Ja der Liebe, für eure Bereitschaft, den göttlichen Willen des dreimal heiligen Vaters zu tun und anzunehmen. Hört nicht auf, für den Heiligen Vater und alle Priester zu beten. Hört nicht auf, sie durch euer Gebet zu unterstützen. Sie sind dringend darauf angewiesen, um ihren Weg fortzusetzen, der jeden Tag ein bisschen schwieriger wird.

Betrachtet in dieser Fastenzeit besonders die Leiden und die Beleidigungen, die mein göttlicher Sohn Jesus Christus erduldet hat, um eure Erlösung zu vollbringen. Leistet ihm Gesellschaft in diesen so schmerzlichen Stunden, denn heute wird er immer noch im Stich gelassen, mit Füßen getreten, verachtet und von denen vergessen, die Er so sehr geliebt hat: die Kinder, die der Vater erschaffen und Ihm anvertraut hat. Danke, meine Kinder, dass ihr auf mich hört. Seid gesegnet im Namen des Vaters, im Namen des Sohnes und im Namen des Heiligen Geistes. Amen. Halleluja.

Maria, Königin des Friedens 17. März 2011

62 – Die Jungfrau bringt ihre Traurigkeit zum Ausdruck, weil viele sich weigern zu glauben. Der Feind ist gewaltig am Werk.

Ja, mein Kind, mein Unbeflecktes Herz ist sehr traurig angesichts der Ablehnung so vieler Kinder, die nicht glauben wollen und sich weigern, Jesus als ihren Erlöser, ihren Herrn und vor allem ihren Gott anzunehmen und zu empfangen. Denn Jesus ist wahrer Gott und wahrer Mensch. Bekreuzige dich und schreibe, bedeckt von seinem Kostbaren Blut zur Ehre Gottes, seines Vaters.

Mein Herz ist so betrübt, mein Kind. Ich bin durch die Welt gegangen und habe gesprochen, um euch zu warnen, um euch auf das Kommende vorzubereiten, doch die Zahl derer, die meine Worte angenommen haben, ist leider so gering...

Hört nicht auf, meine Kinder, hört nicht auf, in meinen Anliegen zu beten; hört nicht auf, für alle eure Brüder und Schwestern zu beten, die in Not sind. Hört nicht auf und seid beharrlich im Glauben, im Vertrauen und in der Hingabe, vor allem in dieser Fastenzeit, in der der Feind alles tun wird, um euch vom Weg abzubringen, euch zu entmutigen und euch das Verlangen nach Gebet und Opfer zu nehmen: Auch ein noch so kleines Opfer steigt wie Weihrauch zum Dreifaltigen Thron auf.

Seid stark, meine Kinder, steht fest in eurem Glauben. Lasst euch nicht von dem beeinflussen, was ihr hört und seht und was vom Geist der Welt stammt.

Ich sage es noch einmal: Danke, dass ihr meinem sanften Jesus Gesellschaft leistet, der Liebe ist. Danke, dass ihr sein Herz tröstet, das so wenig geliebt wird. Danke, dass ihr weiterhin sein Licht, seine Liebe, seinen Frieden ausstrahlt. Meine Kinder, hört nicht auf, für meine Lieblingssöhne, die Priester, zu beten. Danke für eure Großzügigkeit. Seid gesegnet. Ich liebe euch im Namen des Vaters, im Namen des Sohnes und im Namen des Heiligen Geistes. Amen. Halleluja.

Maria, Mutter der Betrübten   18. März 2011

63 – Es wird einen weiteren, gewaltigen Angriff gegen die Kirche geben. Bis zum Triumph des Unbefleckten Herzens Mariens durchhalten.

Sei zutiefst dankbar für alle Wunder, die der Höchste für euch alle tut. Bekreuzige dich und schreibe, mein Kind, bedeckt vom Kostbaren Blut meines göttlichen Sohnes, dem Herrn Jesus Christus.

Lass uns heute Abend über die Beharrlichkeit sprechen, die in der kommenden Zeit eine unbedingt notwendige Tugend ist. Durch sie könnt ihr dann aufrecht bleiben, anstatt zu fallen und euch selbst zu bemitleiden. Durch sie schöpft ihr Kraft im Gebet, um den Weg zu Ende zu gehen, den der Vater euch vorgezeichnet hat. Durch sie könnt ihr euren Weg fortsetzen, indem ihr dem Licht der Welt (Joh 8,12), meinem Herrn und Gott, meinem Sohn Jesus folgt. Durch sie bleibt ihr im Frieden und haltet euch am Glauben und der Hoffnung fest...

Die Beharrlichkeit ist die Tugend, die euch drängt, trotz allen Anscheins unaufhörlich zu hoffen, trotz aller Zweifel zu glauben, zu loben und auf dem rechten Weg auszuharren, auch wenn euer Herz vom Leiden zermalmt wird, auch wenn man sich über euch lustig macht und euch verspottet.

Warum spreche ich mit euch über die Beharrlichkeit? Weil ihr in der Zeit, in der ihr lebt, und vor allem in der kommenden Zeit in der Treue zu eurem Gott und Vater ausharren müsst, denn es wird einen gewaltigen Angriff gegen die Kirche und den Heiligen Vater geben. Und in diesem Moment werden viele Gläubigen ihren Glauben verleugnen und aufgeben, und zwar sogar die Hirten, das heißt die Priester und die Bischöfe. Und dann wird der kleine Rest noch kleiner werden.

Sei nicht traurig, mein Kind, denn das muss geschehen, damit erfüllt wird, was mein Sohn gesagt hat: «Glücklich der Mann, der in den Tagen des Schmerzes bis zum Schluss standhält» (vgl. Jak 1,12). Seht ihr wie wichtig es ist, dass ihr lernt, trotz allem, was ihr hört und seht, beharrlich zu sein? Ihr müsst euch merken, dass am Ende mein Unbeflecktes Herz triumphieren wird.

Und wenn ihr standhaltet, meine Kinder, werdet ihr auf der Siegerseite stehen. Seid gesegnet für euer Ja und für eure Fügsamkeit, im Namen des Vaters, im Namen des Sohnes und im Namen des Heiligen Geistes. Amen. Halleluja.

Maria, Königin des Friedens 19. März 2011
Fest des heiligen Joseph

64 – Wenn die Familien den heiligen Joseph nachahmen würden, wäre die Welt anders. Ihr müsst euch der Heiligen Familie weihen.

Bekreuzige dich und schreibe an diesem großen Tag, der Joseph, meinem keuschen und heiligen Bräutigam geweiht ist, Kind meiner Zärtlichkeit, bedeckt vom Kostbaren Blut meines göttlichen Sohnes, dem Herrn Jesus Christus.

Heute wird im Himmel ein Fest zu Ehren des treuen Dieners des Höchsten gefeiert, der von Ewigkeit her berufen war, um für den einzigen Sohn des Ewigen Vaters, meinen sanften Jesus, das makellose Lamm zu sorgen, der Fleisch angenommen hat, um die Erlösung des Menschengeschlechts zu vollbringen. Welch große Verantwortung und welches Vorrecht für den demütigen heiligen Joseph!

Er musste sich auch um mich, die Mutter seines Herrn und seines Gottes kümmern. Er hat alle Tugenden in großer Vollkommenheit praktiziert. Ihm wurden bedeutende Wohltaten und Gnaden zuteil, denn sein Herz und sein ganzes Wesen waren Gott, seinem Vater zugewandt. Er ist das Vorbild, das alle Menschen zumindest versuchen müssen nachzuahmen, indem sie sein Leben und seine Tugenden betrachten. Alle christlichen Familien sind berufen, dem Vorbild der Heiligen Familie von Nazareth zu folgen.

Oh wie anders wäre dann die Welt! Die Familien wären heiliger, tiefer vereint, es gäbe keine zerbrochenen Familien, keine im Stich gelassenen Kinder, keine Verbrechen… Die Ehepaare würden vom Sakrament der Ehe beschützt, ihre Kinder wären ein Segen. In den Häusern würde Friede, Liebe, Harmonie, Achtung und Vertrauen herrschen, und das würde dem Hass, der Spaltung, dem Zorn, dem Geist der Rache die Tür verschließen.

In dieser Zeit, in der ihr lebt, hat man den Sinn für die Familie verloren. Man sagt, dass es zu viele Kinder gibt – und wie steht es mit den alten Menschen? Man versucht, sie loszuwerden und vergisst, dass der Herr gesagt hat: «Du sollst Vater und Mutter ehren» (Ex 20). Die Eltern haben vergessen, dass sie eines Tages Rechenschaft vor dem höchsten Richter für jedes Kind ablegen müssen, das ihnen anvertraut wurde.

Meine Kinder, begreift, wie ihr euch der Heiligen Familie von Nazareth anvertrauen und weihen müsst. Sie ist das Vorbild, dem ihr folgen sollt und das der allmächtige Vater euch hinterlassen hat. Bittet jeden Tag um die nötigen Gnaden, um die alltäglichen Schwierigkeiten und eure kleinen Ärgernisse zu überwinden. Ihr könnt auch für die Familien beten, die in Schwierigkeiten sind: Durch eure Fürbitte könnt ihr für sie die notwendigen Gnaden erlangen.

Danke für eure große Weitherzigkeit, meine Kinder. Seid gesegnet im Namen des Vaters, im Namen des Sohnes und im Namen des Heiligen Geistes. Amen. Halleluja.

༄

Euer Heiligstes Herz Jesu   21. März 2011

65 – Man will Gott, den Schöpfer loswerden: Heime, Schulen, öffentliche Einrichtungen, Nationen... Wach auf, törichte Generation!

Wenn du wüsstest, wie verhärtet die Herzen sind, die sich nicht öffnen wollen, um meine Liebe zu empfangen, wo mein Heiligstes Herz doch vor Liebe zu allen Kindern brennt, die der Vater mir anvertraut hat. Bekreuzige dich, mein Kind, und schreibe, bedeckt von meinem Kostbaren Blut.

Mein Herz ist so traurig über die Verhärtung der Herzen gestern wie heute. Diese Generation hat sich nicht verändert. Die Großen dieser Welt haben mir die Türe verschlossen. Sie wollen nichts vom Vater wissen, der sie erschaffen hat, und noch weniger von mir, seinem einzigen Sohn.

Man hat alle heiligen Zeichen aus den öffentlichen Einrichtungen verbannt. Es gibt nur ganz wenig Gläubige, die ihren Glauben offen zeigen. Man hat mich aus fast allen Heimen, Schulen und anderen öffentlichen Einrichtungen entfernt. Man will nichts von der katholischen Religion wissen und man will Mich, den alleinigen und einzigen Gott und Schöpfer loswerden.

Mein Herz blutet von neuem, wenn ich all diese Kriege sehe. Ich spreche nicht nur über die Kriege zwischen den Nationen, ich spreche auch über diese Kriege, die innerhalb der Länder und sogar in jedem Haus ausgetragen werden mit diesen Bombenangriffen an

Gotteslästerungen, Beschimpfungen, Urteilen, Kritiken. Ich spreche über diesen gewaltigen Angriff auf die Keuschheit, auf die Züchtigkeit, auf die Reinheit. Man hat die Unschuld in den Kindern erstickt, man hat sie den Egoismus, den Hochmut, die Eitelkeit, den Hass, die Gewalt gelehrt, um in ihnen die Rache zu wecken.

Ist euch aufgefallen, dass ihr in einer Welt der Nicht-Achtung lebt? Keine Achtung vor Gott, genauso wenig Achtung vor seinen Geschöpfen und vor seiner Schöpfung. Mit allen möglichen Mitteln lernt man, vom Mutterschoß an erbarmungslos umzubringen. Man hat den Sinn für den Wert des Lebens verloren. Diese Kinder wachsen mit einem leeren Herzen auf, das weder die Gnade Gottes, noch die Liebe Gottes, noch das Wort Gottes kennt…

Wach auf, du törichte Generation, und höre auf die Stimme deines Herrn! Rufe zu mir, dann antworte ich dir, bevor es zu spät ist. Denkt doch ein bisschen darüber nach, wohin euch dieser Wunsch führt, alles zu beherrschen, dieser törichte Wunsch, euch Gott, dem Höchsten Wesen, dem Alpha und dem Omega (Offb 22,13) überlegen zu fühlen.

Meine Kinder, helft mir mit euren Gebeten, eurer Anbetung und vor allem mit eurem Fürbittgebet, um die Bekehrung der Ungläubigen und die Rückkehr aller meiner Schafe zu erreichen, die den Schafstall verlassen haben. Betet, dass sie mit einem reumütigen Herzen zurückkehren, bevor es zu spät ist, bevor die göttliche Gerechtigkeit auf sie herabkommt.

Danke, meine Kinder, danke für eure große Weitherzigkeit in dieser Fastenzeit. Danke, dass ihr mein Herz tröstet, das so wenig geliebt wird. Danke, dass ihr auf den Schmerz meines Heiligsten Herzens hört. Ich liebe euch. Seid gesegnet im Namen des Vaters, im Namen des Sohnes und im Namen des Heiligen Geistes. Amen. Halleluja.

Jesus, euer Retter 25. März 2011
Fest Mariä Verkündigung

66 – Das Schicksal der Welt hing vom «fiat» Mariens ab!
Sie bereitet die Rückkehr in Herrlichkeit ihres Sohnes vor…

Es war ein großartiger Tag, an dem der Sohn Gottes seine Herrlichkeit verlassen hat, um eure Erlösung zu vollbringen. Bekreuzige dich und schreibe, bedeckt von meinem Kostbaren Blut, zur Ehre Gottes, meines Vaters.

Weißt du, mein Kind, das ganze Schicksal der Welt hing in diesem Moment von dem reinsten Geschöpf ab, das die Erde je getragen hat, von der demütigen kleinen Maria von Nazareth, als sie sagte: «Siehe ich bin die Magd des Herrn, mir geschehe, wie du es gesagt hast» (Lk 1,38). Sie hat ihr «fiat» gesprochen. Im selben Moment bin ich in diesen lebendigen Tabernakel, in ihr Wesen herabgekommen, das wie eine Monstranz ist, und so hat das Wort Fleisch angenommen und unter euch gewohnt (Joh 1,14).

Die Königin des Himmels und der Erde, die Mutter des Sohnes Gottes – das Wort Gottes, des Vaters – stellt sich allen Generationen als die Magd ihres Herrn und ihres Gottes vor. Was für eine große Demut! War für ein Beispiel hat sie euch gegeben!

Meine Kinder, ich möchte, dass sie euer Vorbild wird, dass ihr lernt, euch ihren Armen zu überlassen, dass ihr das Leben und die Tugenden Mariens kennenlernt. Vertraut ihr. Vertraut ihr euer Leben und alle eure Sorgen an, sie kann euch führen und beraten, da sie der Thron der Weisheit, die Arche des Neuen Bundes ist.

Sie ist auch die Frau, die mit der Sonne bekleidet ist, die den Kopf Satans zertreten wird, um meine Rückkehr in Herrlichkeit vorzubereiten (vgl. 2 Petr 3). Sie ist auch der Stern, der euch in dieser finsteren Nacht führt, in der man alles tun wird, um Meine Kirche, den Nachfolger Petri und alle Priester zu vernichten, die mir treu sind.

Betet, betet, betet, meine Kinder, denn die Stunde ist sehr ernst. Ihr müsst meine Hirten mit euren Gebeten und euren Opfern unterstützen. Betet, um diesen großen Angriff abzukürzen, den die Anhänger Satans gegen den Papst, gegen die Priester und auch gegen die Gläubigen vorbereitet haben.

Doch habt keine Angst (Mt 14,27); Ich bin bei euch, meine Mutter ist bei euch und der Vater hat in seiner großen Güte seine allmächtige Hand auf euch gelegt, um euch zu beschützen. Danke, meine Kinder! Seid gesegnet im Namen des Vaters, im Namen des Sohnes und im Namen des Heiligen Geistes. Amen. Halleluja.

༄

Maria, Königin des Friedens   27. März 2011

67 – Der Vater wird die Naturelemente loslassen,
damit die Welt versteht.

Alle Herrlichkeit, alle Ehre und alle Majestät sei Gott Vater, dem Vater meines Herrn und Gottes, meines göttlichen Sohnes, dem Herrn Jesus Christus! Bekreuzige dich, mein Kind, und schreibe, bedeckt von seinem Kostbaren Blut.

Siehe, es kommt der Tag, an dem jedes Knie sich beugen muss, um anzubeten und zu erkennen, dass Jesus der Sohn des lebendigen Gottes ist, dass Jesus wahrer Gott und wahrer Mensch ist, dass Jesus der Erlöser der Welt ist… Der Tag naht, da Gott Vater die Naturelemente loslassen wird, damit der Mensch begreift, dass er ohne Gott nichts ist, dass er ohne Gott weder beschützt noch sicher sein kann. Wann wird der Mensch begreifen, dass niemand etwas tun kann, um aufzuhalten, was vor eurer Tür steht?

Amen, mein Kind, ich sage dir von neuem, dass ich leide, weil ich weiß, was euch erwartet. Ich leide unter eurer Gleichgültigkeit unseren Warnungen gegenüber. Ich leide unter der Lauheit so vieler Kinder, die sich vom Geist der Welt, seinen Moden und seinen verhängnisvollen Zeitströmungen beeinflussen lassen. Ja, ich leide sehr, wenn ich die hartnäckige Weigerung sehe, an Gott zu glauben. Diese Welt ist eine heidnische, herzlose Welt geworden, aus der man alles Heilige vertrieben hat. Gerechtigkeit muss sein.

Deshalb bitte ich euch, jeden Tag euren Rosenkranz für die Bekehrung der Unentschiedenen, der Ungläubigen und auch in meinen Anliegen zu beten: Wenn ihr das tut, bete auch ich für jeden von euch.

Außerdem sollt ihr unsere Zeugen sein, meine Kinder, damit die Welt weiß, dass Gott lebt. Strahlt den Frieden und die Freude aus, die allein euer Gott und Herr euch schenken. Seid Zeugen des Lichtes in dieser Zeit der großen Verwirrung.

Bittet auch um die Gnade der Unterscheidung, denn ihr werdet so viele Dinge hören. Vergesst nicht, dass der Feind und seine Anhänger in den letzten Zeiten falsche Propheten erwecken werden. Folgt immer der Stimme Petri, eures Papstes Benedikt XVI.: Er ist euer Kompass, vertraut ihm, denn er lehrt die heilige Lehre.

Meine lieben Kinder, danke, dass ihr eurer himmlischen Mama erlaubt, sich euch zuzuneigen und mit euch zu teilen, was sie betrübt. Danke, dass ihr mir zuhört. Seid gesegnet im Namen des Vaters, im Namen des Sohnes und im Namen des Heiligen Geistes. Amen. Halleluja.

಄

Maria, Königin des Friedens 28. März 2011

68 – Wir werden abscheuliche Dinge auf der Welt sehen.
Der Wert eines Tropfens des Kostbaren Blutes des Lammes.

Hier bin ich, mein Kind, um dir dieses himmlische Manna zu geben. Bekreuzige dich und schreibe, bedeckt vom Kostbaren Blut meines göttlichen Sohnes, dem Herrn Jesus Christus.

Diesmal werden wir über die Allmacht des Kostbaren Blutes Jesu sprechen, mein Kind. Wenn die Welt seinen Wert kennen würde… den wahren Wert, den ein einziger Tropfen Blut des aufgeopferten Lammes hat! Ich versichere euch, meine Kinder, dass ihr euch alle mit dem Gesicht zur Erde verneigen und dieses Kostbare Blut anbeten und verehren würdet, dem ihr eure Erlösung verdankt, das euch befreit hat, dieses Blut, das euch vor aller Gefahr und jeder Versuchung beschützt, das euch von der Erbsünde reingewaschen hat…

Meine Kinder, ich möchte, dass ihr euch angewöhnt, euch mit dem Kostbaren Blut Jesu zu bedecken. So haltet ihr die bösen Geister fern, die der Welt auflauern. Ihr seid jetzt so weit gekommen, dass ihr den Kampf der Kämpfe austragen müsst: die Mächte des Guten gegen die Mächte des Bösen. Es ist ein geistlicher Kampf, bei dem ihr die Rüstung des Christen anziehen, euch mit dem Kostbaren Blut bedecken und den Rosenkranz in der Hand halten müsst. Denn ihr werdet sehen, dass alles immer schlimmer wird.

Ob ihr Angst haben werdet? Nein, meine Kinder, denn die Engel sind da, um euch zu beschützen, die Heiligen sind gegenwärtig und werden es in immer stärkerem Maß sein, und der Heilige Geist stärkt euren Glauben mehr und mehr. Er gibt euch wieder Kraft und bringt Frieden in eure Herzen.

In Kürze werden ihr entsetzliche Dinge auf der Welt sehen sein. Die Jahreszeiten werden sich umkehren, nichts wird mehr sein wie früher, die Gewalttätigkeit unter den Menschen wird zunehmen... Ich spreche darüber, um euch zu warnen und euch Zeit zu lassen, euch darauf vorzubereiten, damit ihr nicht von all diesen Ereignissen überrascht werdet!

Habt keine Angst, denn das muss geschehen. Alles muss sich erfüllen. Ich will, dass ihr euch in euren Herzen folgendes merkt: Ich, die Unbefleckte Empfängnis, die Magd meines Sohnes, meines Herrn und Gottes, beschütze euch, denn ihr seid alle unter meinem Schutzmantel. Und in seiner großen Güte hat der Vater für diese letzten Zeiten Heerscharen von Schutzengeln vorgesehen, damit jedes Kind beschützt wird, das ein Kreuz auf seiner Stirn trägt. Denn die Zeit ist gekommen, das Gute vom Bösen zu trennen.

Jeder muss seine Entscheidung treffen. Lest die Geheime Offenbarung, dann werdet ihr verstehen, wo wir uns befinden. «Richtet euch auf, und erhebt eure Häupter, denn eure Erlösung ist nahe» (Lk 21,28). Alles muss für die Wiederkunft in Herrlichkeit Jesu Christi bereit sein. Ihr müsst ihn mit Hosanna-Rufen, mit den Palmzweigen des Glaubens, der Liebe und des Vertrauens erwarten. Jesus von Nazareth kehrt zu euch zurück.

Bereitet eure Herzen darauf vor, dieses Osterfest als ein Gedächtnis in Einheit mit Dem zu leben, der euch so sehr geliebt hat, der euch bis zum letzten Tropfen seines Kostbaren Blutes alles geschenkt hat. Nehmt die reiche Frucht seiner grausamen Passion, seines heiligen und schmerzhaften Todes mit einem vor Liebe glühenden Herzen auf.

Eure Herzen sollen zu denen gehören, die Er gesehen hat und die Ihn in seinem schrecklichen Todeskampf getröstet haben, bei dem er Blutstropfen geschwitzt hat. Danke, meine Kinder, dass ihr Sein Heiligstes Herz tröstet, das so wenig geliebt wird. Seid gesegnet im Namen des Vaters, im Namen des Sohnes und im Namen des Heiligen Geistes. Amen. Halleluja.

Maria, Königin des Friedens 29. März 2011

69 – Die Welt erlebt ihre Läuterung. Das recht angenommene Leiden ist ein großer Reichtum.

Einem Herzen, das zum Herrn ruft, einem Kind, das in seiner Not schreit, ist der Herr ganz nahe. Bekreuzige dich und schreibe, bedeckt vom Kostbaren Blut des Herrn Jesus Christus.

Seid gesegnet, meine Kinder, für eure Beharrlichkeit und eure Treue. Ja, der Herr kümmert sich um all jene, die sich ihm, Gott Vater, dem Gott der Barmherzigkeit und dem Gott des Unmöglichen anvertrauen. Überlasst euch seinen Armen, genießt seine unendliche Zärtlichkeit und seht, wie gut Er ist, denn es ist seine Wonne, wenn Er seinen geliebten Kindern unablässig geben kann, was sie im gegenwärtigen Augenblick brauchen.

Ihr werdet sehen, dass alles, was ihr in letzter Zeit gelebt habt, das Beste für jeden von euch war, dass ihr geistlich gewachsen seid, dass euer Glaube und euer Vertrauen gestärkt wurden.

Derzeit lebt die Welt die Zeit der großen Läuterung. Alle Kinder der Erde haben etwas Besonderes zu leben, zu ändern, aufzuopfern und zu akzeptieren. Es ist eine ganz besondere Zeit, die euch erlaubt, zu einem tieferen geistlichen Leben überzugehen. Wenn ihr sie annehmt, könnt ihr dann den anderen helfen, ihre eigene Zeit der Läuterung zu leben. Diese Zeit hat für einige bereits begonnen. Deshalb bitte ich euch, alles zu geben, alles anzunehmen, auch wenn ihr nichts versteht und nicht wisst, wo das alles euch hinführt. Nichts ist verloren, meine Kinder.

Wisst ihr, die Engel empfinden eine heilige Eifersucht, weil ihr aus Liebe zu Gott leiden könnt, wogegen sie dem Herrn diesen Schatz nicht aufopfern können. Denn das recht angenommene Leiden ist wirklich ein Schatz von großem Wert. Ihr könnt eure Kraft im Sakrament der Eucharistie schöpfen, wo ihr jenes unerhörte Vorrecht habt, euren Herrn und Gott in euren Herzen zu empfangen. Die Engel aber können nicht auf diese Weise kommunizieren.

Begreift ihr nun ein bisschen, warum Satan das Menschengeschlecht hasst und was der Grund ist für die unermessliche Eifersucht ist, die er gegen euch hegt? Der Vater hat euch so sehr geliebt, dass er euch seinen eigenen und einzigen Sohn hingegeben hat, um eure Erlösung zu vollbringen und die Himmel zu öffnen, die wegen der Sünde verschlossen waren.

Wer ist Gott, um euch so sehr zu lieben? Er ist die Liebe! Glaubt ihr, dass er ein einziges Kind vergessen kann, das sich ihm anvertraut, das an ihn glaubt, das ihn um dessen willen liebt, was er ist: Gott Vater? Nein, meine Kinder, nie, gar nie kann Er euch vergessen. Es wäre, als würde er sich selbst vergessen. Vergesst nicht, dass Gott die ersten Schritte getan hat, um euch abzuholen, Gott hat euch so erwählt, wie ihr seid, trotz aller eurer Unvollkommenheiten.

Er kann alle notwendigen Gnaden schenken, um jene in neue Menschen zu verwandeln, die ihn mit ganzem Herzen, mit allen ihren Kräften und mit ganzer Seele lieben und anbeten. Ein Anbeter des Vaters im Geist und in der Wahrheit werden – das müsst ihr dann denen begreiflich machen, die jede Hoffnung verloren haben, die von der Angst gelähmt werden und nicht mehr leben wollen.

In eurem Alltag werdet ihr dann euren Frieden, eure Freude und eure Liebe zu Dem teilen, der euch erschaffen hat. Ihr werdet dann mit allen euer Vertrauen zu Dem teilen, der euch alles aus Liebe geschenkt hat, sowie euren Gehorsam Dem gegenüber, der euch berät und euch mit dem Licht seiner Gaben leitet.

Nur Mut, meine Kinder, wir sind bei euch. Seid gesegnet im Namen des Vaters, im Namen des Sohnes und im Namen des Heiligen Geistes. Amen. Halleluja.

෴

Maria, Königin des Friedens   1. April 2011
Erster Freitag des Monats

70 – Jesus wird in der Wüste vom Heiligen Geist geleitet. Bereitet euch auf die Mission vor, die ihr bei der Taufe empfangen habt.

Ja, meine Kinder, kehrt mit eurem ganzem Herzen, mit eurem ganzen Geist und mit allen euren Kräften zu mir zurück. Bekreuzige dich und schreibe, mein Kind, geborgen im Kostbaren Blut meines göttlichen Sohnes, dem Herrn Jesus Christus.

Dies ist der Ruf des Dreifaltigen Gottes, eine Einladung, die er in dieser Fastenzeit an euch richtet. Es ist der Ruf Seiner großen Liebe zu allen seinen Kindern.

Bekehrt euch, versöhnt euch mit dem Vater, der euch erschaffen hat, mit seinem einzigen Sohn, der euch erlöst hat, und mit dem Heiligen Geist, der euch die Gnade eines neuen Anfangs schenken will. Habt keine Angst, meine Kinder, und sagt auf keinen Fall, dass ihr nicht fähig seid, Jesus, eurem alleinigen und einzigen Meister nachzufolgen.

Denken wir ein bisschen darüber nach, was Jesus getan hat, nachdem er die Taufe empfangen hatte. Der Heilige Geist kam auf ihn herab und führte ihn in die Wüste, wo er versucht wurde. In dieser Fastenzeit führt der Herr auch euch in die Wüste, um euch zu erlauben, eine größere innere Sammlung zu leben, um sein Wort, die Quelle des Lebens zu betrachten, um das lebendige Wasser (vgl. Joh 4,10) zu schöpfen, das aus seinem Heiligsten Herzen fließt, und damit euren Durst nach Liebe und Wahrheit zu stillen. Das wird euch wieder die nötige Kraft geben, um euren Weg fortzusetzen und in seine Fußstapfen zu treten.

Schaut, wie Er jede Versuchung angegangen ist: Welcher Friede, welche Ruhe, welche Weisheit, welches Vorbild hat er euch gegeben! Seht ihr, der Sohn Gottes hat sich vom Heiligen Geist leiten lassen, sein Herz und seine Augen waren dem allmächtigen Vater zugewandt. Er hat jede Versuchung mit einem Wort des Lebens zurückgewiesen.

Er hat nicht gegen die Versuchung gekämpft. Meine Kinder, wenn die Versuchung kommt, müsst ihr euer Herz sofort dem Herrn zuwenden. Betet zu ihm, lobt ihn, betet euren Gott und Vater an, sprecht die Sprache der Heiligen Bibel. Auf diese Weise bewahrt ihr euren Frieden und geht siegreich daraus hervor ohne zu erliegen, was immer es für eine Versuchung war. Wendet euch in euren Herzen stets dem Herrn zu, sprecht mit ihm und ergreift alle Mittel, um ihn nicht zu verletzen.

Ihr werdet sehen, dass ihr diesen Durst der Liebe stillen werdet, denn so werdet ihr den Herrn euren Gott mit ganzem Herzen, mit allen euren Gedanken und mit all eurer Kraft lieben, die euch der Heilige Geist schenkt. Ihr werdet sehen, wie alles einfach wird: Alles ist einfach, wenn man bereit ist, sich zurückzunehmen und Dem Platz zu machen, der uns an alles erinnert, was das Ewige Wort, Gott Sohn, Jesus Christus, der einzige Sohn des dreimal Heiligen Vaters gesagt hat: der Heilige Geist, der in euren Herzen lebt und in euch, durch euch und mit euch handelt.

Meine Kinder, vertraut Jesus, überlasst euch Ihm, damit er in jedem von euch die Verwandlung vollzieht, die euch erlaubt, geistliche Kinder, fügsame und anpassungsfähige Werkzeuge in Seinen Händen zu werden. Dann tragt ihr eurerseits die Frohe Botschaft weiter und lebt mit dem Heiligen Geist diese geistliche Erneuerung, die euch auf die Mission vorbereitet, die ihr bei eurer Taufe empfangen habt.

Heute bitte ich euch, diese Gnade eines neuen Anfangs wirklich anzunehmen, die euch erlaubt, dieses Osterfest mit einem leichteren und vor Liebe glühenden Herzen zu leben. Lasst eure alten Angewohnheiten und die Ketten, die euch zu Sklaven der Sünde und des Dämons machen, in der Wüste zurück.

Danke, meine Kinder, dass ihr meine Lehren gut aufnehmt. Ich liebe euch. Seid gesegnet im Namen des Vaters, im Namen des Sohnes und im Namen des Heiligen Geistes. Amen. Halleluja.

༶

Jesus, Retter der Welt   3. April 2011

71 – Der Tag der Erleuchtung kommt mit großen Schritten näher. Große Katastrophen werden ihr vorausgehen.

Lass dich nicht ablenken, mein Kind. Bekreuzige dich und schreibe, bedeckt in meinem Kostbaren Blut, zur Ehre Gottes, meines Vaters.

Der Tag kommt, an dem ihr bitter bereuen werdet, dass ihr keine Ordnung in euer Leben gebracht habt. Wie oft habe ich eurer Generation gesagt: Kommt zu mir, deinem Herrn und deinem Gott zurück. Bekehrt euch, bevor es zu spät ist, versöhnt euch mit eurem Vater im Himmel. Seid wie der verlorene Sohn, der nachgedacht hat, bevor er vor Hunger starb, bevor er sein Leben verlor. Vergeudet die wenige Zeit nicht, die euch bleibt…

Der Tag der Erleuchtung kommt mit großen Schritten näher. Denkt nicht, dass ihr noch Zeit habt, eure Rechnung Gott gegenüber zu begleichen, denn niemand kennt die Stunde, den Tag, den Monat, da ihr dieses große geistliche Wirken Gottes erleben werdet, bei dem euer ganzes Leben vor euren Augen ablaufen wird, bei dem euer Gewissen vom Licht der Welt (Joh 8,12) erleuchtet wird, bei dem jede andere Bewegung aufhören und sogar die Tiere und die ganze Schöpfung schweigen werden. Aus Achtung vor Gott, dem Schöpfer, wird das ganze Universum stillstehen.

Amen, seid gewiss, dass ihr in diesem Moment die verlorene Zeit beweinen werdet, in der ihr das Allerheiligste missachtet habt, das ich eingesetzt habe, um euch zu helfen, im Stand der Gnade zu bleiben, in der ihr meine Gebote übertreten habt... Ihr werdet euch mit meinen Augen sehen.

Ich wünschte, dass alle unsere Kinder uns ernst nehmen, dass sie sich die Zeit nehmen nachzudenken, zur Beichte zu gehen, zu versuchen, ihr Verhalten zu ändern und aus Liebe, nicht aus Angst zu Gott Vater zurückzukehren.

Ich habe euch davor gewarnt, dass ihr vor der Erleuchtung große, sogar sehr große Katastrophen erleben werdet. Sie haben bereits begonnen, aber eure Herzen sind für den Schmerz anderer unempfindlich geworden. Ihr betet nicht genügend für eure Brüder und Schwestern, die so sehr darauf angewiesen sind. Ihr sollt wissen, meine Kinder, dass der Kalvarienberg der Menschheit wirklich begonnen hat.

Wir haben euch gesagt, dass es Zeit für die Anbetung, für das Gebet ist. Betet den Rosenkranz, den Barmherzigkeitsrosenkranz... Haltet Fürbitte, um den Zorn des dreimal heiligen Vaters aufzuhalten. Wacht auf, meine Kinder, wacht auf, bevor es zu spät ist. Nutzt die letzten Krümel der göttlichen Barmherzigkeit. Ich sage es euch nochmals, versöhnt euch mit Gott Vater, hört auf seinen Sohn, der Sein Ewiges Wort ist, hört auf meine Heilige Mutter, die Unbefleckte Empfängnis. Unsere vereinten Herzen bluten, wenn sie die Gleichgültigkeit der meisten unserer Kinder sehen.

Helft euren Brüdern und Schwestern überall auf der Welt. Meine geliebten Kinder, habt keine Angst! (Mt 14,27) Alles muss sich erfüllen. Seid stark, habt Mut, denn eure Befreiung naht. Wir sind bei euch, wir sind in euch.

Bewahrt euren Frieden, Meinen Frieden, bewahrt eure Freude, Meine Freude, denn ich, der Herr, bitte euch darum. Danke, meine Kinder. Ich liebe euch und beschütze euch. Seid gesegnet im Namen des Vaters, im Namen des Sohnes und im Namen des Heiligen Geistes. Amen. Halleluja.

Maria, Mutter der Betrübten 4. April 2011

72 – Man versagt den ganz Kleinen die Taufe. Das New Age ist in die Erziehung und bei den alten Menschen eingezogen.

Friede sei mit dir, mein Kind. Bekreuzige dich und schreibe, bedeckt vom Kostbaren Blut meines göttlichen Sohnes, dem Herrn Jesus Christus, zur Ehre Gottes, seines Vaters.

Euer Herz sei im Frieden, euer Geist sei ganz ruhig, um auf den Ruf der Gnade zu hören. Danke, meine Kinder, dass ihr euer Herz öffnet, um dieses himmlische Manna zu empfangen.

Ja, diese Welt driftet ab, man weiß nicht mehr, wem oder was man glauben soll. Die Kinder leben ihr Leben ohne Ziel, ohne Hoffnung, ohne Erwartung: Es ist das Zeitalter der Sinnlosigkeit. Und trotz des hohen Prozentsatzes an Selbstmorden unternimmt die Gesellschaft nichts. Wenn ich Gesellschaft sage, meine ich die Personen, die sich einsetzen müssen, um die rechten Werte entweder durch das Beispiel oder das Wort oder auch durch das Schweigen weiterzugeben, in das man sich bei bestimmten Gelegenheiten hüllen muss.

Seht ihr, wie das New Age in die Welt der Erziehung eingedrungen ist, was für einen schlechten Einfluss es auf die Kinder und Jugendlichen hat, da es ihnen weismacht, dass sie Gott nicht brauchen, dass es Gott nicht gibt, dass er eine Erfindung der Kirche ist, um die Welt zu manipulieren? Menschliche Torheit!

Und wie steht es mit den alten Menschen? Man sieht mehr und mehr die Auflehnung, die sich in ihrem Herzen einnistet, weil man sie dazu bringt, den Glauben zu verleugnen und sich den Vergnügungen der Welt hinzugeben. Das hat zum Verlust des Glaubens geführt: Die Kirchen leeren sich, man macht diejenigen lächerlich, die treu geblieben sind, man spottet über alles Heilige, man macht sich über

Jesus und über sein Evangelium lustig. Mein Unbeflecktes Herz ist sehr betrübt, die vielen Herzen zu sehen, die erkalten und die früher vor Liebe zu ihrem Gott und Schöpfer brannten.

Seht, wie man es den ganz Kleinen versagt, die Taufe zu empfangen. Man bringt sie um das Recht, Kinder Gottes zu werden. Ich frage mich, wie weit diese Generation noch gehen wird. Was werden sie tun, wenn der Arm der göttlichen Gerechtigkeit auf dieser Erde durchgreifen wird? Wenn sie vor Jesus, dem Licht der Welt (Joh 8,12) stehen, der sich so vorstellen wird, wie Er ist, als Sohn des allmächtigen Gottes mit seiner Herrlichkeit und Seiner Majestät? Ich hoffe, dass sie dann den schweren Irrtum eingestehen, den sie begangen haben, als sie Gott Vater beiseitegeschoben haben.

Betet, meine Kinder, dass sie die Gnade der Reue annehmen, dass sie zurückkehren, bevor es zu spät ist, und dass sie die Gnade erlangen, bis zum Schluss auszuharren[7]. Betet, dass ihr euren katholischen Glauben nicht aufgebt und stets diese Missionare bleibt, die die Frohe Botschaft zu ihren Brüdern und Schwestern bringen. Sie sind so sehr darauf angewiesen, um sich darauf vorzubereiten, den König der Könige zu empfangen, um die Finsternis zu verlassen, Kinder des Lichtes zu werden und das Licht der Welt (Joh 8,12), den Herrn der Herren aufzunehmen, der in jedem Herzen ruft: «Komm zurück, mein Kind, komm zu mir zurück!»

Danke, meine Kinder, dass ihr auf den Schrei meines betrübten Herzens hört. Ich liebe euch. Seid gesegnet im Namen des Vaters, im Namen des Sohnes und im Namen des Heiligen Geistes. Amen. Halleluja.

---

7. Nach Pater P. Collin, CSSR in seinem Buch CARITAS: «Höchste, geheimnisvolle, in ihrem Wesen ungeschuldete Gnade. Krönung jedes Lebens, das ohne sie nur in einer schrecklichen und nicht wieder gutzumachenden Katastrophe enden würde...»

Maria, Königin des Friedens 5. April 2011

*73 – Jesus weint wegen der großen Zahl der Verdammten.
Er erwartet uns in jedem Beichtstuhl.*

Kehre zur Gnade zurück, das ist der markerschütternde Schrei des Heiligsten Herzens meines göttlichen Sohnes Jesus Christus. Bekreuzige dich und schreibe, mein Kind, bedeckt von Seinem Kostbaren Blut.

Oh mein Kind, mein Unbeflecktes Herz weint und blutet von neuem angesichts der Tränen meines sanften Jesus. Sein Schmerz ist so groß, wenn er die große Zahl der verdammten Kinder sieht, die für seine Gnade vollkommen verschlossen sind. Sie lassen den göttlichen Saft nicht in sich strömen. Sie haben ihr Herz für den Ruf des Guten Hirten verschlossen, der sie einlädt, sich an den ruhigen Wassern auszuruhen, die aus Seinem durchbohrten Herzen entspringen, der sie aufruft, sich von seinem heiligen Wort in den Evangelien zu ernähren und sich auf dem Weg leiten zu lassen, der sie zum ewigen Leben führt.

Wie oft hat Jesus die derzeitige Generation aufgerufen, zur Gnade zurückzukehren, sich zu bekehren und ihr Verhalten zu ändern? Meine Kinder stellen sich taub und wollen nicht verstehen, dass die Zeit der Barmherzigkeit zu Ende geht...

Meine Kinder, kehrt in dieser Fastenzeit zurück, kehrt zur Quelle lebendigen Wassers (vgl. Joh 4,10) zurück, stillt euren Durst und schöpft neue Kraft. Kommt einfach, um ihm Gesellschaft zu leisten und ihm zu sagen: «Danke Jesus, ich liebe dich; Jesus, ich hoffe auf dich; ich glaube an dich.» Kommt, meine Kinder, tröstet das Lamm, das sich schlachten ließ (vgl. Offb) und den Mund nicht aufgetan hat, um sich zu verteidigen. Tröstet Den, der sich an ein Kreuz nageln ließ, der seine göttlichen Arme öffnete, um alle Kinder aufzunehmen, die zu Seiner Gnade zurückkommen.

Er ruft euch von neuem, er erwartet euch in jedem Beichtstuhl, um euch mit seinem Blut und dem Wasser zu waschen, die aus Seinem Heiligsten Herzen entsprungen sind. Kommt zu ihm. Besucht ihn im Allerheiligsten Altarsakrament, besucht den ganz Einsamen, der Gefangener seiner unergründlichen Liebe zu allen seinen Brüdern und Schwestern geworden ist.

Betet, meine Kinder, um viele Seelen zu retten, betet für das Heil der Sünder. Sie sollen zur Gnade zurückkehren, bevor es zu spät ist. Danke, meine Kinder, danke, danke. Seid gesegnet im Namen des Vaters, im Namen des Sohnes und im Namen des Heiligen Geistes. Amen. Halleluja.

ࠫ

Maria, Königin des Friedens 10. April 2011

74 – Kommentare zu einer Episode aus dem Evangelium: Martha und Maria.

Danke, mein Kind. Bekreuzige dich und schreibe, bedeckt vom Kostbaren Blut meines göttlichen Sohnes, dem Herrn Jesus Christus, zur Ehre Gottes, seines Vaters.

Es gibt Tatsachen, mein Kind, die sehr schwer zu verstehen sind. Warum stoßen uns diese oder jene Situationen in unserem Alltagsleben zu? Manchmal sind diese Tatsachen praktisch unbegreiflich für die Intelligenz, die alles im Voraus wissen will. Es fällt euch manchmal schwer, die Frist zu akzeptieren, die der Herr braucht, um euch zu erhören, sowie seine Art, es zu tun.

Betrachtet die Herzen von Martha und Maria (Joh 11,21-32): Diese beiden haben die Ankunft meines sanften Jesus auf sehr unterschiedliche Weise gelebt. Martha war in der Tiefe ihres Herzens enttäuscht, weil sie glaubte, dass Jesus sie hatte fallen lassen. Sie sagt: «Herr, wenn du da gewesen wärst, wäre mein Bruder nicht gestorben!» Sie ließ ihr Leiden, ihre Verzweiflung, ihren mangelnden Glauben und den Zweifel aus ihrem Herzen aufsteigen, was zu diesem so spontanen Vorwurf führte, denn für sie war alles aus, es gab keine Hoffnung mehr, der Tod hatte ihren Bruder dahingerafft, den sie so sehr liebte!

Maria dagegen ging sofort zu Jesus. Sobald sie Ihn sah, warf sie sich Ihm zu Füßen und sagte ihm schluchzend denselben Satz. Denke an die tiefe Ergriffenheit, die das Heiligste Herz Jesu gelebt hat, mein Kind. Sie war so groß, dass Er weinte, nicht nur weil er Martha und Maria weinen sah, sondern auch weil er das große Leiden sah, das sie in ihrem Herzen trugen und das sie so verblendete, dass sie glaubten, dass für Lazarus alles aus war. Sie dachten, dass Jesus nicht da sein wollte, um seinen Tod zu verhindern.

Warum spreche ich mit euch darüber? Um euch zu lehren, meine geliebten Kinder, dass der Herr den Grund für jede Situation kennt, die sich in eurem Leben ereignet, ob sie glücklich oder unglückselig ist, und dass Er euch besser kennt als ihr selbst. Wenn ihr weint, weint er mit euch, weil er euch liebt. Wenn euer Herz vom Leiden so sehr zermalmt wird, dass es euch verblendet, ist er da und unterstützt euch. Und wenn der Schmerz so groß ist, dass er alle eure Kräfte erschöpft, ist er da und nimmt euch in seine Arme.

Deshalb erlaubt mir der Vater, euch dies zu lehren: Euch soll klar werden, dass er wirklich in eurem Alltagsleben da ist und euch nie fallen lässt. Der Vater erhört alles, worum man Ihn im Namen seines Sohnes Jesus bittet, und sein Sohn tut alles, damit die Herrlichkeit seines Vaters aufleuchtet. Auf, meine Kinder, verliert nicht den Mut, seid stark, denn nichts ist verloren. Betet, glaubt, dann seht auch ihr die Herrlichkeit Gottes (Joh 11,40).

Seid gesegnet im Namen des Vaters, im Namen des Sohnes und im Namen des Heiligen Geistes. Amen. Halleluja.

༄

Maria, Mutter der Schmerzen 15. April 2011

75 – Die schrecklichen Schmerzen des Herzens Mariens bei der Passion. Die Leiden des Herzens Jesu in den letzten Tagen seines Lebens.

Gelobt sei mein göttlicher Sohn im Heiligsten Altarsakrament. Bekreuzige dich und schreibe, mein Kind, bedeckt von seinem Kostbaren Blut.

Seid beharrlich in den schwierigsten Momenten eures Lebens, meine Kinder. Denkt an alle Leiden und schrecklichen Schmerzen, die das Unbefleckte Herz eurer himmlischen Mama erdulden musste, um ihren göttlichen Sohn seine ganze Passion über zu begleiten.

Amen, ich sage euch, das dauerte nicht nur während seiner Passion, das dauerte mein ganzes irdisches Leben lang: Ich kannte die Heilige Schrift auswendig, ich wusste, durch welchen Tod mein göttlicher Sohn Gott, seinen Vater verherrlichen sollte. Mein Leiden war so groß, so tief, dass der dreimal Heilige Vater mir zu einem bestimmten Zeitpunkt einen neuen Lebensatem geben musste, damit mein Herz nicht aufhörte zu schlagen. Deshalb wurde ich die Mutter der Schmerzen.

Ich will euch begreiflich machen, dass ihr euch Mir in jedem Kummer, in jedem Augenblick der Prüfung oder der Verzweiflung zuwenden sollt: Jedes Mal, wenn es euch wegen der vielen Sorgen schwer ums Herz ist, kann ich euch trösten und bei meinem sanften Jesus Fürbitte für euch halten.

Dankt dem Herrn oft für das Geschenk des Glaubens, das er in jeden von euch gelegt hat. Seht ihr, wie alles einfacher ist, wenn man den Glauben und das Vertrauen hat, das die für die Gnade offenen Herzen wieder aufleben lässt, und wenn man Hoffnung hat? Ja, die Hoffnung, dass die Vorsehung für unsere Bedürfnisse da ist, dass unser Vater im Himmel uns nie im Stich lässt, dass eure Gebete gewiss erhört werden.

Meine Kinder, betet, betet, betet für jene, die keinen Glauben haben, die ihn verloren haben, und vor allem für jene, die ihn verleugnet haben.

Betrachtet in diesen letzten Tagen der Fastenzeit den Kummer, die Ablehnung und das Leiden, die das Heiligste Herz Jesu in den letzen Tagen erduldet hat, die Er unter den Menschen gelebt hat. Und während dieser Zeit opferte er alles auf und legte alles in die heiligen Hände Gottes, seines Vaters.

Danke, meine Kinder, denn ihr tröstet sein Herz zutiefst, das so wenig geliebt wird. Seid gesegnet im Namen des Vaters, im Namen des Sohnes und im Namen des Heiligen Geistes. Amen. Halleluja.

Maria, Mutter Gottes   17. April 2011

76 – Die Oberfläche der Erde wird sich verändern.
Sich mit dem Kostbaren Blut Jesu bedecken...
Das Zeitalter des Friedens kommt.

Mein Kind, der Tag kommt, da die Oberfläche der Erde sich auf drastische Weise verändern wird. Die Veränderung wird beachtlich sein. Bekreuzige dich und schreibe, mein Kind, bedeckt vom Kostbaren Blut meines göttlichen Sohnes, dem Herrn Jesus Christus.

Ich, die Unbefleckte Empfängnis, spreche in diesem Moment mit dir über den göttlichen Willen des Dreifaltigen Gottes.

Ich bitte euch zu versuchen, im Stand der Gnade zu sein, dem Sakrament der Versöhnung treu zu bleiben, im Gebet zu bleiben, die Augen des Herzen auf die Sonne der Gerechtigkeit, das Licht der Welt (Joh 8,12) zu richten, um den Frieden, die Ruhe und die Heiterkeit zu bewahren. Meine Kinder, ihr habt nicht die geringste Vorstellung davon, was ihr alles erleben müsst, bevor die Erleuchtung eures Gewissens kommt, denn diese Generation hat alle Grenzen überschritten, wie ich euch bereits gesagt habe…

Gerechtigkeit muss sein, um euch aufzuwecken und euch aus diesem todesähnlichen Schlaf zu wecken, in den ihr gefallen seid. Ihr wisst genau, dass Gott keinen Spott mit sich treiben lässt, dass man den Heiligen Geist nicht beleidigen kann noch darf, denn das ist eine schwere Sünde: Weh dem, der dies tut (vgl. Lk 12,32).

Schaut umher, dann könnt ihr die Zeichen der Zeit lesen und wisst, wo wir stehen, was die Erfüllung aller Prophezeiungen anlangt.

Habt keine Angst und betet, betet, betet. Bedeckt euch jeden Augenblick mit dem Kostbaren Blut meines göttlichen Sohnes, meinem Herrn und Gott, denn das wird euer einziger Schutz sein. Betet den Rosenkranz. Erbittet die Barmherzigkeit des dreimal heiligen Vaters. Betet für alle eure Brüder und Schwestern, die von diesen Naturkatastrophen getroffen werden, die in verschiedenen Nationen wüten werden, und vergesst euer liebes Land nicht: Vancouver, Regina, Toronto… Schreibe weiter, mein Kind… Betet für den Nordosten eurer schönen Provinz Quebec. Und betet, betet, betet für eure Nachbarn im Süden[8], sie werden ein sehr, sehr schweres Kreuz zu tragen haben. Und betet schließlich für die ganze Menschheit, meine Kinder.

Denn die Stunde ist zu ernst, und da ich eure Großzügigkeit kenne, kann ich euch sagen, dass ich auf euch zähle, meine Kinder des Lichtes. Durch euer Gebet kann ich die Seelen berühren. Ich bin so

---

8. Die USA

betrübt, und ich weiß, was kommt. Ich brauche euch und euer Gebet, damit die Herzen der verstreuten Kinder sich für die Gnade öffnen können, bevor es zu spät ist.

Habt keine Angst, ich bin bei euch, um euch zu beschützen, ich, die Mutter Gottes und eure Mutter. Ich habe euch alle am Fuß des Heiligen Kreuzes geboren. Ich warne euch, damit ihr nicht überrascht werdet. Habt Vertrauen zu eurem Vater im Himmel. Habt Vertrauen zu eurem Jesus, der Liebe ist und euch alles geschenkt hat, um euch zu retten. Habt Vertrauen zum Heiligen Geist, der euch in diesen Zeiten der großen Drangsal führen, belehren und trösten wird.

Und freut euch, erhebt das Haupt, denn eure Befreiung ist ganz nahe. Schaut in die Ferne, bleibt nicht bei den Katastrophen stehen, seht, was kommt: die Neue Erde, der Neue Himmel, das Zeitalter des Friedens, in dem Jesus in seiner ganzen Herrlichkeit und Majestät kommt, in dem auch Ich bei euch bin, ich, eure himmlische Mama Maria, die Tochter des Ewigen Vaters, die Mutter Gottes, des Sohnes, und die Unbefleckte Braut des Heiligen Geistes.

Danke, meine Kinder, danke dass ihr meine Worte gut aufnehmt. Seid im Frieden. Seid gesegnet im Namen des Vaters, im Namen des Sohnes und im Namen des Heiligen Geistes. Amen. Halleluja

∽

Maria, Mutter der Schmerzen   18. April 2011
Montag der Karwoche

*77- Die Leiden des Sohnes und der Mutter entsprechen
ihrer Liebe zu ihren Kindern.*

Danke, mein Kind, dass du meinem Ruf treu bist. Bekreuzige dich und schreibe, bedeckt vom Kostbaren Blut meines göttlichen Sohnes, dem Herrn Jesus Christus.

Ja, mein Kind, wir sind in der Karwoche angelangt, der Woche der Schmerzen, in der das Heiligste Herz meines sanften Jesus und mein Unbeflecktes Herz zu einer einzigen Wunde verschmolzen wurden: unsere Herzen schlugen im Gleichklang.

Meine Kinder, denkt an den so tiefen, so stechenden Schmerz und an die Angst, die ich durchstand, als mein Sohn sich von mir verabschiedete und mich um meinen mütterlichen Segen bat, um das höchste Opfer seiner schrecklichen Passion zu vollbringen und eure Erlösung zu vollbringen. Als ich ihn gehen sah, war mein Mutterherz zu Tode betrübt, das Leben in mir hörte auf, mein Herz war gebrochen. Ich hätte gern seinen Platz eingenommen, doch ach…!

Dann – Wunder der Wunder – gab mein Herr und Gott, mein Sohn mir wieder Kraft, seine Kraft, um bis zum Ende zu gehen und wie Er den göttlichen Willen Gottes, des Vaters zu erfüllen. Ich sah, wie das makellose Lamm schweigend mit erhobenem Haupt zur Schlachtbank ging: das so sanfte, demütige Lamm. Was für ein schönes Beispiel gab Er mir, welches Beispiel gab Er allen seinen Jüngern und Aposteln…

Er hatte es eilig, dieses Osterfest zu feiern, um seinem dreimal Heiligen Vater Ehre zu erweisen. Er hatte es eilig, den Altar des Kreuzes, seinen Thron der Herrlichkeit zu küssen, durch den er alle Menschen zu seinem Vater zog. Sein Herz brannte vor Liebe: Liebe zu seinen Brüdern und Schwestern und auch die unermessliche Liebe zu seinem Vater.

Er hatte es eilig, die Tore des Himmels zu öffnen, die seit der Erbsünde verschlossen waren, damit der Vater Seine Kinder von neuem bei sich haben konnte.

Warum spreche ich mit euch über all das? Um euch die unermessliche Liebe bewusst zu machen, die Jesus, der Sohn Gottes jedem seiner Kinder entgegenbringt. Seine Liebe war stärker als alle seine Leiden. Seine Liebe besiegte den Tod. Mit seiner ganzen Liebe klopft er an die Tür jedes eurer Herzen, um einzutreten, um euch zu lieben, um euch zu verwandeln, um euch zu trösten, um euch in dieser so schwierigen Zeit auf dieser Erde des Exils wieder Hoffnung und Lebensfreude zu geben.

Kommt zu ihm, habt keine Angst. Vertraut ihm wie kleine Kinder. Seht ihr, wie er euch geliebt hat und dass er euch so liebt, wie ihr seid? Er bittet euch, ihn in euer Leben einzulassen. Er verbindet eure Verletzungen, er heilt eure Wunden, er korrigiert euer Verhalten und lehrt euch das wahre Leben in Gott.

Seid dankbare Kinder und werdet wahre Jünger, die Früchte in Fülle tragen. Tröstet sein Heiligstes Herz, das so wenig geliebt wird, zeigt ihm, dass sein Opfer und sein Tod nicht vergebens waren. Glaubt an, hofft auf ihn, seid ihm zutiefst dankbar. Danke, meine geliebten Kinder. Danke, dass ihr dem Mann der Schmerzen Gesellschaft leistet. Danke, danke, danke. Seid gesegnet im Namen des Vaters, im Namen des Sohnes und im Namen des Heiligen Geistes. Amen. Halleluja.

ೞ

Maria, Mutter der Kirche 23. April 2011
Karsamstag

*78 – Maria hat alle Leiden gekannt und hoffte trotz allem.
Die Kirche ist aus dem offenen Herzen Jesu geboren.*

Wenn du wüsstest, mein Kind, welch außerordentliches Leiden ich am Karsamstag durchgemacht habe, dem ersten Tag, an dem ich von meinem Herrn und Gott, meinem Sohn, der Frucht meines jungfräulichen Leibes getrennt war. Bekreuzige dich und schreibe, mein Kind, bedeckt von seinem Kostbaren Blut, zur Ehre Gottes, seines Vaters.

Zu einem bestimmten Zeitpunkt war ich außer mir vor Schmerz, das Leiden war so stark, dass ich meinte zu sterben, denn ich hatte die Seele meiner Seele, das Licht meiner Augen, das Leben meines Lebens nicht mehr. Ich war allein, ich war leer, ich war wie eine wandelnde Tote, ich war vollkommen einsam. Ich weinte, ich betete, ich schrie… Mein Unbeflecktes Herz schrie zu Gott, meinem Vater, er solle Erbarmen mit mir haben und mich zu meinem Sohn, seinem Sohn gehen lassen. Mein Herz seufzte wie eine Taube und rief nach dem Leben meines Lebens. Das ist das grausamste Leiden, das mein Wesen durchgemacht hat: nicht bei Jesus, meinem Gott, meinem Herrn zu sein.

Warum spreche ich mit euch darüber? Damit ihr wisst, dass ich alle Leiden gekannt habe und dass ich die Mutter der Schmerzen, die Königin der Märtyrer bin. Damit ihr wisst, dass ihr alles mit mir teilen, mir alles anvertrauen könnt, denn ich habe schon vor euch alles durchgemacht und kennengelernt, was ihr an Prüfungen erleben könnt.

Damit ihr wisst, dass unser Herz und unsere Seele – auch wenn das Leiden uns verblendet – nicht aufhören dürfen zu beten und entgegen allem Anschein auf Den zu hoffen, der alles ist und alles kann: Gott Vater, Gott Sohn und Gott Heiliger Geist. Auch wenn man sich allein und verlassen fühlt, ist Er da und unterstützt uns. Er tröstet uns und nimmt unsere Tränen und unsere Gebete auf, die unsere Mission fruchtbar machen, denn nichts ist verloren; alles, alles muss zur Ehre Gottes aufgeopfert werden.

Wir dürfen nicht aufhören zu beten, seine Worte zu betrachten, die Quellen des Lebens, die Wahrheit, die das Licht sind, das uns führt, wenn wir in die Nacht des Geistes eintauchen, in der unser Glaube auf eine harte Probe gestellt wird.

Seht ihr, wie dieses Leiden des Karsamstags die Mission fruchtbar gemacht hat, die mein Sohn mir anvertraute, bevor er zu seinem Vater ging, und durch die ich den Namen Maria, Mutter der Kirche bekam? Mit diesem Leiden konnte ich die Apostel und alle Jünger ermutigen und unterstützen, damit sie die Kirche bilden konnten. Sie ist das schönste Geschenk, das mein Sohn euch gemacht hat, als der römische Soldat Longin sein Heiligstes Herz mit einer Lanze geöffnete hat: Das ist der feierliche Moment, in dem die Kirche gegründet wurde. Blut und Wasser flossen als Ströme der Göttlichen Barmherzigkeit heraus, an denen die Apostel die Kraft und die nötigen Gnaden schöpfen sollten, um ihre Mission zu erfüllen und die heiligen Sakramente zu spenden.

Seht ihr, wie Jesus, der Sohn Gottes, wahrer Gott und wahrer Mensch, seine Mission fruchtbar gemacht hat, indem er gehorsam war bis zum Tod an einem Kreuz?

Meine geliebten Kinder, seid im Frieden und in der Freude in der tröstlichen Erwartung Seiner Auferstehung. Seid jetzt stark und mutig. Seid gesegnet im Namen des Vaters, im Namen des Sohnes und im Namen des Heiligen Geistes. Amen. Halleluja.

Maria, Königin des Friedens 24. April 2011
Ostern

79 – Der glorreiche Tag, an dem Jesus den Tod überwunden und den Himmel geöffnet hat. Ihn in unsere Herzen einlassen.

Ja, mein Unbeflecktes Herz ist voller Freude, denn mein Herr und Gott ist auferstanden. Bekreuzige dich und schreibe, mein Kind, bedeckt von seinem Kostbaren Blut, zur Ehre Gottes, seines Vaters.

Das ist der glorreiche Tag, den der Herr gemacht hat (vgl. Ps 118): Der Tag, an dem sein Sohn den Tod besiegt hat, an dem Sein Vater ihn zum Herrn der Herren und zum König der Könige gemacht hat, an dem er Ihm alle Seine Herrlichkeit wiedergegeben hat. Der gebenedeite Tag, an dem mein göttlicher Sohn die Pforten des Himmels geöffnet hat, damit Gott Vater seine Kinder in den neuen Bund der Dreifaltigen Liebe aufnehmen kann, an dem Gott Sohn mit seinem Kostbaren Blut die Sünden der Menschen durch seinen Tod am Kreuz abgewaschen hat. Der Heilige Geist gab ihm seinen Lebensatem zurück, und seine Apostel und Jünger sahen Seine Herrlichkeit als Auferstandener, wie er es vorhergesagt hatte.

Meine Kinder, auch ihr sollt voller Freude und im Jubel sein, denn er ist wirklich in jedem Herzen guten Willens auferstanden, in dem er sein Königreich und Seine Herrschaft errichten will.

Seid sehr aufmerksam, wenn er an die Türe eurer Herzen klopft: Öffnet sie und lasst ihn eingetreten, damit Er bei euch bleibt, damit er das Licht eures Lebens und die Liebe eurer verwirrten Herzen wird. Er kann euch in dieser kalten Nacht am Feuer Seiner Liebe mit seinem Frieden und seiner Wärme erfüllen.

Seid gesegnet, meine Kinder, und empfangt meinen besonderen Segen an diesem Tag der Freude, des Friedens im Namen des Vaters, im Namen des Sohnes und im Namen des Heiligen Geistes. Amen. Halleluja.

Jesus, das Licht der Welt   25. April 2011

80 – Jesus gibt die Hoffnung und die Kraft wieder.
Betet für die Unentschlossenen, die Opfer der Katastrophen.

Ja, ich bin wirklich auferstanden, denn ich bin der Weg, die Wahrheit und das Leben. Bekreuzige dich und schreibe, mein Kind, bedeckt von meinem Kostbaren Blut.

Ich bin der Sohn des Lebendigen Gottes, das Alpha und das Omega (Offb 22,13). Ich bin das Wort Gottes, des Vaters, und ich gebe euch wieder Hoffnung, ich schenke euch neue Kraft, ich gebe euch Bestimmtheit und Kühnheit, um Mein Wort zu verkünden und zu verteidigen.

Denn der Feind hat seine Angriffe und seine Versuchungen verdoppelt, um euch zu Fall zu bringen. Er weiß, dass seine Tage gezählt sind. Er will euch vernichten, er will den Untergang eurer Seele und eure geistliche Niederlage. Aber es wird ihm nicht gelingen, denn mein Gesetz ist in eure Herzen eingemeißelt, ihr meine Kinder des Lichtes, die ihr ein Ja in euren Herzen tragt, die ihr euer Vertrauen auf euren Gott und Vater gesetzt habt.

Danke, meine Kinder, dass ihr nicht aufhört, in unseren Anliegen zu beten, und dass ihr unsere Lehren mit einem Herzen voller Liebe aufnehmt. Ich bitte euch zu beten, damit die Unentschlossenen eine gute Wahl treffen, wenn der Moment gekommen ist, wenn die Angst sie überwältigt, wenn sie die Vernichtung bestimmter Nationen sehen… Ich habe euch bereits davor gewarnt, dass die Topographie der Erde auf bestimmten Kontinenten bedeutende Veränderungen erfahren wird. Die Natur wird in ihrer ganzen Unerbittlichkeit wüten.

Betet, betet, betet für die, die entweder durch Naturkatastrophen oder durch die Kriege umkommen, die im Osten begonnen haben, sich auf den Westen ausdehnen werden und dann mit mehr Gewalt und Zerstörung wieder in den Osten zurückkehren. Seht ihr, meine Kinder, es ist die Zeit des Fürbittgebets, der Anbetung, um weiter die Barmherzigkeit des Vaters zu erflehen, solange euch noch eine ganz kurze Zeit bleibt.

Meine geliebten Kinder, auch euch sage ich: Habt keine Angst, ich, Jesus von Nazareth, beschütze euch und gehe euch auf diesem

Weg voraus, der mit allen möglichen Fallen übersät ist. Seid wachsam, folgt meinen Schritten, lasst euch nicht in die Irre führen. Seid stark, flieht den Versucher, der alles tun wird, um euch niederzuschmettern und zur Verzweiflung zu bringen.

Vertraut mir, denn ich bin der lebendige Gott, der bei euch und in euch ist. Empfangt meinen Frieden. Ich segne euch im Namen des Vaters, im Namen des Sohnes und im Namen des Heiligen Geistes. Amen. Halleluja.

൞

Maria, Königin des Friedens 27. April 2011

81 – Die Erleuchtung des Gewissens naht mit Riesenschritten:
Die Augen und die Herzen werden sich öffnen.

Es kommt der Tag, da euer Herz vor Liebe brennen wird. Bekreuzige dich und schreibe, mein Kind, bedeckt vom Kostbaren Blut meines göttlichen Sohnes, dem Herrn Jesus Christus.

In diesen Tagen, in denen ihr lebt, sind die Kinder der Erde blind. Sie sehen die Ereignisse, die sie umgeben, und verstehen sie immer noch nicht. Ihr Herz ist so schwerfällig, wenn es darum geht, den zahlreichen Warnungen zu glauben, die der Himmel ihnen gegeben hat, sowie den Prophezeiungen über die Erleuchtung eures Gewissens.

Meine Kinder, ob ihr es glaubt oder nicht, sie naht mit Riesenschritten; mein göttlicher Sohn Jesus hat es gesagt. Ihr gehen alle Arten von Katastrophen voraus: Erdbeben, Tsunamis, Überschwemmungen, Hagel, eisige Kälte, ein Wind, der alles wegfegt, ungeheure Gewitter, eine tödliche Hitze beim Nahen des Kometen… Seht ihr, wie ihr davor gewarnt werdet und doch nicht glauben wollt?

Nur ein kleiner Rest hat unseren Ruf zur Umkehr, zur Rückkehr zur Gnade ernst genommen und empfängt regelmäßig das Sakrament der Vergebung. Ihr kennt weder den Zeitpunkt noch den Tag, den der dreimal heilige Vater erwählt hat und an dem ihr vor Gott Sohn stehen werdet, der euch dann zeigt, in welchem Zustand euer Leben ist und wohin die Welt, das Fleisch und der Dämon euch durch eure Sünden geführt haben. In diesem Augenblick werden sich eure Augen öffnen und Den erkennen, der euch erschaffen hat, der euch alles geschenkt hat, um euch durch den Tod am Kreuz zu erlösen, den ihr voller Verachtung abgelehnt und dessen Existenz ihr geleugnet habt: Gott Vater, der Schöpfer des Himmels und der Erde.

Meine geliebten Kinder des Lichtes, dann müsst ihr sie lehren, den Vater, Jesus und den Heiligen Geist kennenzulernen, und dafür braucht ihr ein Herz, das in Liebe zu eurem Herrn und Gott und zu eurem Nächsten brennt. Denn nach diesem Ereignis und der Erleuchtung des Gewissens werden die Herzen bereit sein, die Worte des Lebens, die gesunde Lehre aufzunehmen, die in den Evangelien steht. Ihr müsst sie darauf vorbereiten, das Sakrament der Vergebung und danach den König der Könige in ihr Herz aufzunehmen, das nach der Dreifaltigen Liebe hungert und dürstet.

Sie werden Kinder des Lichtes suchen, die sie führen und sie die Frohe Botschaft lehren, die ihnen zuhören, sie trösten und ermutigen können. Danke, meine Kinder, dass ihr nicht aufhört, für die Bekehrung der Ungläubigen und für das Heil der Sünder zu beten, damit es viele gibt, die sich nach der Warnung[9] Gott, ihrem Vater zuwenden. Seid gesegnet im Namen des Vaters, im Namen des Sohnes und im Namen des Heiligen Geistes. Amen. Halleluja.

༄

Maria, Königin des Friedens 30. April 2011

82 – Den gegenwärtigen Augenblick leben, sich völlig den Händen des Vaters übergeben. Liebt Ihn für die anderen…

Gepriesen sei mein göttlicher Sohn im Heiligen Altarsakrament. Bekreuzige dich und schreibe, mein Kind, bedeckt von seinem Kostbaren Blut, zur Ehre Gottes, seines Vaters.

Siehst du, wie schnell die Zeit vergeht, mein Kind? Lebt den gegenwärtigen Augenblick und euren Alltag und lasst die Vergangenheit hinter euch, denn sie ist vorbei. Euer Morgen ist ungewiss, denn ihr wisst nicht, ob ihr noch da seid und es erlebt.

---

9. Anm. d. Herausgebers: **Die Erleuchtung des Gewissens** ist ein **Pfingsten** und zugleich eine **Große Warnung**. Für den kleinen Rest ist sie mehr **Pfingsten** und für die, die noch nicht *Ja* gesagt haben, ist sie mehr **Große Warnung**.

Versucht, eurem Vater im Himmel und seiner Vorsehung mehr zu vertrauen, der über allen Kindern wacht, die sich ihm übergeben. Er kümmert sich mit Hingabe um seine Kinder und ganz besonders um die, die ihn als ihren Vater anerkennen, die ihm eine kindliche Liebe entgegenbringen, und die auf alles verzichtet haben, um seinen einzigen Sohn, dem Herrn Jesus Christus, zu folgen. Wenn ihr wüsstet, wie sehr der Vater sich danach sehnt, alle Kinder bei sich zu haben! Mit welcher Liebe er euch erwartet, mit welcher Freude er eure Gebete aufnimmt, wenn ihr ihm den Namen «Papa», «Vater», «Abba»[10] gebt. Ihr macht ihn glücklich, bei diesen Worten erschauert er vor Freude.

Liebt ihn, meine Kinder, liebt ihn für jene, die nichts von Gott Vater wissen wollen, die ihn übergehen, die seine Existenz leugnen. Liebt ihn, denn er ist gut, liebt ihn mit Dankbarkeit dafür, dass er euch seinen einzigen Sohn geschenkt hat, liebt ihn mit einem reinen Herzen. Habt keine Angst, meine Kinder. Der Vater ist bei euch, um euch zu beschützen; nie wird er euch im Stich lassen, denn er hält seine Versprechen. Seid euch seines heiligen Schutzes und seiner göttlichen Vorsehung gewiss. Seid gesegnet im Namen des Vaters, im Namen des Sohnes und im Namen des Heiligen Geistes. Amen. Halleluja.

Der Barmherzige Jesus   1. Mai 2011
Fest der göttlichen Barmherzigkeit

83 – Betet für den Papst, die Priester, die geweihten Seelen.
Die Verfolgung wird groß sein.

Jetzt beginnt der schönste Monat, der meiner heiligen Mutter Maria geweiht ist. Bekreuzige dich und schreibe, mein Kind, bedeckt von meinem Kostbaren Blut, zur Ehre Gottes, meines Vaters.

---

10. Abba ist ein aramäisches Wort. Diese Sprache war im Mittleren Osten in der Zeit Jesu und seiner Apostel verbreitet. Linguisten nach ist die Bedeutung dieses Begriffs auf halbem Weg zwischen dem Wort «Papa» und dem Wort «Vater» zu suchen. Er spiegelt zugleich Zuneigung, Nähe und Achtung wider. Dieser Begriff drückt also eine innige Vertrautheit mit Gott aus…

Dieser Monat beginnt mit dem Fest meiner großen Barmherzigkeit, die durch die Hände derer übermittelt wird, die voll der Gnade ist. Der Tag auch, den der Vater erwählt hat, um den seligzusprechen, der sich voll und ganz[11] seiner Mutter im Himmel hingegeben hat: Mein heiliger Diener Johannes Paul II. Und auch der Tag des heiligen Joseph, des Arbeiters. Es ist ein außergewöhnlicher Tag.

Ihr seid im Mai angelangt, in dem bestimmte Ereignisse bereits eintreten werden. Doch ihr werdet durch das Rosenkranzgebet und durch die Königin des Himmels und der Erde beschützt. Wie der Papst euch gesagt hat, der meinem Herzen so lieb und teuer ist: «Habt keine Angst!» (Mt 14,27). Seid stark, seid Zeugen in dieser Welt, die so sehr darauf angewiesen ist, von eurem Licht erleuchtet und von der Fackel eures Glaubens geleitet zu werden. Die Herzen müssen es schaffen, sich zu öffnen, um diese Liebe und Barmherzigkeit aufzunehmen, die sie brauchen, um auf den rechten Weg zurückzukehren.

Begebt euch unter dem Schutz des heiligen Josephs, eures Schutzpatrons[12], dessen Fürbitte große Macht für jene hat, die sich ihm in allen ihren Bedürfnissen anvertrauen. Er ist eine wertvolle Hilfe für meine heilige Mutter, die Unbefleckte Empfängnis.

Warum spreche ich mit euch darüber? Um euch klar zu machen, dass ihr, die Kinder des Lichtes, unter dem Schutz des Himmels steht, auch wenn die Dinge immer schlimmer werden. Ja, ich bin bei euch bis zum Ende der Zeiten.

Betet, betet, betet für meinen heiligen Stellvertreter Benedikt XVI. Er ist auf euer Gebet angewiesen, um allen Intrigen standzuhalten, die gegen ihn gesponnen werden. Betet für alle meine Priester, meine guten und heiligen Priester, denn der Tag kommt, da sie sehr hart angegriffen werden. Die Verfolgung gegen meine geweihten Seelen wird sehr groß sein. Der Geist der Spaltung ist sogar in den Vatikan eingezogen.

---

11. Als er folgende Unterweisung des heiligen Ludwig-Maria Grignion de Montfort las: *«Ich bin ganz dein, und alles, was ich habe, gehört dir, oh mein liebenswerter Jesus, durch Maria, deine heilige Mutter»*, rief Johannes Paul II. aus: *«Ich habe die Antwort auf meine Zweifel gefunden»* und weihte sich ihr voll und ganz. *«Totus tuus.»*
12. Der heilige Joseph ist der Schutzpatron Kanadas.

Betet, betet, betet, dass ihr bis zum Schluss treu bleibt, und habt vor allem keine Angst. Folgt meinen Schritten, entfernt euch nicht, lasst euch von nichts und niemandem beeinflussen. Bleibt meinem Wort, der heiligen Bibel treu, folgt dem Heiligen Vater, denn er wird von meinem Geist geleitet.

Schämt euch nicht, Christen zu heißen und Kinder Gottes, des Vaters zu sein. Tragt euren Glauben und eure Treue den Gesetzen Gottes gegenüber zur Schau. Meine Kinder, öffnet eure Herzen, um an diesem Tag heute, der meiner Barmherzigkeit geweiht ist, besondere Gnaden aufzunehmen. Seid gesegnet im Namen des Vaters, im Namen des Sohnes und im Namen des Heiligen Geistes. Amen. Halleluja.

ᛯ

Jesus, das Licht der Welt 2. Mai 2011

84 – Der Geist ist am Werk, um das neue Pfingsten der Liebe vorzubereiten.

Friede sei mit dir, mein Kind. Bekreuzige dich und schreibe, bedeckt von meinem Kostbaren Blut, zur Ehre Gottes, meines Vaters.

Ich, dein Herr und dein Gott, spreche mit dir über den Heiligen Geist, der in jedem von euch allen tatsächlich am Werk ist. Lasst ihn handeln, ich bitte euch! Hört auf, alles kontrollieren, alles wissen zu wollen. Der Heilige Geist weiß, was er tut, er weht wo er will, wann er will, ohne Lärm zu machen, denn das Gute macht keinen Lärm. Er wird oft gar nicht bemerkt.

Meine Kinder, versucht euch in dieser Zeit, die ihr lebt, mehr und mehr vom Heiligen Geist ergreifen zu lassen. Seid ganz fügsam, ganz anpassungsfähig, und lasst euch von Ihm stören, wenn er euch von euren alten Gewohnheiten befreit und durchtrennt, was euch an die Welt und ihre Begierde bindet. Er kommt mit Macht, um euch von dem zu reinigen, was dem Willen des dreifaltigen Gottes nicht entspricht, um euch auf das neue Pfingsten der Liebe vorzubereiten, das für alle Kinder guten Willens kommt. Lasst euch belehren, führen und auf diese schöne Begegnung mit der Dreifaltigen Liebe vorbereiten.

Ja, meine geliebten Kinder, ihr lebt die Zeit, die von allen meinen Propheten vorhergesagt wurde und die die Rückkehr in Herrlichkeit eures Retters und Erlösers ankündigt. Selig seid ihr, dass ihr nicht gesehen und doch geglaubt habt (Joh 20,29).

Danke, meine Kinder, dass ihr in dieser Zeit der großen Verwirrung in der heiligen Hingabe leben wollt. Danke, meine Kinder, dass ihr meinem Wort treu seid. Seid gesegnet im Namen des Vaters, im Namen des Sohnes und im Namen des Heiligen Geistes. Amen. Halleluja.

ぴ

Maria, Königin des Friedens   3. Mai 2011

85 – Betet für den Frieden, vor allem im Mittleren Osten.
Das Gebet kann den Schaden verringern.
Der heilige Michael kämpft mit seinen himmlischen Truppen.

Oh mein Kind, wenn du wüsstest, wie betrübt mein Unbeflecktes Herz wegen dieser unbeugsamen Generation ist. Bekreuzige dich und schreibe, mein Kind, bedeckt vom Kostbaren Blut meines göttlichen Sohnes, dem Herrn Jesus Christus.

Man muss für den Frieden in der Welt beten, vor allem im Mittleren Osten, wo ein Krieg unmittelbar bevorsteht. Man wird einen weiteren Führer im Osten[13] und einen weiteren großen Führer im Westen umbringen. Betet, betet, betet für den Frieden in der Welt. Nehmt meine Warnungen ernst, denn diese großen Nationen werden Atomwaffen, bakteriologische, biologische Waffen verwenden... um einen guten Teil der Menschheit zu vernichten.

Betet, haltet Anbetung, tut Buße, meine Kinder, um die Machenschaften zu durchkreuzen, die sie geplant haben. Vergesst nicht, dass ihr durch ein mit dem Herzen gesprochenes Gebet viel erlangen könnt. Durch eine Zeit der Anbetung könnt ihr noch die Barmherzigkeit Gottes, des Vaters kosten. Meine Kinder, nutzt diese letzten Momente der Zeit der Barmherzigkeit, denn hinterher ist es zu spät.

Vergeudet eure Zeit nicht, bleibt auf das Wesentliche ausgerichtet, alles ist bemessen. Der Count-down geht seinem Ende entgegen und lässt der göttlichen Gerechtigkeit Platz, die die Gewalt entlarven

---

13. Der lybische Diktator Mouammar Kadhafi, der am 20. Oktober 2011 in Syrte umgebracht wurde, nachdem er 42 Jahre an der Macht gewesen war...

wird, die in den Herzen jener nistet, die sich dem Dämon übergeben haben und seine Komplizen geworden sind.

Danke, meine geliebten Kinder, danke für eure Gebete, denn ihr steht derzeit an den Barrikaden. Ihr steht an der Front, um diesen großen Kampf mit eurer Rüstung der Christen und dem Rosenkranz in der Hand auszutragen, um die Barmherzigkeit für eure Brüder und Schwestern der ganzen Welt zu erflehen. Mit eurer Großzügigkeit können wir die Zeit der Not verkürzen, mit eurer Anbetung können wird den Schaden vermindern, den ein Atomkrieg verursachen kann.

Habt keine Angst, meine Kinder. Der heilige Erzengel Michael steht ganz vorne im Kampf mit seinen himmlischen Truppen, die euch vor aller Gefahr beschützen und stets beschützen werden.

Und ich, eure himmlische Mama Maria, bin bei euch und in euch, um euch zu führen, euch zu ermutigen, euch zu unterstützen und vor allem, meine Kinder… um euch zu lieben. Danke, meine Geliebten. Seid gesegnet im Namen des Vaters, im Namen des Sohnes und im Namen des Heiligen Geistes. Amen. Halleluja.

෴

Maria, Königin des Friedens   6. Mai 2011
Erster Freitag des Monats

*86 – Durch die Erleuchtung des Gewissens werden
die verlorenen Söhne zurückkehren*

Gelobt sei mein göttlicher Sohn, der Herr Jesus Christus. Bekreuzige dich und schreibe, mein Kind, bedeckt von seinem Kostbaren Blut, zur Ehre Gottes, seines Vaters.

Freut euch, meine Kinder, denn der Herr ist gut, ewig währt seine Liebe (vgl. Ps 118)! Dankt ihm oft für die Einsetzung der heiligen Sakramente, die eine kostbare Hilfe in diesen letzten Zeiten sind. Ihr wisst, wo ihr die notwendigen Gnaden schöpfen könnt, um alle eure Prüfungen zu durchqueren, wo ihr die Kraft und den Mut schöpfen könnt, um euren Weg fortzusetzen. Denn der Feind tut alles, um euch zu entmutigen, euch zu erschöpfen, euch das Verlangen nach dem Gebet, nach dem stillen Gebet, und schlimmer noch, das Verlangen nach der Anbetung zu nehmen.

Ihr wisst ganz genau, dass es gewisse Gnaden gibt, die die Seele nur empfangen kann, wenn sie in der Anbetung vor ihrem Herrn und Gott verweilt, in dieser Zeit tiefer inniger Vertrautheit und Stille, in der sie sich von allen ihren Sorgen, von allen ihren Problemen, von ihrer Zuneigung und sogar von ihren geistlichen Wünschen löst. Dann steht die Seele frei vor ihrem Schöpfer, sie hat sich von den Dingen und dem Geist der Welt gelöst, um sich von Gott Vater lieben zu lassen, um sich von der Liebe Gottes, des Sohnes verwandeln zu lassen, und um sich von Gott Heiliger Geist belehren zu lassen, der die heiligmachende Gnade in der Seele ausgießt, damit sie nach dem Vorbild des Dreifaltigen Gottes heilig wird.

Erkennt ihr die Bedeutung dieser Zeiten der Anbetung? Es ist die wichtigste, die kostbarste Zeit eures Lebens! Die Zeit, in der ihr alles loslasst, um euch eurem Gott und Vater hinzugeben, in der ihr ihn liebt, ihn anbetet, auf ihn hört und in einer Begegnung von Herz zu Herz voll kindlicher Liebe mit ihm sprecht. Das tut ihr mit der Achtung, die ihr ihm schuldet, mit der Dankbarkeit dafür, dass er an euch dachte, als er die heilige Eucharistie einsetzte und seine Verheißung gab: «Ich bin bei euch alle Tage bis zum Ende der Welt» (Mt 28,20).

Was für eine Liebe! Er dachte an alle Menschen auf dieser Erde, vom ersten bis zum letzten. Denn nie, gar nie kann er euch im Stich lassen. Er wartet auf euch. Mit welcher Liebe hofft er, dass er seine jetzt verstreuten Kinder, die sich irreführen ließen, alle bei sich haben wird! Er hofft mit einer heiligen Ungeduld auf jene, die nach der Erleuchtung des Gewissens zur Gnade zurückkehren werden. Er hat es eilig, sie wie den verlorenen Sohn zu empfangen, der zurückkehrte und seinen Vater um Vergebung bat (Lk 15,21). Im Himmel ist mehr Freude über einen Sünder, der mit einem Herzen voller Reue und Bedauern in die Arme Gottes, des Vaters zurückkehrt...

Deshalb bitte ich euch, für die Bekehrung der Ungläubigen und für das Heil der Sünder zu beten, meine Kinder, um so dem dreimal heiligen Vater mehr Ehre und mehr Freude zu geben. Danke für eure Großzügigkeit und für eure Gebete. Seid gesegnet im Namen des Vaters, im Namen des Sohnes und im Namen des Heiligen Geistes. Amen. Halleluja.

Maria, Königin des Friedens   8. Mai 2011
Muttertag

87 – Wie viele Mütter werden auf der Welt vergessen! Wo ist das Familienleben? Was für eine Zukunft haben die kleinen Kinder?

Alle Ehre sei Gott Vater, Gott Sohn und Gott Heiliger Geist. Bekreuzige dich und schreibe, mein Kind, bedeckt vom Kostbaren Blut meines göttlichen Sohnes, dem Herrn Jesus Christus.

Mein Kind, ich danke dir für die Lieder und die Wünsche, die du mir und meiner heiligen Mutter Anna zum Muttertag geschenkt hast. Danke, dass du für die Mamas im Himmel, im Fegefeuer und für die betest, die noch auf Erden sind. Meine geliebten Kinder, ich danke euch auch für alle einfühlsamen Aufmerksamkeiten, die ihr mir zum Muttertag schenkt. Ich habe eure Gebete, eure Liebe, eure Worte mit Liebe aufgenommen.

Meine Kinder, wenn ihr wüsstet, wie viele Mütter überall auf der Welt vergessen wurden und keinen Anruf, keinen Besuch bekamen! Und wie steht es mit denen, die dieses Leben verlassen haben? So viele haben kein Gebet, kein Seufzen, kein Wort erhalten… Die Zeit ist vergangen und die Liebe ist erkaltet. Man denkt nicht mehr an die Person, die uns das Leben geschenkt hat, oder an die Großmütter, denn die derzeitige Generation verliert alle guten Werte. Man löscht aus, was man alte Traditionen und familiäre Liebe nennt.

Man hat verlernt, als Eltern und Kinder auf gesunde Weise miteinander zu spielen, man hat keine Zeit mehr, sich an einen Tisch zu setzen und zusammen zu essen, sich auszutauschen, den Kindern zuzuhören, den Eltern zuzuhören. Es gibt keinen Platz mehr, um ein geschwisterliches Gespräch aufzubauen oder die Mitglieder der Familie zu besuchen – all das ist aus der Mode gekommen. Dabei verbringt man Stunden vor dem Fernseher, vor dem Computer, vor allen möglichen Geräten, auf denen man den ganzen Tag herumspielt. Ihr lebt in einer herzlosen Zeit, in der jeder für sich lebt.

Schauen wir uns eine Familie an: jeder lebt in seiner ihm eigenen Welt. Wer denkt an seinen Nächsten? Wer denkt daran, tagsüber ein kurzes Gebet an den Herrn zu richten? Wer denkt daran, in einer Kirche anzuhalten, um das Allerheiligste zu besuchen? Mein Unbeflecktes Herz ist sehr traurig, wenn es sieht, wohin die ganze Technologie und Modernität euch geführt hat... Habt ihr an das gedacht, was all diese Kinder morgen tun werden? Was sie erwartet? Welche Zukunft und welches Erbe sie haben?

Die derzeitige Generation hat die Umwelt nach und nach zerstört. Nun ist es zu spät, um alles wiedergutzumachen. Schlimmer noch, sie hat die geistliche Zukunft aller kleinen Kinder zerstört. Als die Erwachsenen sich von Gott entfernten, bedachten sie nicht, dass sie in ihr Verderben, in ihre ewige Verdammnis laufen und dass sie diese armen Unschuldigen mitziehen, die niemanden hatten, der sie mit guten Werten erzog, der ihnen den Glauben vermittelte, der sie lehrte, dass sie einen Vater haben, der Gott ist.

Meine Kinder, betet für die Eltern und für die Erzieher. Dass sie aus diesem todesähnlichen Schlaf herauskommen, in den sie gefallen sind. Sie haben die große Verantwortung vergessen, die sie Gott gegenüber haben. Betet für diese Führer, die die Religion aus den Schulen entfernt haben: Sie werden dem höchsten Richter ernsthaft Rechenschaft ablegen müssen.

Betet auch, dass die Priester offen über die Existenz des Fegefeuers und der Hölle sprechen. Dass sie über den Ernst der Todsünde und auch über die lässlichen Sünden sprechen. Dass sie darüber sprechen, wie wichtig es ist, die Sakramente zu empfangen. Dass die Welt weiß, dass es Gott gibt, dass er lebt, dass er Liebe und Barmherzigkeit ist... Aber auch, dass Gott gerecht ist und Gerechtigkeit walten lässt.

Meine Kinder, hört bitte nicht auf, für die Umkehr der Ungläubigen und für das Heil der Sünder zu beten. Danke, dass ihr mir erlaubt, mich euch zuzuneigen. Seid gesegnet für eure große Weitherzigkeit. Ich liebe euch. Danke, dass ihr mein betrübtes Herz tröstet, im Namen des Vaters, im Namen des Sohnes und im Namen des Heiligen Geistes. Amen. Halleluja.

Maria, Mutter der Kirche 9. Mai 2011

88 – Der Himmel wird schweigen. Ihr werdet keine Priester finden. Ein großer Glaubensabfall. Bittet um die Gnade der Unterscheidung.

Gepriesen sei das Heiligste Herz meines göttlichen Sohnes, dem Herrn Jesus Christus. Bekreuzige dich und schreibe, mein Kind, bedeckt von seinem Kostbaren Blut.

Mein Kind, ich danke dir für deine Bereitschaft, dieses himmlische Manna aufzunehmen, denn der Tag kommt, da der Himmel verstummt. Ihr werdet eine Zeit des Schweigens erleben. Deshalb bitte ich euch mit großem Nachdruck, euch unterweisen zu lassen, die Worte des Lebens in die Tat umzusetzen, die ihr nach dem göttlichen Willen empfangt, euch vom Brot der Engel, der heiligen Eucharistie zu nähren, sie mit Inbrunst und mit so viel Liebe, Achtung und Dankbarkeit wie möglich zu empfangen, solange ihr noch dieses große Vorrecht habt.

Es kommt auch der Tag, da ihr einen Ort suchen werdet, um an der Messe teilzunehmen, da ihr einen Priester suchen werdet, um das Sakrament der Vergebung zu empfangen, und keinen finden werdet, denn die guten Priester werden sich verstecken und das Heilige Opfer heimlich feiern müssen. Die Verfolgung der Kirche wird so heftig werden, dass die guten Priester sich verstecken müssen. Ihr wisst, wie weit die Wissenschaft fortgeschritten ist: Man wird nach ihnen suchen. Man wird alles tun, um sie zu finden, aber der heilige Erzengel Michael wird sie beschützen, sie führen und sie sogar für die Augen des Feindes unsichtbar machen.

Derzeit herrschen ein großer Glaubensabfall und eine schwere Verwirrung! Bittet stets um die Unterscheidung, hört auf, nach allen Seiten zu laufen. Bleibt dem Papst gehorsam; lasst euch von ihm führen, er hat die heilige Lehre. Lebt das Evangelium und lernt, alles zur Ehre Gottes, des Vaters zu tun.

Danke, meine Kinder, dass ihr meine Worte ernst nehmt. Wie eine gute Mama kläre ich euch auf, führe ich euch und warne euch vor der List der bösen Geister. Seid wachsam, betet, haltet Anbetung, lobpreist, denn die Stunde ist sehr ernst! Und dankt vor allem dem Höchsten, dass er seiner demütigen Magd erlaubt, euch vor den

Dingen zu warnen, die in nächster Zukunft eintreten werden. Danke, meine Kinder. Seid gesegnet im Namen des Vaters, im Namen des Sohnes und im Namen des Heiligen Geistes. Amen. Halleluja.

༄

Jesus, euer Retter 12. Mai 2011

89 – Die Gleichgültigkeit der vielen, die in den unendlich tiefen Abgrund laufen. Maria warnt sie; man macht sich über sie lustig.

Alle Ehre sei Gott, meinem Vater. Bekreuzige dich und schreibe, mein Kind, bedeckt von meinem Kostbaren Blut.

Seht mein Heiligstes Herz, das sich euch zuneigt, meine geliebten Kinder. Mein Herz ist so traurig, wenn es die große Gleichgültigkeit vieler unserer Kinder sieht, die direkt in den unendlich tiefen Abgrund laufen, aus dem es keine Rückkehr gibt. Alle diese törichten Kinder, die als Sklaven des Vergnügens, des Fleisches, der Welt und des Dämons leben. Diese Kinder, die nicht an das ewige Leben denken, die nicht bedenken, dass sie eine Seele haben, dass sie einen Vater haben, der sie so sehr liebt, sind für das Leiden ihrer Brüder und Schwestern auf der ganzen Welt unempfänglich geworden. Sie sind taub für das Seufzen der Natur, die nach Gerechtigkeit ruft, für die Schreie der Erde, die vom Blut der Unschuldigen, der Märtyrer und der Opfer aller möglichen Tragödien gesättigt ist…

Was werden sie tun, wenn die Erde beginnt, Blut zu spucken? Was werden sie tun, wenn die Erde durch gewaltige Erdbeben in Amerika, in Europa und in Asien wüten wird? Es wird überall grauenhaft sein, meine Kinder.

Meine heilige Mutter hat euch darüber aufgeklärt, euch gewarnt und euch angefleht, euch zu ändern, euch zu bekehren, auf den rechten Weg zurückzukehren, euch mit eurem Vater und Gott zu versöhnen… Doch leider macht die menschliche Torheit sie lächerlich und spottet über sie, die Königin des Himmels und der Erde, die Mutter Gottes und eure Mutter.

Auch ich bereite euch vor und warne euch, damit ihr über die kommenden Ereignisse Bescheid wisst. Doch nur der kleine, der ganz kleine Rest nimmt uns ernst. Die Zeit vergeht und geht ihrem Ende entgegen… Ich wiederhole noch einmal: Habt keine Angst, alles muss geschehen, denn ihr erlebt die Erfüllung der Prophezeiungen, wie sie euch verkündet wurden, und werdet sie mehr und mehr erleben.

Betet, betet, betet, meine Kinder, damit euer Leben ein Leben der Aufopferung, des Gebetes und der Anbetung wird. Ihr müsst alles aufopfern, die kleinen wie die großen Dinge: die Freuden, die Leiden, die Unannehmlichkeiten. Ihr müsst die Hände meiner Heiligen Mutter füllen, damit sie dem dreimal heiligen Vater alles darbringen kann.

Danke, dass ihr nicht aufhört, in meinen Anliegen zu beten. Danke, dass ihr den heiligen Vater mit euren Gebeten unterstützt und auch alle meine geweihten Seelen nicht vergesst. Danke, meine Kinder, danke, dass ihr mein Heiligstes Herz und das Unbefleckte Herz Mariens tröstet. Ich liebe euch, ich beschütze euch. Seid gesegnet im Namen des Vaters, im Namen des Sohnes und im Namen des Heiligen Geistes. Amen. Halleluja.

Maria, Königin des Friedens 16. Mai 2011

90 – Maria lehrt das Vaterunser

Danke, mein Kind, für deine Bereitschaft, meine Lehren zu empfangen. Bekreuzige dich und schreibe, bedeckt vom Kostbaren Blut meines göttlichen Sohnes, dem Herrn Jesus Christus.

Siehst du, wie gut der Herr ist, wie sehr er von Einfühlsamkeit für jene erfüllt ist, die sich seiner göttlichen Vorsehung anvertrauen? Meine Kinder, ich bitte euch, hört nicht auf zu loben, zu preisen und seinen heiligen Namen zu verherrlichen, denn ewig ist seine Liebe für die Kinder, die ihn mit einem reinen Herzen voller Dankbarkeit lieben (vgl. Ps 136). Wenn ihr wüsstet, welche Freude ihr Ihm macht, wenn ihr wie ganz kleine Kinder mit ihm sprecht, zu ihm betet, für ihn singt. Dann hört er ganz aufmerksam auf eure Bitten, eure Gebete und eure Bedürfnisse.

Wenn ihr das Vaterunser betet, sollt ihr jedes Wort betrachten und diese Liebe und dieses tiefe Vertrauen genießen, die in jedem Wort enthalten sind. Mein göttlicher Sohn Jesus hat euch dieses Gebet gelehrt; es ist mehr als ein Gebet, es ist ein Zwiegespräch zwischen den

Kindern und dem Vater. Wenn ihr wüsstet, welch befreiende Macht, welch schützende Macht, welch liebende Allmacht in diesem Vaterunser-Gebet stecken! Jedes Mal, wenn ihr es von ganzem Herzen betet, betet Jesus in euch zu seinem Vater, ja meine Kinder, in jedem von euch. Und der dreimal Heilige Vater empfängt es wie Weihrauch und sieht dabei in der Tiefe eurer Herzen das Bild seines einzigen Sohnes, des Ewigen Wortes, seines geliebten Jesus. Glaubt mir, meine geliebten Kinder, wenn ihr es so betet, erhaltet ihr alles, worum ihr bittet, insofern es dem Wohl eurer Seele oder dem der anderen dient.

Meine Kinder, ich lade euch ein, mit eurem Herzen zu beten, das Wort Gottes mit eurem Herzen zu lesen, das Wort Gottes mit eurem Herzen zu betrachten... Lasst euren Kopf, eure Sorgen, eure Beunruhigung beiseite, damit das Wort lebendig wird. Kostet und seht, wie gut der Herr ist. Lasst euch von Seinem Wort belehren, lasst euch nähren, lasst euch von diesem lieblichen Honig gewinnen, der aus der Quelle des Lebens, der Heiligen Bibel fließt.

Danke für eure Treue, meine Kinder. Seid gesegnet im Namen des Vaters, im Namen des Sohnes und im Namen des Heiligen Geistes. Amen. Halleluja.

ஒ

Maria, Mutter der Schmerzen 17. Mai 2011

91 – Betet für jene, die in Gefahr sind, ihre Seele zu verlieren:
Sie weigern sich, an Jesus und an sein Evangelium zu glauben.

Bekreuzige dich und schreibe, bedeckt vom Kostbaren Blut meines göttlichen Sohnes Jesus Christus, dem Herrn. Mein Kind, ich danke dir, dass du auf meinen Ruf antwortest.

Ich, die Mutter der Schmerzen, spreche in diesem Moment mit dir. Mein Unbeflecktes Herz wird von neuem vom Schwert der Gleichgültigkeit durchbohrt, die sich in den Herzen vieler meiner Kinder eingenistet hat. Sie haben die Ohren für jedes Wort des Lebens verschlossen, sie wollen nichts von dem Leben wissen, das sie nach dem Übergang ihres irdischen Todes erwartet... Das New Age hat ihnen weisgemacht, dass alles mit dem Tod des Leibes zu Ende ist. Schlimmer noch, manche glauben, dass sie die Reinkarnation erleben werden. Man ist für alles offen außer für die Gebote Gottes und für die Lehre der heiligen, katholischen und apostolischen Kirche.

Mein Herz blutet von neuem angesichts der hartnäckigen Weigerung zu glauben, dass Jesus der einzige Sohn des Vaters ist, angesichts der Weigerung, seinen Schritten auf dem Weg des Evangeliums zu folgen, angesichts der Ablehnung des Heiligen. Man glaubt nicht mehr an seine Auferstehung… Es ist, als würden Dornen in mein betrübtes Herz eindringen, das zerrissen ist, wenn es alle seine Kinder sieht, die in die ewige Verdammnis laufen.

Meine Kinder, bitte betet für alle eure Brüder und Schwestern, die in Gefahr sind. Sie glauben nicht mehr an das Fegefeuer und noch weniger an die Hölle. Betet, damit sie aufwachen, bevor es zu spät ist. Wisst ihr, der einzige Unterschied zwischen diesen Orten der Sühne besteht darin, dass die Leiden im Fegefeuer eines Tages zu Ende sind, während sie in der Hölle ewig dauern, die Flammen erlöschen nicht. Dieses verzehrende Feuer ist in keiner Weise mit dem Feuer der Erde zu vergleichen. Das Feuer, das ihr kennt, ist eine Liebkosung im Vergleich zum Feuer der göttlichen Gerechtigkeit, in der man die Schuld bezahlen muss, die von den Sünden verursacht wurde.

Deshalb bitte ich euch mit großem Nachdruck: Bekehrt euch und versöhnt euch mit eurem Vater. Seid Kinder, die seinen Geboten (Ex 20) treu sind. Geht zum Sakrament der Vergebung. Seid nicht wie die törichten Jungfrauen (Mt 25) sondern lasst eure Lampen brennen (Lk 12,35), denn euer Bräutigam ist auf dem Weg seiner großen Rückkehr.

Danke, meine Kinder, dass ihr meine Worte aufnehmt. Ich liebe euch. Seid gesegnet im Namen des Vaters, im Namen des Sohnes und im Namen des Heiligen Geistes. Amen. Halleluja.

༄

Das Heiligste Herz Jesu 18. Mai 2011

92 – Jedes Gebet, das ihr mit einem kindlichen Herzen sprecht, wird erhört.

Hier bin ich, mein Kind, ich beruhige die Herzen. Bekreuzige dich und schreibe, bedeckt von meinem Kostbaren Blut, zur Ehre Gottes, meines Vaters.

Ich, das Heiligste Herz Jesu, sage euch: «Habt keine Angst!» (Mt 14,27) Ich habe eure Bitten gehört, ich habe alles aufgenommen, was ihr mir gegeben habt. Vertraut mir jetzt, glaubt nur. Ich will euch auch sagen, dass jedes Gebet, das ihr mit einem kindlichen Herzen sprecht, wie Weihrauch zum Dreifaltigen Thron aufsteigt und erhört wird. Dann kehrt es mit der empfangenen Gnade zu euch zurück. Ich bin nicht taub… Doch eure Zeit ist nicht meine Zeit, denn Ich bin außerhalb der Zeit, ich bin der Herr der Zeit.

Ein Kind, das sich mir hingibt, das auf mich hofft und an Mich glaubt, muss sich meines Schutzes und meines göttlichen Eingreifens sicher sein, denn ich lasse nie jemanden im Stich, der seine Hoffnung auf mich, Gott Vater, Gott Sohn und Gott Heiliger Geist gesetzt hat.

Meine Kinder, kommt bei all diesen Prüfungen, die das Leben euch bringt, sofort zu mir, eurem Herrn und Gott. Lasst euch nicht ablenken, lasst euch nicht entmutigen, und lasst euch vor allem nicht ängstigen.

Vergesst nicht, dass meine Last leicht ist, wenn ihr zu mir kommt, um sie mir zu übergeben (Mt 11,28). Kommt in euren täglichen Prüfungen und in euren großen Sorgen zu mir. Ich erwarte euch mit weit offenen Armen, um euch aufzunehmen, meine geliebten Kinder. Seid gesegnet im Namen des Vaters, im Namen des Sohnes und im Namen des Heiligen Geistes. Amen. Halleluja.

༄

Maria, Königin des Friedens 21. Mai 2011

93 – Beschreibung der Erleuchtung des Gewissens. Alle werden die Herrlichkeit Gottes und ihr Gewissen sehen, wie Er es sieht.

Friede sei mit dir, mein Kind. Bekreuzige dich und schreibe, bedeckt vom Kostbaren Blut meines göttlichen Sohnes, dem Herrn Jesus Christus.

Freut euch, meine Kinder, denn der Herr ist gut und erlaubt mir, mein Wort an euch zu richten. Wie eine gute Mama will ich euch darauf vorbereiten, dieses große Ereignis der Erleuchtung eures Gewissens im Frieden und in der Hingabe an seinen göttlichen Willen zu leben.

Es ist ein außerordentliches Handeln der Liebe und der Barmherzigkeit, das alle Kinder der Erde an sich erfahren, um diesen Moment durch die Macht des Heiligen Geistes zu leben. Eure Herzen müssen sich öffnen, um die nötigen Gnaden aufzunehmen, ohne die ihr unfähig seid, diese übernatürliche Erfahrung recht zu leben. Denn eure Seelen werden in der Gegenwart der Herrlichkeit, der Majestät, der Allmacht Gottes, des Sohnes sein, der euch den Zustand eures Lebens zeigt, damit ihr seht, wohin eure Sünden euch geführt haben. Dann weiß jeder, wohin er gehen muss. Bei dieser Gelegenheit klärt mein göttlicher Sohn euch – jeden von euch einzeln – darüber auf, was ihr tun müsst, was ihr nicht akzeptieren dürft, und auch was ihr unterlassen müsst anzuschauen…

Seht ihr, wie gut der Herr ist, wie er sich um jedes seiner Kinder kümmert? Ihr müsst euch im Gebet, dem Lobpreis, der Anbetung vorbereiten, damit ihr den inneren Frieden bewahrt, auf die Eingebungen der Gnade hört und euch so vom Heiligen Geist unterweisen lasst, der in diesen Zeiten, die die letzten sind, wirklich am Werk ist.

Bittet Ihn, euch mit seinen Gaben, mit seinen Früchten und seinen Charismen zu erfüllen. Bittet ihn, eure Intelligenz für das Wort Gottes und für die Heilige Bibel zu öffnen. Bittet Ihn, die Augen und die Ohren eures Herzens zu öffnen und euch beizubringen, mit dem Blick Gottes zu schauen, und zu hören, wie Gott hört, damit euer geistliches Leben als Kinder des Lichtes vorankommt. Bittet ihn um die Liebe zu Gott Vater und Gott Sohn, damit die Kindesliebe in jedem von euch stärker und lebendiger wird.

Danke, meine Kinder, für euer Ja der Liebe. Danke, dass ihr meine Lehren gut aufnehmt. Ich liebe euch. Seid gesegnet im Namen des Vaters, im Namen des Sohnes und im Namen des Heiligen Geistes. Amen. Halleluja.

Maria, Königin des Friedens 23. Mai 2011

94 – Es wird eine Warnung sein, die dem Einzelgericht im Augenblick des körperlichen Todes gleicht.

Der Friede des Auferstandenen sei mit dir, mein Kind. Bekreuzige dich und schreibe, bedeckt vom Kostbaren Blut meines göttlichen Sohnes, dem Herrn Jesus Christus.

Danke, mein Kind, dass du mir deine Zeit schenkst. Ja, der Tag kommt mit Riesenschritten näher: der Tag der Warnung. Denn Gott Sohn warnt euch, indem er euch einen Einblick in das gibt, was euch nach dem Tod eures physischen Leibes erwartet, dieser fleischlichen Hülle, die der Stolz so vieler Kinder ist. Dieser Leib, der ein Sklave aller möglichen Laster ist, und der die Ursache der Verdammnis einer großen Zahl von Kindern ist, die vergessen haben, dass sie eine unsterbliche Seele besitzen.

Meine Kinder, betet für all diese Kinder, die diese mystische Erfahrung ohne den Beistand der Gnade erleben werden. Amen, ich sage euch, viele werden meinen, angesichts der großen Majestät und Allmacht Gottes sterben zu müssen. Manche werden buchstäblich sterben, weil es zu viel für ihr Herz ist.

Meine geliebten Kinder, bitte betet für eure Brüder und Schwestern, die nicht wissen wollen, dass es einen Gott gibt, die sich von der Wahrheit entfernt und den Weg der Welt und ihrer Begierden eingeschlagen haben. Betet und seid wachsam. Achtet darauf, dass ihr euch nicht ablenken noch von dem beeinflussen lasst, was im Widerspruch zur Wahrheit steht.

Nähert euch dem Heiligsten Herzen Jesu und meinem Unbefleckten Herzen. Betet den Barmherzigkeitsrosenkranz, bedeckt euch mit dem Kostbaren Blut des geopferten Lammes. Betet den Rosenkranz mit eurem Herzen und vergesst das Gebet des heiligen Erzengels Michael nicht, das er den Kindern in Fatima beigebracht hat: «Mein Gott, ich glaube an dich, ich bete dich an, ich hoffe auf dich, ich liebe dich. Ich bitte dich um Verzeihung für jene, die nicht an dich glauben, dich nicht anbeten, nicht auf dich hoffen und dich nicht lieben.»

Das sind die Ratschläge, die eure himmlische Mama euch heute Abend gibt, um euch darauf vorzubereiten, dieses Wirken der göttlichen Liebe im Frieden zu leben und euch gegen die Angriffe der bösen Geister zu schützen.

Wie der Herr die Mitglieder seines Volkes beschützte, als er Moses sagte, die Türpfosten und den Türsturz an den Häusern mit Blut zu bestreichen, um ihre Bewohner vor dem Zorn des Höchsten zu bewahren, so will Er auch seine Kinder des Lichtes, seinen kleinen Rest, seine Kinder beschützen, die den Gesetzen Gottes treu sind. Gewöhnt euch auch an, den Ort, an dem ihr euch befindet, mit Weihwasser zu besprengen, und bewahrt den Frieden. Habt keine Angst. Kommt in euren Zufluchtsort: unsere beiden Herzen.

Danke, meine Kinder, dass ihr uns ernst nehmt. Seid gesegnet im Namen des Vaters, im Namen des Sohnes und im Namen des Heiligen Geistes. Amen. Halleluja.

༄

Maria, Königin des Friedens 29. Mai 2011

95 – Der göttliche Wille wird auf der Erde wie im Himmel herrschen

Alle Ehre sei Gott Vater! Bekreuzige dich und schreibe, mein Kind, bedeckt vom Kostbaren Blut meines göttlichen Sohnes Jesus Christus, dem Herrn.

Dankt dem Herrn für den gestrigen Tag[14], einem Tag voller Gnade, der in manchen das Verlangen geweckt hat, den göttlichen Willen besser zu erfüllen, und in anderen das Verlangen, sich auf den Göttlichen Willen einzulassen und die ersten Schritte zu tun…[15]

Ich bitte euch, meine Kinder, betet für jene, die Schwierigkeiten haben, sich diesem Wirken der Liebe hinzugeben, und die sich lieber heraushalten mit ihren Vorbehalten, ihren Zweifeln und ihren

---

14. Am Tag zuvor hatte Abbé Ghislain Roy in der Wallfahrtsstätte des Heiligsten Herzen von Beauvoir in Sherbrooke, QC, Kanada einen Gebetstag zu folgendem Thema gehalten: *«Der Wunsch, den göttlichen Willen zu erfüllen, gemäß den Verheißungen des Vaterunser».*
15. Diese Worte beziehen sich auf das Buch von Marcel Laflamme: *«Erste Schritte mit Luisa Piccarreta – im Göttlichen Willen leben.»*

Ängsten, ihren eigenen Willen zu verlieren. Ihr wart zahlreich bei diesem Ereignis gestern, aber nicht alle haben sich dem Göttlichen Willen geweiht und jedes Wort akzeptiert, nicht alle haben ihr *fiat* gesprochen, damit der Göttliche Wille frei in ihrem ganzen Wesen strömen kann.

Meine Kinder, ihr sollt wissen, dass das Ziel eurer Erlösung war, ist und immer sein wird, dass der Göttliche Wille frei auf der Erde wie im Himmel strömen kann. Die Schöpfung hat ihr fiat gesprochen, das Universum hat sein *fiat* gesprochen, die Tiere, die von der Hand des dreimal heiligen Gottes geschaffen wurden, haben ihr *fiat* gesprochen... Doch der Mensch nach dem Bild des Dreifaltigen Gottes und Ihm gleich erschaffen wurde, ist der Einzige, der diese Vorbehalte an den Tag legt, die ihn dazu bringen, seinen eigenen Willen behalten zu wollen: Der Hochmut hat ihn derart verblendet, dass er sich Gott gleich glaubt... Und ich würde sogar sagen, dass er sich Gott überlegen glaubt, wenn er ihn aus seinem Leben verjagt und die Existenz eines Höchsten Wesens leugnet, das Gott ist.

Die Jahre und die Generationen sind vergangen, doch, amen, ich sage euch, meine Kinder, die derzeitige Generation ist die schlimmste von allen, sie hat alle Grenzen überschritten. Man hat die Achtung vor Gott und vor dem Nächsten vollkommen verloren, man hat die Unschuld der Kinder erstickt, man hat den Geist der alten Menschen vergiftet, und die Ausschweifung hat ihren Höhepunkt erreicht. Ich wage zu sagen, dass der Sittenverfall fast vollkommen ist... Der Himmel erbebt vor Grauen. Der kleine Rest ist noch kleiner geworden. Der Mensch ist schlimmer geworden als die wilden Tiere.

Gerechtigkeit muss sein. Ihr seid bei den letzten Tropfen der göttlichen Barmherzigkeit angelangt, die der göttlichen Gerechtigkeit Platz machen wird. Der kleine Rest muss bewahrt werden, der den göttlichen Gesetzen treu ist. Ihr müsst beschützt werden, ihr Kinder des Lichtes, meine geliebten Kinder, die ihr euer Ja, euer *fiat* gesagt habt und bereit seid, in euren Herzen diesen Strom der Liebe, des Friedens und der Freude zu empfangen, der euch darauf vorbereitet, hier auf Erden im Göttlichen Willen zu leben, wie er vom dreimal Heiligen Vater verfügt wurde, wie ihn die Erwählten im Paradies leben und wie dies von Anfang an hätte sein sollen.

Das wollte ich euch heute sagen, um euch klar zu machen, dass ihr in nächster Zukunft beginnen werdet, in einer neuen Zeit, einer Zeit des Friedens und der Freude zu leben, in der die Dreifaltige Liebe frei in jedem von euch strömen wird.

Freut euch, denn eure Befreiung naht, habt keine Angst, seid nicht traurig und lasst euch nicht in diese Verwirrung hineinziehen, die bei vielen Kindern herrscht, denn ihr wisst genau, dass alle Prophezeiungen sich erfüllen müssen. Die Erde muss von aller Befleckung gereinigt werden, das Herz des Menschen muss gereinigt werden, um den Sohn Gottes zu empfangen. Danke, meine Kinder, dass ihr nicht aufhört, für die ganze Menschheit zu beten.

Danke, dass ihr meine Worte gut aufnehmt, die die Worte einer Mama sind, die alle ihre Kinder retten will. Ich liebe euch. Seid gesegnet im Namen des Vaters, im Namen des Sohnes und im Namen des Heiligen Geistes. Amen. Halleluja.

ও

Jesus von Nazareth, euer aus Liebe Gekreuzigter   30. Mai 2011

96 – Die Gleichgültigen werden bitterlich weinen.
Jesus kann nicht auf diese Erde kommen,
wenn sie nicht geläutert ist.

Friede sei mit dir, mein Kind. Bekreuzige dich und schreibe, bedeckt von meinem Kostbaren Blut, zur Ehre Gottes, des Vaters.

Ja, mein Kind, mein Heiligstes Herz ist sehr traurig, die Kälte der Herzen vieler meiner Kinder zu sehen. Ich danke euch, meine geliebten Kinder, die ihr meine Worte lest. Danke, meine Geliebten, dass ihr meine Lehren und die meiner Heiligen Mutter gut aufnehmt. Ihr tröstet unsere vereinten Herzen wirklich zutiefst!

Die Zeit vergeht; der Augenblick naht mit Riesenschritten, in dem ihr dieses außerordentliche Handeln Gottes bei der Warnung an euch erfahrt. Meine Mutter hat sie euch angekündigt und euch vor der großen Gefahr gewarnt, die euch mit dieser Reihe von Ereignissen erwartet, die überall auf der Welt geschehen. Doch sie wurde lächerlich gemacht und abgelehnt, man glaubt nicht an ihre Worte noch an ihre Erscheinungen...

Amen, ich, ihr Sohn Jesus sage euch: Eines Tages wird diese Menschheit diese Gleichgültigkeit meiner heiligen Mutter gegenüber bitter bereuen. Sie werden bitterlich beweinen, dass sie ihre Ohren und ihre Herzen für ihre Worte, die Worte der Mutter Gottes verschlossen haben.

Durch göttliche Bestimmung wurde sie erwählt, meine Mutter zu werden. Durch sie, durch die ganz Reine, die voll der Gnade ist, sollte ich zur Welt kommen! Und genauso soll ich durch sie das Reich des Friedens und der dreifaltigen Liebe in allen Herzen guten Willens errichten, damit sie das Reich des Göttlichen Willens aufnehmen, und damit ich meine Brüder und Schwestern meinem Vater folgendermaßen vorstellen kann:

«Sieh, Vater, deine Kinder, die dir ihr *fiat* schenken, damit dein Wille geschehe wie im Himmel so auf Erden. Hier sind sie, Heiligster Vater, die Kinder, die meine heilige Mutter dir am Fuß meines heiligen Kreuzes geboren hat.

Hier sind die, für die ich beim letzten Abendmahl (Joh 17) gebetet habe, als ich sagte: Vater, ich bitte auch für alle, die durch ihr Wort an mich glauben. Alle sollen eins sein: Wie du, Vater, in mir bist und ich in dir bin, sollen auch sie in uns sein… Vater, diese Kinder haben in einer echten Kindesliebe ihr *fiat* gesprochen. In aller Freiheit haben sie auf ihren eigenen Willen verzichtet, um deinen Göttlichen Willen frei anzunehmen.»

Seht ihr, meine Kinder, wie ich gerade alle meine treuen Kinder an allen Enden der Erde sammle, um sie dem dreimal Heiligen Vater vorzustellen? Meine geliebten Kinder, das alles soll euch deutlich machen, dass diese Zeit der Läuterung notwendig ist, um die Zeit der großen Läuterung vorzubereiten, die meiner Rückkehr in Herrlichkeit vorausgeht. Ich kann nicht auf die Erde kommen, solange sie nicht vollkommen geläutert ist. Betet, betet, betet, meine Kinder, um die Zeit der großen Läuterung abzukürzen. Betet für Europa. Die Europäer werden ein sehr schweres Kreuz tragen müssen… ein sehr, sehr schweres Kreuz! Der Tod wird durch mehrere Länder gehen, die Erde liegt in Geburtswehen.

Danke, dass ihr für all jene betet, die in der kommenden Zeit umkommen. Danke, dass ihr den Heiligen Vater mit eurem Gebet unterstützt. Danke, dass ihr mich mit einem kindlichen Herzen liebt. Danke vor allem, dass ihr auf das Seufzen meines Heiligsten Herzens hört. Seid gesegnet im Namen des Vaters, im Namen des Sohnes und im Namen des Heiligen Geistes. Amen. Halleluja.

༄

Maria, Mutter der Schmerzen 31. Mai 2011

97 – Tröstet das Herz Jesu, indem ihr ihn oft im Tabernakel besucht.

Mein Kind, ich danke dir, dass du auf meinen Ruf hörst. Bekreuzige dich und schreibe, bedeckt vom Kostbaren Blut meines göttlichen Sohnes, dem Herrn Jesus Christus, zur Ehre Gottes, seines Vaters.

Mein Kind, wenn du wüsstest, welche Freude mein Unbeflecktes Herz empfindet, wenn ich meine Kinder des Lichtes am Fuß des Tabernakels sehe, um meinem sanften Jesus im Allerheiligsten Altarsakrament Gesellschaft zu leisten! Auch wenn es nur ein kurzer Besuch ist, denn seine Einsamkeit ist so groß. Er verbringt seine Zeit damit zu hoffen, dass seine Kinder ihn besuchen, mit ihm sprechen oder ihn einfach anschauen, ohne etwas zu sagen – er, der um Liebe bettelt, der nicht darauf verzichten kann, seine Kinder zu sehen, die er so sehr geliebt hat, dass er sein Leben hingegeben hat, um sie alle zu retten.

Danke, meine Kinder, dass ihr ihn besucht. Ich, seine Mutter und eure Mutter, ich danke euch von ganzem Herzen. Wisst ihr, wie sehr ihr sein Heiligstes Herz tröstet in diesen Zeiten, in denen die Menschheit nichts von Jesus wissen will? In denen man Ihn mit Sarkasmus ablehnt, in der man nicht mehr an seine heilige Gegenwart in der Eucharistie glaubt, in der man nicht mehr glaubt, dass er der Sohn Gottes ist? Wenn ich sehe, wie gleichgültig und lau die Menschen sind, wie sie seine heilige und schmerzhafte Passion vergessen, wird mein Unbeflecktes Herz von neuem von einem Schwert durchbohrt. Man denkt nicht mehr daran, man hat den unerhörten Preis vergessen, den er bezahlt hat, um euch zu erlösen.

Ich danke euch, meine kleinen, geliebten Kinder. Danke, dass ihr eurer himmlischen Mama erlaubt, sich euch zuzuneigen und über ihren Schmerz zu sprechen. Seid gesegnet, dass ihr sie so sehr liebt.

Seid gesegnet, dass ihr euren Glauben verkündet. Seid gesegnet, dass ihr Licht in dieser Zeit der Finsternis seid. Seid gesegnet, dass ihr echte Zeugen seid. Ich liebe euch. Im Namen des Vaters, im Namen des Sohnes und im Namen des Heiligen Geistes. Amen. Halleluja.

༄

Maria, Mutter der Betrübten 4. Juni 2011

98 – Jetzt kommen finstere Tage für die Menschheit. Meine Kinder werden in einen Amoklauf gegen die Zeit hineingerissen.

Jetzt kommen finstere Tage für die Menschheit. Bekreuzige dich und schreibe, mein Kind, bedeckt vom Kostbaren Blut meines göttlichen Sohnes, dem Herrn Jesus Christus.

Siehst du, wie gestresst die Welt ist? Überall haben die Kinder Angst und machen sich große Sorgen um die Zukunft. Man denkt, dass der Selbstmord die Lösung ist, man hat keinen Glauben mehr. Die Kinder werden in einen Amoklauf gegen die Zeit hineingerissen, sie tun alles, um die Zeit herumzubringen und vergeuden töricht die Lebenszeit, die der Herr ihnen gibt. Die Erde ist ein kurzer Durchlauf, um zum wahren Leben in Gott zu gelangen.

Ich habe Erbarmen mit unseren Kindern, die vom Weg abkommen ohne jemanden zu finden, der sie führen kann. Die Hirten haben den Schafstall verlassen und lassen ihre Herden allein und unbeschützt. Die Hirten haben sich vom Geist der Welt beeinflussen lassen. Die Gemeinderäte haben so viele Ausschüsse geschaffen, um die wahren Hirten fernzuhalten und abzulenken mit dem Ziel, sie zu erschöpfen, indem sie sie zwingen, alle möglichen Dinge zu tun, die nicht zum Wesentlichen gehören.

Ein guter Priester muss dem Beichtstuhl stets viel Zeit widmen und sich Zeit nehmen, um zu beten und Anbetung zu halten, um fest mit Christus verbunden zu bleiben, dessen Stellvertreter er ist. Betet, betet, betet von ganzem Herzen für eure Priester, meine Kinder, dass sie zum Wesentlichen zurückkehren, denn die Stunde ist zu ernst. Ihr müsst sie unterstützen, dafür seid ihr verantwortlich.

Mein Unbeflecktes Herz blutet wieder, wenn ich sehe, wie lau die Herzen der geweihten Seelen sind, wie sie das Gebet, den Rosenkranz, das Brevier aufgegeben haben. Bittet im Gebet darum, dass der Heilige Geist den Pfingsttag mit dem Feuer seiner Liebe entzündet. Betet, dass sie ihre Herzen öffnen und die Gnaden, Früchte und Gaben aufnehmen, die Gott Vater und Gott Sohn ihnen durch den Heiligen Geist schenken wollen.

Danke, liebe Kinder, dass ihr nicht aufhört für das Heil der Sünder und die Bekehrung der Ungläubigen zu beten, bevor es zu spät ist. Seid gesegnet im Namen des Vaters, im Namen des Sohnes und im Namen des Heiligen Geistes. Amen. Halleluja.

༺

Jesus, das Licht der Welt 5. Juni 2011

99 – Er ist in jedem Tabernakel gegenwärtig, er bettelt um eure Liebe. Der ganze Himmel nimmt an jeder Messe teil.

Danke, mein Kind. Bekreuzige dich und schreibe, bedeckt von meinem Kostbaren Blut, zur Ehre Gottes, meines Vaters.

An diesem großen Tag des Gedächtnisses meiner Auffahrt in den Himmel, diesem feierlichen Tag, an dem ich in den Himmel erhoben wurde, um mich zur Rechten Gottes, des Vaters zu setzen, will ich euch an meine Verheißung erinnern: «Ich bin bei euch bis zum Ende der Welt» (Mt 28,20). Ja, meine Kinder, Ich bin alle Tage bei euch und werde es immer sein. In jedem Augenblick bin ich da. Ich liebe euch so sehr, ich vermisse euch alle, geliebte Kinder meines Heiligsten Herzens. Ich bettle inständig um eure Liebe. Ich bin auf der Suche nach einem Wort, einem Blick voller Liebe, einem Seufzer, einem Lächeln… Ja, ich bin euer Geliebter, der Tag und Nacht in jedem Tabernakel auf euch wartet… Und leider hat man mich völlig vergessen…

Man geht in die Messe… Aber nicht alle meine Kinder grüßen mich und/oder sagen mir «Guten Tag Jesus». Man bereitet sich nicht mehr vor, um mich, den König der Könige zum empfangen. Man nimmt sich nicht mehr die Zeit, sich zu sammeln, um das Heilige Messopfer, die Heilige Messe zu feiern, die das große Gedächtnis meiner Passion ist.

Sobald der Priester einzieht, ziehe ich ein und trage dabei mein heiliges Kreuz. Meine heilige Mutter steht an der rechten Seite des Priesters. Der ganze Himmel ist bei jeder Eucharistie gegenwärtig, die irgendwo auf der Welt gefeiert wird. Es ist der Augenblick, in dem der unendlich Große sich unendlich klein macht, um in eure Herzen einzuziehen, um die Herzen zu verwandeln, die mich im Stand der Gnade und mit Liebe empfangen.

Wie gern ziehe ich in ein Herz ein, das bereit ist, sich voll und ganz in Mir zu verlieren, das bereit ist, dieser kleine Tropfen zu sein, der im riesigen Ozean meiner Barmherzigkeit und meiner Liebe untergeht. Oh, wie freue ich mich, wenn ich ein Herz finde, das voller Liebe zu mir, seinem Herrn und seinem Gott ist, das alles vergisst, um mich aufzunehmen – mich die dreifaltige Liebe, die unendliche Liebe.

Ja, ich bin in den Himmel aufgestiegen, um eure Wohnung vorzubereiten und um euch darauf vorzubereiten, den Geist der Wahrheit, den versprochenen Beistand zu empfangen. Danke, meine Kinder, dass ihr euch die Zeit nehmt, dieses Pfingstfest in einer guten Verfassung zu leben. Ich liebe euch alle. Seid gesegnet im Namen des Vaters, im Namen des Sohnes und im Namen des Heiligen Geistes. Amen. Halleluja.

ༀ

Maria, Königin des Friedens   6. Juni 2011

100 – Harrt wie Abraham in der heiligen Hingabe aus.
Bittet um den Geist der Kraft.

Meine geliebten Kinder, hört nicht auf, in der heiligen Hingabe zu leben. Eure Herzen seien voller Lobpreis und Freude, denn der Herr ist gut. Bemüht euch zunächst, Gott eurem Vater zu gefallen, dann wird euch alles andere dazugegeben. Das werdet ihr zu gegebener Zeit und an gegebenem Ort sehen.

Es gibt nichts Schöneres als Kinder, die beten, die hoffen, die an Gott Vater glauben. Auch wenn nichts sich zu ändern scheint, dürft ihr nicht aufhören zu glauben und müsst wider alle Hoffnung zu hoffen. Wie es euer Vater Abraham getan hat: Er hat geglaubt und wurde so der Vater einer Vielzahl von Völkern. Alles ist dem möglich, der glaubt.

Meine Kinder, bittet in dieser Zeit der Vorbereitung auf das große Pfingstfest um einen starken, beharrlichen Glauben mitten in euren täglichen Prüfungen, um einen Glauben, der euch die Kraft gibt, alle

Hindernisse zu überwinden, die der Feind auf euren Weg bringt, um euch zu entmutigen, euch wütend zu machen, euch um euer Vertrauen zu bringen.

Ja, meine Kinder, bittet um den Geist der Kraft, der euch den Mut gibt, euren Weg fortzusetzen, die Kühnheit voranzugehen, die Beharrlichkeit zu beten. Das Gebet ist das Einzige, was euch auf dem rechten Weg unterstützen kann. Bleibt fest verbunden mit dem Heiligsten Herzen Jesu und mit meinem Unbefleckten Herzen, die vereint sind. Haltet unsere Hand durch den Rosenkranz. Überall lauert euch Gefahr auf. Seid sehr wachsam, tragt Sakramentalien bei euch, um euch zu schützen. Nehmt meine Worte ernst, es sind keine Scherze. Schützt euch, ich bitte euch darum, sonst sind die Versuchungen stärker als ihr.

Betet, betet, betet für eure Familien und auch für die, die niemand haben, der für sie betet. Danke für eure Großzügigkeit. Seid gesegnet im Namen des Vaters, im Namen des Sohnes und im Namen des Heiligen Geistes. Amen. Halleluja.

༄

Maria, Königin des Friedens 10. Juni 2011
101 – Der Kelch der göttlichen Gerechtigkeit läuft über.
Ihr steht kurz vor einer großen Naturkatastrophe.

Jetzt kommen die Tage, die von meinem Sohn vorhergesagt wurden. Bekreuzige dich und schreibe, mein Kind, bedeckt von seinem Kostbaren Blut, zur Ehre Gottes, seines Vaters.

Ja, meine Kinder, jetzt kommen die Tage der Schmerzen. Ihr steht kurz vor einer großen Naturkatastrophe. Wir haben euch gewarnt… Und doch habt ihr nicht aufgehört so zu tun, als sei nichts. Man glaubt nicht mehr an meine Worte, an unsere Warnungen. Die Zeit vergeht und mein göttlicher Sohn Jesus und ich, die Unbefleckte Empfängnis, sind nicht mehr in der Lage, den Arm der göttlichen Gerechtigkeit zurückzuhalten. Der Kelch läuft über und nur wenige beten.

Hört nicht auf, bis zum Schluss mit Nachdruck um die Gnade der Beharrlichkeit und um die Gnade der Kraft zu bitten, um diesem Sturm standzuhalten, der die Herzen der Kinder erschüttern wird.

Bittet um einen starken und unerschütterlichen Glauben, damit ihr zum kleinen Rest gehört. Die Stunde kommt, da der Sohn Gottes auf die Erde kommen wird, um das Wort zu erfüllen (Lk 18,8): «Wird jedoch der Menschensohn, wenn er kommt, auf der Erde (noch) Glauben vorfinden?»

Seid sehr wachsam, legt euren Gürtel nicht ab (Lk 12,35), damit der Meister euch wach und beschäftigt vorfindet. Lasst euch nicht ablenken, wenn ihr diese Reihe bedeutender Ereignisse seht, die eintreten werden. Betet, betet, betet, um nicht der Versuchung der Verzweiflung zu erliegen. Lasst euch nicht von der Angst durcheinander bringen, denn alles muss sich erfüllen. Es wird niemandem erspart, die Läuterung durchzumachen. Auch die Erde muss geläutert werden, und kein Teil wird verschont. Meine Kinder, betet also füreinander und unterstützt einander gegenseitig.

Ich bitte euch, eure Brüder und Schwestern der ganzen Welt in euer Gebet einzuschließen. Hört auf, nur für eure Angehörigen zu beten. Seid denen gegenüber großzügiger, die niemand haben, der für sie betet. Betet auch für die Opfer dieser gnadenlosen Ereignisse, und betet für jene, die dadurch schwer durcheinandergebracht werden.

Danke, meine Kinder, dass ihr nicht aufhört, in meinen Anliegen zu beten. Danke, dass ihr meine Worte ernst nehmt. Meine Kinder, ich bitte euch auch, bereitet euch darauf vor, den Heiligen Geist mit den Gnaden zu empfangen, die er in eure Herzen ausgießen will. Es sind ganz besondere Gnaden, die euch helfen, alles auszuhalten, was vor eurer Türe steht. Danke, meine geliebten Kinder. Seid gesegnet im Namen des Vaters, im Namen des Sohnes und im Namen des Heiligen Geistes. Amen. Halleluja.

༄

Maria, Mutter der Kirche   12. Juni 2011

*102 – Maria ist die Vorläuferin, die den Weg
der Rückkehr ihres Sohnes vorbereitet.*

Mein Kind, bekreuzige dich und schreibe an diesem bedeutenden Pfingsttag, bedeckt vom Kostbaren Blut meines göttlichen Sohnes, dem Herrn Jesus Christus.

Ich bin bei euch wie ich bei den Aposteln im Abendmahlsaal war. Ich bin bei allen Kindern des Lichtes, bei denen, die sich darauf vorbereitet haben, dieses große Fest zu feiern, bei denen, die ihr in euren Herzen tragt und für die ihr betet, denn ich bin die Mutter der Kirche.

Wie ich in der frühen Kirche gegenwärtig war, um sie zu leiten, zu unterweisen, sie bei ihren ersten Schritten zu unterstürzen, so bin ich auch in dieser Zeit gegenwärtig, da die Kirche ihre Läuterung durchmachen muss, um heilig, rein, demütig, arm und dem Nachfolger des heiligen Petrus gehorsam zu werden. Nie zuvor war ich auf der ganzen Erde derart gegenwärtig. Die Stunde hat geschlagen, da ich den Weg der Rückkehr meines Herrn und meines Gottes, meines Sohnes Jesus vorbereiten muss.

Wie Johannes der Täufer durch göttliche Bestimmung sein Vorläufer bei seinem ersten Kommen war (Mk 1), so muss ich, seine heilige Mutter, den Weg für seine zweite Rückkehr vorbereiten und die Herzen der Kinder guten Willens öffnen. Ja, ich, die Unbefleckte Empfängnis komme mit meinem göttlichen Bräutigam, dem Heiligen Geist, um euch darauf vorzubereiten, dieses neue Pfingsten der Liebe zu leben, damit ihr in die Neue Erde und den Neuen Himmel eintreten könnt.

Ja, meine geliebten Kinder, der Heilige Geist kommt mit seiner Macht und entzündet eure Herzen. Er entbrennt euch mit dem Feuer seiner Liebe, damit eure Ängste, eure Zweifel, eure Schwächen verschwinden – alles was nicht von Gott kommt – und alles durch die Liebe des Vaters, durch die Macht des Sohnes verwandelt wird, so dass ihr dem Heiligen Geist bis zuletzt willig gehorcht. Ja, meine geliebten Kinder, alles, was der Heilige Geist für die ersten Apostel und Jünger getan hat, das tut er auch für euch, und zwar in noch größerem Maß. Er wartet auf euer Ja, ein aufrichtiges Ja, dann wird Er, Gott Heiliger Geist alles in euch tun, damit ihr wahre Zeugen seid.

Danke für euer Ja, meine geliebten Kinder. Danke, dass ihr euch läutern lasst und den alten Menschen in euch zum Absterben bringt. Danke, dass ihr euch umgestalten und den neuen Menschen (Eph 4,24) in euch wachsen lasst. Seid gesegnet im Namen des Vaters, im Namen des Sohnes und im Namen des Heiligen Geistes. Amen. Halleluja.

Maria, Mutter der Schmerzen   13. Juni 2011

103 – Maria weiß, was für diese sündige Menschheit kommt.
Wie Rachel weint sie um ihre Kinder...

Bekreuzige dich und schreibe, mein Kind, bedeckt vom Kostbaren Blut meines göttlichen Sohnes, dem Herrn Jesus Christus.

Ja, mein Kind, überall auf der Erde weinen meine Bilder, meine Ikonen und sogar meine Statuen. Ich vergieße auch blutige Tränen, da ich genau weiß, was für diese sündige Menschheit alles kommt, die ihre Lebensweise nicht verändern will, bei der alles erlaubt ist, bei der nichts Sünde ist, bei der man die zehn Gebote übertritt (Ex 20), bei der man Gott nicht mehr achtet...

Ich bitte euch, ich flehe euch an, ich rufe euch zur Umkehr auf, ich rufe euch zur Reue. Doch leider will man nicht auf mich hören, noch mich ernst nehmen. Ich werde abgelehnt, man macht sich über mich lächerlich... Dann bete ich, dann weine ich wie Rachel um ihre Kinder geweint hat. Ja, ich weine um alle meine Kinder, die ihr Herz für den Ruf der Gnade verschlossen haben...

Meine Kinder, hört nicht auf, in meinen Anliegen zu beten. Hört auf den Schrei der Mutter der Schmerzen. Helft mir, für eure ungläubigen Brüder und Schwestern zu beten, die den rechten Weg verlassen und den breiten Weg eingeschlagen haben, den euch die Welt, das Fleisch und Satan anbieten.

Danke, meine Kinder, dass ihr mein so betrübtes, Unbeflecktes Herz tröstet. Stiftet Frieden und Freude für alle, die euch umgeben. Ich liebe euch. Seid gesegnet im Namen des Vaters, im Namen des Sohnes und im Namen des Heiligen Geistes. Amen. Halleluja.

ତ

Maria, Königin des Friedens   14. Juni 2011

104 – Mit dem Heiligen Geist bereitet Maria ihre Kinder darauf
vor, sich auf die Erleuchtung des Gewissens einzulassen.

Danke, mein Kind, bekreuzige dich und schreibe, bedeckt vom Kostbaren Blut meines göttlichen Sohnes Jesus Christus, dem Herrn.

Die Zeit vergeht, ihr müsst Ordnung schaffen, damit alles bereit ist, wenn die Stunde schlägt, da der Sohn Gottes, mein geliebter Jesus euch entgegengeht und alles stillstehen wird, um die Stimme Gottes zu vernehmen.

Ich muss euch vorbereiten, meine Kinder des Lichtes, wie ich die Apostel an Pfingsten darauf vorbereitet habe, den Heiligen Geist zu empfangen. Ich habe die Aufgabe erhalten, euch auf dieses außerordentliche Wirken der göttlichen Barmherzigkeit vorzubereiten, bei dem ihr die Erleuchtung eures Gewissens erleben werdet. Deshalb bitte ich euch mit Nachdruck, im Stand der Gnade zu bleiben, denn ihr kennt weder den Augenblick noch die Stunde dieses Ereignisses. Amen, ich sage euch: Es ist ganz nahe.

Ich unterweise euch, habt keine Angst. Der Vater kümmert sich um alle seine Kinder, die ihr Herz geöffnet haben, die seinen Geboten (Ex 20) treu geblieben sind und vor allem um jene, die ihn als Vater kennen und lieben.

Danke, meine Kinder, dass ihr euch belehren lasst. Seid gesegnet im Namen des Vaters, im Namen des Sohnes und im Namen des Heiligen Geistes. Amen. Halleluja.

ൟ

Jesus, euer Erlöser 15. Juni 2011

105 – Ereignisse großen Ausmaßes werden den Planeten treffen, um ihn zu läutern.

Alle Ehre sei Gott, meinem Vater. Bekreuzige dich und schreibe, mein Kind, bedeckt von meinem Kostbaren Blut.

Ja, mein Kind, in den kommenden Tagen braucht es einen starken, festen Glauben. Erbittet ihn vom Heiligen Geist durch die Fürbitte meiner Heiligen Mutter, der Unbefleckten Empfängnis, die sich in dieser Zeit vereint haben, um meine bevorstehende Rückkehr im Glanz meiner Herrlichkeit vorzubereiten.

Ja, der Heilige Geist ist in diesen letzten Zeiten wirklich am Werk, in denen ihr mit eigenen Augen sehen werdet, was man nie zuvor sah. Ihr werdet sehen, was euch von meinen Propheten vorhergesagt wurde, was meine Heilige Mutter euch an allen ihren Erscheinungsorten ankündigte.

Betet, betet, betet solange euch noch die letzte, kurze Zeit unserer Barmherzigkeit zugutekommt. Betet ganz besonders für jene Kinder, die direkt von dieser Reihe bedeutender Ereignisse betroffen sind, die eure himmlische Mama euch ankündigte, insbesondere von den gewaltigen Erdbeben, den Orkanen, ohne von den Stürmen zu sprechen, die gewaltsame Tornados auslösen werden. Die Natur wird wüten, die Winde werden gnadenlos sein...

Habt keine Angst, denn all das muss geschehen. Die Erde muss geläutert werden, vor allem muss diese Generation erwachen und begreifen, dass Gott nicht ungestraft Spott mit sich treiben lässt... Oh nein! Gott Vater lässt keinen Spott mit sich treiben... (Gal 6,7) Er ist die Liebe, und aus Liebe zu seinen Kindern war er sehr, sehr geduldig, denn er ist langmütig...

Doch der Kelch ist übergelaufen und die Gerechtigkeit Gottes muss eingreifen, um diese Plage der Sünden zu stoppen. Diese Generation ist sehr weit gegangen... Nutzt die Lehren meiner Heiligen Mutter, dem Thron der Weisheit, denn bald kommt der Tag, da ihre Erscheinungen aufhören und einer Zeit tiefen Schweigens Platz machen werden.

Haltet Anbetung, übt euch in der inneren Sammlung. Nur in der Stille könnt ihr meine Stimme in der Tiefe eurer Herzen hören. Flieht den Lärm, die unnützen Unterhaltungen, nährt eure Seele, die stirbt vor Hunger und Durst nach dem Wort Gottes und nach der Wahrheit. Habt Erbarmen mit ihr. Seid großzügiger, betet, geht in euer Zimmer und schließt die Tür (Mt 6,6).

Meine Kinder, lernt euch zu sammeln. Entfernt euch einige Augenblicke von diesem Geist der Welt, der alles, alles tut, um euch zu entfernen und euch mit allen möglichen Bildern, Tönen, Worten zu vergiften...

Eines Tages werdet ihr diese verlorene Zeit bitter bereuen. Kehrt zur Quelle, zum Wesentlichen zurück. Gebt eurem Vater im Himmel den Platz, der Ihm zusteht, und in allen Dingen den Vorrang. Tut alles für seine heilige Ehre...

Öffnet eure Herzen, damit ihr seinen Göttlichen Willen in euch aufnehmt und er frei wie im Himmel so auf Erden strömen kann. Ich bitte euch, lebt das Vaterunser, damit ihr nach dem Vorbild eurer himmlischen Mama auch das Magnifikat leben und singen könnt...

Lasst euch von der väterlichen Liebe des Vaters, von seiner göttlichen Vorsehung einhüllen, die stets gegenwärtig war und vor allem in diesen Zeiten, die die letzten sind, ganz besonders gegenwärtig ist.

Habt keine Angst! Der Vater ist da, Er beschützt euch, Er behütet euch… Euch, seine ganze Kleinen, die ihr seinen einzigen Sohn aufgenommen habt, die ihr an Ihn und an Den geglaubt habt, den Er gesandt hat. Seid gesegnet im Namen des Vaters, im Namen des Sohnes und im Namen des Heiligen Geistes. Amen. Halleluja.

༄

Maria, Königin des Friedens 18. Juni 2011

106 – Schon in ihrer Kindheit bat Maria bei all ihrem Tun
Gott um seinen Segen: Ahmen wir sie nach.

Alles gereicht zur Ehre Gottes. Bekreuzige dich und schreibe, mein Kind, bedeckt vom Kostbaren Blut meines göttlichen Sohnes, dem Herrn Jesus Christus.

Im Leben muss alles der Ehre Gottes, des Vaters dienen, alles muss Ihm, dem Schöpfer zukommen: alle Taten, Gesten, Worte und sogar Gedanken. Schon in meiner frühen Kindheit, als ich lernte, kleine Dinge zu tun, habe ich mir angewöhnt, Gott Vater um seinen Segen zu bitten. Ich kniete nieder, um ihn mit großer Achtung und großer Liebe zu empfangen.

Als ich die Mutter meines Herrn und Gottes wurde, betete ich Ihn an und bat Ihn, mich zu segnen, sobald er in meinem jungfräulichen Schoß war. Bevor ich meinen Tag begann oder irgendetwas unternahm, wurde ich also stets von Gott gesegnet.

Warum spreche ich mit euch über diese Dinge? Um auch euch zu lehren, Gott Vater, Gott Sohn und Gott Heiliger Geist zu bitten, euch vor eurer Arbeit, vor euren Taten, vor euren Begegnungen zu segnen, damit alles geheiligt wird, was ihr im Lauf eurer Tage vollbringt. Ihr werdet sehen, wie alles einfacher und leichter wird, wie ihr geduldiger und ruhiger werdet. Nach und nach wird Harmonie in euch und in eure Umgebung einziehen. Ihr werdet bemerken, wie der Friede in euch und in eurer Umgebung wächst. Man hat die Macht des Segens beiseitegelassen. Durch den Segen befreit uns der Herr von allem

Bösen, er befreit uns von aller Angst, von aller Befürchtung, Er beschützt uns und schenkt uns Frieden. Meine Kinder, ich möchte gern, dass ihr diese schöne und wichtige Gewohnheit wieder annehmt, alles zu segnen, und dass ihr nach dem Vorbild eurer himmlischen Mama auch den Segen für euch selbst erbittet.

Diese Lehre ist für die gegenwärtige Zeit und vor allem für die kommende Zeit sehr wichtig. Das wird euch schützen, damit ihr der Versuchung nicht nachgebt. Ich bitte euch, dies zu tun, um euch zu schützen und euch zu helfen, euren Frieden zu bewahren. Danke, meine Kinder, dass ihr auf meine Ratschläge hört. Seid gesegnet im Namen des Vaters, im Namen des Sohnes und im Namen des Heiligen Geistes. Amen. Halleluja.

༶

Jesus, euer Erlöser   24. Juni 2011
Geburt des heiligen Johannes des Täufers[16]

107 – Folgt Benedikt XVI, eurem Führer in diesen letzten Zeiten. Wölfe wollen ihn beseitigen, um den Antichristen einzuführen.

Gelobt sei, der da kommt im Namen des Herrn! Bekreuzige dich und schreibe, mein Kind, bedeckt von meinem Kostbaren Blut, zur Ehre Gottes, meines Vaters.

An diesem bedeutenden Festtag zu Ehren dessen, der Zeugnis für das Licht der Welt gegeben hat (Joh 8,12), mein lieber Johannes der Täufer (Mk 1), sage ich euch, meine Kinder, dass es spät ist und dass ihr den Weg vorbereiten müsst, damit die Herzen sich öffnen und meine Worte des Lebens aufnehmen.

Die Stunde kommt, da alle meine Kinder des Lichtes durch ihre Lebensweise und durch ihr Sein Zeugnis geben müssen. Ihr dürft keine Angst haben, euren Glauben zur Schau zu tragen, ihr dürft euch nicht schämen, Christen zu heißen. Ihr dürft euch nicht verstecken, wenn ihr der Stimme meines Stellvertreters, Papst Benedikt XVI. folgt, den ich erwählt habe, damit er euch in diesen letzen Zeiten führt. Er hat die gesunde Lehre, er wird vom Heiligen Geist geleitet und ist von Ihm erfüllt. Er ist die Stimme geworden, die stört... vor

---

16. Der heilige Schutzpatron der Einwohner des Quebec.

allem die Großen dieser Welt... die meinen Gesetzen der Liebe, den Geboten (Ex 20) nicht gehorchen wollen.

Man will ihn wie Johannes zum Schweigen bringen, man will ihn vernichten, indem man sich gegen ihn verschwört, um ihn zu beseitigen. Meine Kinder, betet für euren Papst. Er wird sogar innerhalb des Vatikans schwer angegriffen. Er ist von Wölfen umgeben, von diesen Kindern, die sich vom Bösen verblenden ließen, die Ja zu Satan gesagt haben und seine Anhänger wurden... Sie wollen meinen Papst beseitigen, um die Ankunft des Antichristen vorzubereiten, der meine Kirche vernichten und alle meine treuen Kinder, meine Kinder des Lichtes, meine Erwählten beseitigen will...

Doch habt keine Angst. Ich komme, ja ich komme mit Macht und Majestät, ich komme mit dem Glanz meiner Herrlichkeit, denn ich bin Jesus, der einzige Sohn des Vaters. Ich sammle alle meine Brüder und Schwestern und stelle sie vor den dreimal Heiligen Vater. Ich sammle euch aus allen Nationen, um meinen kleinen Rest, ein heiliges Volk aus euch zu machen, um eure Herzen zu öffnen, damit ihr den Göttlichen Willen aufnehmt, der bald frei auf der Erde wie im Himmel strömen wird.

Bereitet den Weg, wie mein Vorläufer es getan hat (Vgl. Mk 1). Lasst euch vom Heiligen Geist führen, der wirklich am Werk ist. Lasst euch von meiner heiligen Mutter, der Unbefleckten Empfängnis, belehren. Der Geist und die Braut sagen «Komm, Herr Jesus». Ja, hier bin ich.

Seid gesegnet im Namen des Vaters, im Namen des Sohnes und im Namen des Heiligen Geistes. Amen. Halleluja.

ঔ

Maria, Königin des Friedens 26. Juni 2011

108 – Jesus hat uns seine ständige Gegenwart
in der heiligen Eucharistie hinterlassen.
Maria kommentiert dieses unergründliche Geheimnis.

Bekreuzige dich und schreibe, mein Kind, an diesem bedeutenden Tag des Fronleichnamsfestes, bedeckt vom Kostbaren Blut meines göttlichen Sohnes, dem Herrn Jesus Christus.

Heute ist ein großes Fest im Himmel, das Fest der Liebe, der unergründlichen Liebe Jesu, des Sohnes Gott-Vaters, zu allen seinen Brüdern und Schwestern. Seine Liebe war so groß, dass Er seinen Leib der Qual des Kreuzes ausgeliefert hat. Er hat seinen letzten Tropfen Blut vergossen, um euch zu erlösen... Eine so große, und so starke Liebe, die in seinem Heiligsten Herzen brannte.

Am Tag vor seinem Tod hat er uns nicht als Waisen zurückgelassen. Er wollte seine Apostel, seine Jünger und auch jene bestärken, die ihm in den kommenden Jahrhunderten nachfolgen würden, indem er ihnen seine heilige Gegenwart hinterließ. Beim letzten Abendmahl hat er in dem feierlichen Moment der Transsubstantiation die heilige Eucharistie eingesetzt, als er sagte: «Dies ist mein Leib, dies ist mein Blut» (Lk 22,19-20).

Aus Liebe ist er Gefangener dieser kleinen Hostie geworden, um sich mit den Herzen jener zu vereinen, die ihn in der Kommunion mit Liebe und Achtung empfangen. Was für ein Vorrecht, Gott, den König der Könige in seinem Herzen zu empfangen! Das ist der Augenblick, in dem der Schöpfer sich mit seinem Geschöpf vereint, in dem das Kind im Stand der Gnade den Leib und das Blut Christi empfängt, in dem euer Leib sich nach und nach verwandeln lässt, um ein geistliches Wesen zu werden, das eines Tages nach dem Bild seines Schöpfers und ihm ähnlich sein wird, wie Adam und Eva es am Anfang waren.

Ja, meine Kinder, wenn ihr euch dem Tisch nähert, um die heilige Eucharistie zu empfangen, sollt ihr an dieses große Geheimnis denken, bei dem sich der Neue Bund erneuert, bei dem der unendlich große und allmächtige Gott unendlich klein wird, um in eure Herzen einzuziehen, um mit euch zu sprechen und um eure Liebe zu betteln. Er dürstet nach eurer Liebe und eurer Gegenwart.

Meine Kinder, bereitet euch vor, bereitet eure Herzen, eure Seele, euer ganzes Wesen darauf vor, Den zu empfangen, der euch alles geschenkt hat, der sein Leben hingegeben hat, um die Menschheit zu retten, Jesus, der Sohn Gottes. Danke, meine Kinder, dass ihr meine Worte gut aufnehmt. Seid gesegnet im Namen des Vaters, im Namen des Sohnes und im Namen des Heiligen Geistes. Amen. Halleluja.

Maria, Mutter der ganz Kleinen 27. Juni 2011

109 – Die glorreiche Rückkehr des Messias.
Wenn ihr wüsstet, welchen Wert eine Seele hat!

Siehe, es kommt der glorreiche Tag, an dem alle Völker der Erde meinen Göttlichen Sohn Jesus Christus als Sohn Gottes, als Messias, als Gesandten des Vaters erkennen werden. Bekreuzige dich und schreibe, mein Kind, bedeckt vom Kostbaren Blut, zur Ehre Gottes, seines Vaters.

Ja, meine Kinder, betet, um diesen großen Tag schneller herbeizuführen. Es ist ein Tag der Freude für alle Kinder des Lichtes, die Ja zur Dreifaltigen Liebe und zum dreimal Heiligen Vater sagen. Tag des Jubels und Tag des Friedens für die Kinder guten Willens, die den Sohn Gottes in seiner ganzen Herrlichkeit sehen werden: An diesem Tag wird er bei seinen Erwählten sein…

Doch leider wird es auch ein Tag der Angst, des Hasses und des Zorns sein, an dem man das Zähneknirschen jener hört, die Ihn von neuem ablehnen und lästern, die Ihn nicht als wahren Gott und wahren Menschen annehmen wollen, die alles tun, um seinen Heiligen Namen zu vernichten, die die ewige Verdammnis wählen…

Meine Kinder, betet für jene, die sich vom Bösen in allen seinen Formen verblenden ließen. Betet und bittet, dass die verhärteten Herzen sich in der letzten Sekunde öffnen und die Gnade der Reue annehmen. Das Fürbittgebet ist sehr mächtig. Erinnert euch an die kleine Therese, die für die Umkehr von Pranzini[17] gebetet hat: Erst in letzter Sekunde hat er das Kruzifix aus den Händen des Priesters gerissen und es geküsst. Noch einer, der den Himmel gestohlen hat!

Helft mir, mehr Seelen zu retten. Wenn ihr wüsstet, wie wertvoll eine Seele ist, würdet ihr alles tun, um in erster Linie die eure zu retten und dann zu versuchen, so viele Seelen wie möglich durch das Fürbittgebet zu retten, das im Unsichtbaren große Macht hat.

---

17. Als sie 1887 von einem Mörder hörte, der drei Frauen in Paris umgebracht hatte, betete sie für ihn und brachte Opfer für ihn, denn sie wollte ihn um jeden Preis vor der Hölle bewahren. Henri Pranzini wurde gerichtet und zum Tod durch die Guillotine verurteilt. Doch einen Augenblick vor seinem Tod küsste er das Kruzifix! Therese weinte vor Freude: Sie war erhört worden und nannte ihn *ihr erstes Kind.*

Meine Kinder, ich danke euch für eure große Weitherzigkeit euren Brüdern und Schwestern der ganzen Welt gegenüber. Seid gesegnet im Namen des Vaters, im Namen des Sohnes und im Namen des Heiligen Geistes. Amen. Halleluja.

༄

Das Heiligste Herz Jesu 1. Juli 2011
Fest des Heiligsten Herzens Jesu und erster Freitag des Monats

110 – Die Erde wird innehalten und auf die Stimme Gottes hören.
Eine Warnung und eine letzte Chance.

Heute, an diesem ersten Freitag des Monats feiert die Kirche das Fest des Heiligsten Herzens Jesu. Früher war es das Fest des Kostbaren Blutes. Bekreuzige dich, mein Kind, und schreibe, bedeckt von meinem Kostbaren Blut, zur Ehre Gottes, meines Vaters.

Dieser erste Tag des siebten Monats erlaubt euch, die zweite Hälfte dieses Jahres 2011 auf eine besondere Weise zu beginnen, und in Kürze werdet ihr begreifen warum. Ich, euer Jesus, spreche mit euch, danke euch für eure Liebe, eure Treue, eure Beharrlichkeit. Auch für euren Glauben, der euch bei eurem Engagement für meine Kirche und bei der Treue meinem Stellvertreter Papst Benedikt XVI. gegenüber unterstützt.

Meine Kinder, in der Zeit, in der ihr lebt, braucht ihr einen unerschütterlichen, starken Glauben, um euch nicht von den verheerenden Strömungen der Welt, des Fleisches und des Dämons mitreißen zu lassen, die in diesen letzten Zeiten sehr aktiv sind. Ja, meine Kinder, seid stark in euren Überzeugungen, lasst euch von nichts und niemandem beeinflussen. Folgt mir nach, denn es ist spät… Alles wird von einem Augenblick zum anderen umkippen. Nur der Glaube wird euch unterstützen und euch erlauben, diese Nacht der Finsternis durchzustehen.

Als ich mit euch über das Gleichnis der zehn Jungfrauen sprach, bezog sich das Öl auf den Glauben (Mt 25). Der Bräutigam kam lange nicht, fünf Jungfrauen waren klug, fünf Seelen harrten im Gebet und in der Anbetung aus, um sich nähren, lieben und stärken zu lassen. Dann kam die Nacht, und es wurde kalt in ihrer Umgebung… Doch die Liebe des Dreifaltigen Gottes erwärmte sie, ihre Liebe war glühend, ihr Glaube so vollkommen, dass sie nicht überrascht waren, als man plötzlich den Ruf hörte: «Der Bräutigam kommt!» Sie gingen hinaus, dem Bräutigam entgegen: Das Licht, das von ihm ausging, war so stark, dass sie mit dem Licht der Welt (Joh 8,12) verschmolzen. Sie hatten in der Erwartung ausgeharrt ohne sich von den törichten Jungfrauen beeinflussen oder ablenken zu lassen, sie waren beim Warten nicht eingeschlafen. Die Nacht wurde tiefer… Je mehr die Finsternis die Erde einhüllte, desto mehr beteten sie, hielten Anbetung und lobpreisten… Als der Bräutigam kam, waren sie bereit und gingen mit ihm in den Hochzeitssaal.

Warum spreche ich mit euch über dieses Gleichnis? Um euch deutlich zu machen, dass ihr wachsam sein müsst, meine Kinder, denn ihr kennt weder den Tag noch die Stunde, da ich, Jesus, der Sohn des lebendigen Gottes, vor euch stehen werde (Mt 25,13). Seid klug, seid mutig, seid stark, denn, amen, ich sage euch: «Ich komme». Die Stunde nähert sich mit Riesenschritten, an dem die ganze Erde mit allem, was auf ihr ist, innehalten wird, um auf die Stimme Gottes zu hören.

Tag der Freude für die Kinder des Lichtes, Tag des Grauens für die törichten Kinder der Welt, die sehen werden, wohin dieser Wahnsinn sie gebracht hat zu glauben, dass nichts Sünde ist, dass alles erlaubt ist, dass es den Dämon nicht gibt, dass man auf Gott verzichten kann und Ihn nicht braucht.

Ja, meine Kinder, ich warne euch. Ich bin bereits auf dem Weg meiner Rückkehr, wie meine heilige Mutter, die Unbefleckte Empfängnis euch ankündigte. Betet, kehrt um, bleibt im Stand der Gnade, geht zur Beichte, tut Buße. Denn die Stunde naht, die Gott erwählt hat, um euch zu warnen und euch eine letzte Chance zu geben. Danke, meine Kinder, dass ihr meine Worte ernst nehmt.

Schaut umher, lest die Zeichen der Zeit in dieser Jahreszeit, in der man an Ferien und alle möglichen Vergnügungen denkt. Ich bitte euch, meine Kinder, bleibt wachsam. Zur Zeit des Noah feierte man Feste und trank… Die Erde verdarb unter dem Blick Gottes. Man hatte Gott vergessen. Die Geschichte wiederholt sich und ich sage euch noch einmal: Diese Generation ist die schlimmste aller Generationen!

Wie mein Vater Noah und seine Familie beschützte (Gen 7), beschützt euer Herr und Gott auch euch, meine treuen Kinder, meine Kinder des Lichtes, meine geliebten Kinder. Gott Vater beschützt alle, die sich ihm anvertrauen. Seine Vorsehung ist stets da. Seid gesegnet im Namen des Vaters, im Namen des Sohnes und im Namen des Heiligen Geistes. Amen. Halleluja.

༶

Maria, Mutter der Kirche 2. Juli 2011
Fest des Unbefleckten Herzens Mariens und erster Samstag des Monats

111 – Die Kirche ist aus dem durchbohrten Herzen geboren.
Wer würde seinen einzigen Sohn aufopfern,
um ein anderes Kind zu retten?

Mein Kind, ich danke dir, dass du auf den Ruf der Gnade achtest. Bekreuzige dich und schreibe, bedeckt vom Kostbaren Blut meines göttlichen Sohnes, dem Herrn Jesus Christus.

Ja, mein Kind, sein Blick hat dich hingerissen, sein Blick hat dich ergriffen. Das ist eine besondere Gnade, die er jedem Kind schenkt, das sich ihm mit Liebe, Zärtlichkeit, und Erbarmen nähert und die Angst und Menschenfurcht überwindet. Mein Kind, wenn du wüsstest, welch große Bekehrungen auf der Erde überall dort geschehen, wo das Kruzifix von Limpias verehrt wird! Gleich als du es zum ersten Mal gesehen hast, hast du seine ganze Liebe zu dir und zur ganzen Menschheit begriffen. Du empfingst eine besondere Gnade und bleibst seit diesem Tag mit der Passion Christi vereint...

Höre nicht auf zu schreiben, mein Kind. Ich, die Heilige Jungfrau, die Mutter Gottes, die Unbefleckte Empfängnis, spreche in diesem Augenblick mit dir, um den Kindern, die das Kruzifix von Limpias sehen und verehren, deutlich zu machen, dass sie keine Angst haben sollen. Er ist nichts als Liebe. Aus Liebe gab er sein Leben hin, um euch zu retten. Aus Liebe litt er schwer. Wenn du wüsstest, wie viele Herzen sich veränderten, als sie es aus der Nähe sahen, als sie sich von Ihm, dem aus Liebe Gekreuzigten anschauen ließen. Wie viele Kinder erlebten und empfingen dieselbe Gnade wie du!

Die Gnaden werden all denen geschenkt, die ihr Herz öffnen wollen, um sie zu empfangen. Der Herr hat euch die Freiheit gelassen, an euch ist es zu wählen, was ihr empfangen wollt, was ihr tun oder nicht tun wollt.

Euch wurde auch gesagt, dass alle berufen sind, sich zu bekehren und Kinder Gottes zu werden, für das Reich zu arbeiten, denn die Ernte ist reich... Doch leider gibt es nur wenig Arbeiter! (Mt 9,37) Jeden Tag nimmt die Zahl derer ab, die antworten: «Ja, Herr, hier bin ich». Man möchte sich zu nichts verpflichten, man hat Angst vor allem Heiligen, man fürchtet, lächerlich zu wirken, man hat Angst, dass der Herr zu anspruchsvoll sein könnte, man hat Angst, auf seine alten Angewohnheiten zu verzichten, man hat Angst, Schmerzen zu erdulden, man hat Angst, durch die enge Pforte der zehn Gebote zu gehen (Ex 20), und vor allem hat man Angst, das Evangelium zu leben...

Christus im Todeskampf – Das Gnadenbild von Limpias[18]

---
18. Näheres dazu in «Auffallende Erscheinungen an dem Christusbilde von Limpias», Baron von Kleist, Verlag der Waisenanstalt, Baden 1923

Meine Kinder, was seht ihr, wenn ihr Jesus am Kreuz betrachtet? Meint ihr, dass ein Mensch dasselbe Opfer bringen würde, um insbesondere einen von euch zu retten? Glaubt ihr, dass ihr diese Liebe zu euch bei einem anderen Menschen dieser Welt finden könnt? Nein, meine Kinder, ich glaube nicht. Nur Gott, der Liebe ist, kann euch derart bis zur Torheit des Kreuzes lieben. Es brauchte dieses Herz, das die Welt so sehr geliebt hat, dass es sich durchbohren ließ, um euch mit Gnaden zu überschütten…

Ja, meine geliebten Kinder, die Kirche ist aus seinem durchbohrten Herzen geboren, um sich wie eine gute Mama um alle ihre Kinder zu kümmern und euch durch den Dienst der Priester den Empfang der heiligen Sakramente zu sichern, die euch helfen, im Stand der Gnade zu bleiben, wieder aufzustehen, wenn ihr zu Fall kommt und Kraft in der heiligen Eucharistie zu schöpfen. Seht ihr, mit welcher Liebe mein sanfter Jesus euch geliebt hat und noch immer liebt?

Denkt nach, ich bitte euch! Habt keine Angst (Mt 14,27), dass er zu anspruchsvoll mit euch sein könnte. Er braucht euch, seine Kinder des Lichtes: ja, euch! Vergesst nicht, dass er euch so erwählt hat, wie ihr seid. Er wartet nur auf euer Ja. Alles andere vollbringt der Heilige Geist in jedem von euch.

Danke, meine Kinder, dass ihr meine Worte gut aufnehmt. Seid gesegnet im Namen des Vaters, im Namen des Sohnes und im Namen des Heiligen Geistes. Amen. Halleluja.

൪

Maria, Mutter der Kirche 4. Juli 2011

112 – Die Kirche muss ihren Karfreitag durchmachen.
Ihr dürft die Priester nicht richten, ihr müsst sie unterstützen.

Mein Unbeflecktes Herz blutet von neuem. Bekreuzige dich und schreibe, mein Kind, bedeckt vom Kostbaren Blut meines göttlichen Sohnes, dem Herrn Jesus Christus.

Ja, meine Kinder, ich bin sehr betrübt, denn die Stunde hat geschlagen, da auch die katholische Kirche ihren Karfreitag leben muss. Wie ihr Gründer wird sie ihre schmerzhafte Passion durchmachen, denn die Judasse sind in den Vatikan eingezogen. Die

Freimaurerei hat sich überall eingenistet; heimtückisch wirkt sie im Dunkeln, sie flieht das Tageslicht. Meine Lieblingssöhne ließen sich verführen, und ein Drittel der Sterne des Himmels wurde hinweggefegt.

Meine Kinder, betet, betet, betet für meine geweihten Seelen, denn das Böse ist in die Kirche eingedrungen. Satan hat zum Ziel, Christus in seiner Kirche auszulöschen, indem er eine falsche Kirche aufbaut. Seht ihr, warum ich blutige Tränen weine, warum ich euch bitte zu beten, eure Leiden für meine Priester und meine Kinder aufzuopfern, die ich so sehr liebe? Der Priester ist ein anderer Christus. Deshalb sind die Priester die Zielscheibe des Bösen geworden. Satan will sie zunichtemachen und aufreiben, indem er ihnen Macht, Ruhmsucht und alle möglichen Vergnügungen anbietet und sie vom Wesentlichen ablenkt.

Ihr dürft die Priester nicht richten, meine Kinder, ihr müsst sie mit euren Gebeten unterstützen, denn sie werden gewaltig versucht, und leider ist ein Drittel von ihnen der Versuchung erlegen. Sie haben sich vom Gebet, vom Opfer, vom Fasten entfernt. Sie haben sich nicht die Zeit genommen, den Rosenkranz zu beten.

Ja, meine Kinder, die Kirche wird eine schwere Verfolgung erleben. Betet, dass ihr im Glauben ausharrt, und betet vor allem, dass ihr der Versuchung der Verzweiflung, der Entmutigung, der Angst und – schlimmer noch – des Zweifels nicht erliegt. Deshalb warne ich euch und bereite euch darauf vor, diesen großen Kampf gegen den Glauben zu leben.

Haltet durch, meine Kinder, gemeinsam gehen wir den Weg bis zum Ende. Man wird die Kirche für tot halten, doch ihr wisst, dass auch sie geläutert werden muss, um eine demütige Kirche ohne Flecken noch Falten zu werden, die heilig und rein ist wie mein Herr und Gott, mein Sohn Jesus, der sie gegründet hat.

Danke, meine Kinder, dass ihr für eure heilige Mutter, die Kirche betet. Seid gesegnet im Namen des Vaters, im Namen des Sohnes und im Namen des Heiligen Geistes. Amen. Halleluja.

Euer Heiligstes Herz Jesu   7. Juli 2011

113 – Die Achse der Erde wurde verrückt. Kanada wird schwer getroffen werden. Weiht euch den vereinten Herzen Jesu und Mariens.

Mein Kind, ich danke dir, dass du auf meinen Ruf antwortest. Bekreuzige dich und schreibe, bedeckt von Meinem Kostbaren Blut, zur Ehre Gottes, meines Vaters.

Friede sei mit euch, meine Kinder. Dieser Sturm, den ihr gestern[19] erlebt habt, ist ein Einblick in das, was ihr mehr und mehr erleben werdet. Die Stürme und die Winde werden immer stärker werden. Seht ihr, wie sich die Jahreszeiten verändert haben? Der Frühling war anders... und im Sommer ist es mal warm, mal kalt. Dazu kommt noch der Wind, denn die Natur ist wirklich durcheinander. Das ist eine Folge dessen, dass die Erdachse verrückt wurde... Ihr werdet dramatische Veränderungen erleben.

Ich warne euch vorher, um euch vorzubereiten, ich habe mit euch über gewaltige Erdbeben, über Überschwemmungen, über Erdrutsche, über Stürme gesprochen, die so stark sind, dass sie großen Schaden anrichten!

Ich frische euer Gedächtnis auf. Im September 2010 hatte ich dir gesagt, dass Kanada schwer getroffen wird[20], denn dieses Land, das

---

19. Ein außergewöhnlicher und sehr beeindruckender Staubsturm brach über die Stadt Phoenix in Arizona (USA) herein. Überschwemmungen in Montérégie und im Westen Kanadas im Frühjahr 2011.
20. Botschaft vom 25. September 2010: **Jesus von Nazareth auf dem Weg seiner Rückkehr**
Mein Friede sei mit dir, meine Tochter. Bekreuzige dich und schreibe, bedeckt von meinem Kostbaren Blut, zur Ehre Gottes, meines Vaters. Ja, mein Kind, wir müssen heute über sehr wichtige Dinge sprechen. Ich, das Ewige Wort, spreche in diesem Augenblick gemäß dem göttlichen Willen Gottes, meines Vaters, des Herrn Zebaoth mit dir. Ich will dich davon in Kenntnis setzen, dass alles von einem Augenblick zum anderen umkippen wird. Ich will dir auch sagen, dass du im Haus Weihrauch benutzen sollst, über dem ein Exorzismus gebetet wurde, sowie Weihwasser und geweihtes Salz. Das sollst du in deinem Namen und im Namen all jener tun, die du in deinem Herzen trägst. Wenn du von einer Katastrophe hörst, sollst du von ganzem Herzen für jene beten, die mir entgegengegangen sind, für jene, die geblieben sind und für alle Opfer, denn es wird überall auf der Welt viele Katastrophen geben... Eines der am schlimmsten getroffenen Länder wird euer Nachbar, die Vereinigten Staaten sein. Auch euer

ich so sehr liebe, kehrt mir gerade den Rücken zu. Es wird immer weniger gebetet. Man hat mich abgeschoben, man bittet mich nicht mehr um meinen Schutz. Ihr habt euch daran gewöhnt, auf den Fernsehbildschirmen Katastrophen zu sehen... Meine heilige Mutter und ich, das Heiligste Herz Jesu, haben euch gesagt, dass ihr bereit sein sollt. Alle Kinder müssen die Läuterung durchmachen, niemand ist davor sicher, kein Ort wird verschont... Die Erde selbst muss geläutert werden, um mich bei meiner baldigen Rückkehr empfangen zu können (vgl. 2 Petr 3).

Dennoch sollt ihr keine Angst haben, meine Kinder, Gott tut nichts, ohne euch zu warnen (Am 3,7). Es wird Ereignisse geben, die vom Menschen hervorgerufen werden, und andere von Satan, denn er hat sich geschworen, die Schöpfung des dreimal Heiligen Vaters zu zerstören, die Seele seiner Geschöpfe auszulöschen und sie in den Untergang zu treiben. Er weiß genau, dass sein Ende nahe und bereits gekommen ist, dass seine Tage gezählt sind. Deshalb bringt er die Herzen der Brüder gegen ihre Brüder, die Nationen gegen die Nationen auf, und führt Verkehrsunfälle und Flugzeugunglücke herbei...

Meine geliebten Kinder, meine Kinder des Lichtes, die ihr den Glauben, die Hoffnung und das Vertrauen zu eurem Vater im Himmel sorgfältig bewahrt, seid euch unseres Schutzes sicher. Weiht euch dem Unbefleckten Herzen Mariens, der Mutter Gottes, und dem Heiligsten Herzen Jesu, dem einzigen Sohn des lebendigen Gottes

---

großes Kanada, das mir gerade den Rücken zukehrt: man wirft mich überall hinaus. Hab keine Angst, höre nicht auf zu schreiben, denn jede Prophezeiung muss sich erfüllen, und du weißt genau, dass ich auf das Gebet und die Anbetung jener angewiesen bin, die mir derzeit treu geblieben sind, denn die Stunde kommt, da ein weiterer Teil sich von meinem kleinen Rest abspalten wird. Bete, meine Tochter, um nicht der Versuchung der Verzweiflung, der Untreue und des Zweifels zu erliegen. Tochter meines Heiligsten Herzens, du musst mehr denn je mit der dreimal heiligen Vorsehung Gottes des Vaters und mit dem Heiligsten Herzen deines geliebten Jesus verbunden bleiben, um dich vom Heiligen Geist leiten zu lassen, der bei dir und in deiner Umgebung wirklich am Werk ist. Binde dich an das Heiligste Herz Jesus und an des Unbefleckte Herz Mariens. Deshalb nehme ich mir die Zeit, dich und all die Meinen zu warnen, wie ich es an allen Enden der Erde mache. Habt keine Angst, glaubt an die Vorsehung, hofft auf Gott, euren Retter und vor allem verzweifelt nicht. Bewahrt euren Frieden und eure Freude. Seid gesegnet im Namen des Vaters, im Namen des Sohnes und im Namen des Heiligen Geistes. Amen. Halleluja.

und Marias von Nazareth. Hört nicht auf zu beten, das Allerheiligste Altarsakrament anzubeten und zur Beichte zu gehen. Ihr kennt weder den Tag noch die Stunde, da ich vor euch stehen werde. Legt euren Gürtel nicht ab, meine Kinder (Lk 12,35). Seid wachsam. Lasst euch nicht ablenken unter dem Vorwand, dass ihr im Urlaub seid… Seid klug, lasst eure Lampe brennen und hängt euch an den heiligen Rosenkranz, das ist euer größter Schutz!

Danke, meine Kinder, dass ihr meine Worte ernst nehmt. Seid gesegnet im Namen des Vaters, im Namen des Sohnes und im Namen des Heiligen Geistes. Amen. Halleluja.

∾

Maria, Mutter der Schmerzen 8. Juli 2011

114 – Der Glaubensabfall ist flächendeckend.
Der Vater wird von seinen Kindern schwer verletzt.
Das Allerheiligste Altarsakrament wird entheiligt.

Friede sei mit dir, mein Kind. Bekreuzige dich und schreibe, bedeckt vom Kostbaren Blut meines göttlichen Sohnes, dem Herrn Jesus Christus.

Ich bin die Mutter der Schmerzen. Mein Unbeflecktes Herz wird von neuem durchbohrt beim Anblick dieser großen Gleichgültigkeit in den Herzen so vieler Kinder. Der Glaubensabfall ist flächendeckend, man hat den Glauben und den Sinn für das Heilige verloren. Alles ist normal geworden, nichts ist schlecht, man könnte sogar sagen, dass das Gute schlecht gemacht wird, man will nichts von den Geboten (Ex 20) wissen. Es ist störend, wenn man über Gott, über Jesus oder über Maria, seine Mutter spricht. Man macht alles lächerlich, man spottet über die Kirche, man lästert Gott überall.

Oh meine Kinder, ich bin sehr betrübt, denn der Kelch läuft über! Der Vater wird von seinen Kindern derart verletzt, die er erschaffen hat und so sehr liebt! Doch ihr wisst genau, meine Kinder, dass Gott keinen Spott mit sich treiben lässt (Gal 6,7). Jesus, mein sanfter Jesus wird derart beschimpft. Man begeht schwere Gotteslästerungen seiner Erhabenen Person im Allerheiligsten Altarsakrament gegenüber.

Die heiligen Engel weinen, sie sind sehr betrübt über diesen Mangel an Achtung der Realpräsenz Jesu in der heiligen Eucharistie gegenüber. Sie halten ständig Anbetung vor allen Tabernakeln der Erde, denn mein göttlicher Sohn wird völlig vergessen.

Er wartet auf einen Besuch seiner Kinder, die nicht kommen. Er ist allein. Er ist auf der Suche nach einem Besuch, doch leider vergisst man ihn, man denkt nicht mehr an ihn, man glaubt nicht mehr an ihn, man zweifelt an ihm, man will nichts von ihm wissen. Dabei hat er euch aus Liebe alles geschenkt, um euch zu retten.

Amen, amen, ich sage euch, meine geliebten Kinder, betet, betet, betet, um die Gnade zu erhalten, bis zum Schluss auszuharren, um zu dem ganz kleinen Rest der Kinder zu gehören, die im Glauben, im Vertrauen, in der Hingabe und vor allem im Gehorsam den Gesetzen Gottes gegenüber bis zum Ende aushalten, um noch zu dem kleinen Rest zu gehören, wenn mein Sohn zurückkommt und sagt: «Kommt her, die ihr von meinem Vater gesegnet seid» (Mt 25,34).

Ja, meine geliebten Kinder, betet den heiligen Rosenkranz, unterschätzt seinen überaus mächtigen Schutz nicht, er ist die mächtigste Waffe für diese Zeiten, die die letzten sind. Am Ende wird mein Unbeflecktes Herz siegen. Danke, meine Kinder, dass ihr meine Worte aufnehmt. Seid gesegnet im Namen des Vaters, im Namen des Sohnes und im Namen des Heiligen Geistes. Amen. Halleluja.

Maria, Königin des Friedens   12. Juli 2011

115 – Die Herzen sind voller Angst und Verzweiflung, sie vergessen, dass sie einen Vater voller Liebe haben. Betet zum Heiligen Geist.

Friede sei mit dir, mein Kind. Bekreuzige dich und schreibe, bedeckt vom Kostbaren Blut meines göttlichen Sohnes, dem Herrn Jesus Christus.

Siehst du, mein Kind, wie es von Tag zu Tag schwieriger wird, den Frieden zu bewahren? Schau umher: Die Herzen sind betrübt, voller Angst und Verzweiflung…

Und doch habe ich euch so manches Mal gesagt: Betet, betet, betet, meine Kinder. Gibt es etwas Schöneres als das Herzensgebet, dieses Zwiegespräch zwischen dem Geschöpf und seinem Schöpfer, zwischen dem Kind und seinem Vater? Es ist das schönste Gebet, es kommt in aller Einfachheit und mit einem großen Vertrauen aus einem kindlichen Herzen und führt zu einem Leben in kindlicher Hingabe.

Überall auf der Welt leben die Kinder in der Angst: Angst vor der Zukunft, Angst vor dem Leben, und sie vergessen, dass sie einen Vater haben, der jedem von ihnen eine so große Liebe entgegenbringt, der auf den Ruf seines Kindes wartet. Vergesst nicht, meine Kinder: Wenn ein Armer schreit, hört ihn Gott und kommt ihm zu Hilfe. Er kann die Kinder nicht im Stich lassen, die auf ihn zählen, die ihm vertrauen und entschieden haben, seinem göttlichen Sohn, unserem Herrn Jesus Christus nachzufolgen.

Meine geliebten Kinder, wenn euch Beklommenheit verwirrt, wenn Angst oder Stress sich einnisten... dann müsst ihr also sofort singen, lobpreisen, den Heiligen Geist bitten, mit all seinen Früchten zu kommen und Frieden, Freude, Vertrauen und Liebe in eure Herzen zu bringen. Und preist vor allem den Herrn, meine Kinder, für alle Wohltaten, die ihr im Lauf der Jahre empfangen habt. Macht euch all die Male bewusst, da seine göttliche Vorsehung da war und euch zu Hilfe kam. Das sollt ihr wissen, meine Kinder: Hinter den Händen, die euch in jeder schwierigen Situation zu Hilfe kamen, seid ihr der allmächtigen Hand Gottes, des Vaters begegnet.

Gott Vater, der über jedem von euch gewacht hat, hat auch das Werkzeug erwählt, das euch zu Hilfe kam. Vertraut ihm also alle eure Sorgen, eure Müdigkeit, eure Krankheiten, eure Ängste an. Er kann euch befreien, denn seine Last ist leicht (Mt 11,28). Euer Jesus, der Liebe ist, wird sie auf sich nehmen, um eure Last, eure Bürde zu erleichtern. Kommt zu ihm, wenn ihr schwere Lasten tragt, dann wird Jesus, der Sohn des lebendigen Gottes euch erleichtern.

Seid gesegnet im Namen des Vaters, im Namen des Sohnes und im Namen des Heiligen Geistes. Amen. Halleluja.

Maria, Königin des Friedens 13. Juli 2011

116 – Einen uneingeschränkten Glauben an den Gott des Unmöglichen haben, sich seiner Vorsehung hingeben, Ihm jeden Tag danken.

Meine Kinder, ich bitte euch, bewahrt den Frieden und das Vertrauen zu eurem Vater im Himmel. Bekreuzige dich, meine Kind, und schreibe, bedeckt vom Kostbaren Blut meines göttlichen Sohnes, dem Herrn Jesus Christus.

Euer Glaube soll stärker, fester sein: ein uneingeschränkter Glaube an Gott, euren Vater. Vergesst nicht, dass er der Gott des Unmöglichen ist, sein Wort ist Wahrheit. Seine Worte schenken Leben und Hoffnung, auch wenn dem alles zu widersprechen scheint. Hört nicht auf, im reinen Glauben voranzugehen. Vergesst auch nicht, dass ihr alles erhaltet, was ihr im Gebet voller Glauben erbittet.

Ihr müsst euch der Vorsehung hingeben, denn euer himmlischer Vater weiß, was ihr braucht: Sorgt euch also nicht um euer Morgen, jeder Tag hat genug eigene Plage (Mt 6,34). Überlasse die Sorgen denen, die dem dreimal Heiligen Vater nicht vertrauen, die ihn nicht kennen wollen und die an seiner Allmacht zweifeln.

Meine Kinder des Lichtes, ihr dürft nicht aufhören zu beten, zu glauben, zu hoffen und zu danken. Es ist sehr wichtig, Ihm im Voraus für das zu danken, worum ihr Ihn bittet: Das ist der Beweis, dass ihr sicher seid, erhört zu werden. Viele vergessen zu danken: Danke Vater, Danke Herr. Sie vergessen zu danken, wenn sie die erbetene Gnade erhalten.

Ja, meine Kinder, ich, eure himmlische Mama Maria, ermutige euch heute Abend und sage euch, wie sehr Gott Vater, Sohn und Heiliger Geist euch liebt und euch beschützt. Seid euch seines Schutzes sicher. Bittet Ihn um die Gnaden, die heilige Hingabe zu leben und in eurem Glauben voranzukommen.

Danke, meine Kinder, dass ihr meine Worte gut aufnehmt. Seid gesegnet im Namen des Vaters, im Namen des Sohnes und im Namen des Heiligen Geistes. Amen. Halleluja.

Maria, Königin des Friedens 14. Juli 2011

*117 – Wie Gott sein Volk in das Gelobte Land führte,
so führt er es jetzt zur Neuen Erde.*

Friede sei mit dir, mein Kind. Bekreuzige dich und schreibe, bedeckt vom Kostbaren Blut meines göttlichen Sohnes, dem Herrn Jesus Christus.

Ja, meine Kinder, ich weiß, dass es manchmal schwierig ist, euren Frieden und euer Vertrauen in dieser Welt zu bewahren, die von allen möglichen Geisteshaltungen geprägt ist, die euch zur Angst und zur Verzweiflung führen… Doch ich sage euch noch einmal: «Haltet durch, meine Kinder, haltet euch am Heiligsten Herzen Jesu und an meinem Unbefleckten Herzen fest. Seid beharrlich im Gebet, in der Anbetung und bewahrt die Ruhe. Lasst den lärmenden Wind vorüberziehen und achtet auf das Wehen des Heiligen Geistes, der in einem leisen Säuseln kommt und euch hilft, euren Weg fortzusetzen.»

Meine geliebten Kinder. Bittet den Heiligen Geist, eure Herzen zu öffnen, damit ihr die Gnaden empfangt, die ihr braucht, um euren Tag gut zu leben und seinen Schutz zu erfahren. Weiht ihm eure Tage, damit er euch führt.

Seid unerschütterlich in eurem Glauben und in euren Überzeugungen. Lasst euch von niemandem entmutigen und noch weniger von all dem, was ihr so hört. Haltet euch an eurem Herrn und Gott fest, er kennt eure Bedürfnisse, er weiß, was er tut. Vergesst nicht, dass alles, was Gott für euch tut, das Bestmögliche ist, denn der Vater kennt jedes einzelne seiner Kinder.

Ich sage euch immer wieder: Vertraut Ihm, meine Kinder! Wie er sein erwähltes Volk durch Mose ins Gelobte Land führte (vgl. Exodus), so führt Er euch jetzt zur Neuen Erde und zum Neuen Himmel. Seid gewiss, dass er sich sorgfältig um seine Kinder kümmert. Habt keine Angst. Er kann euch nicht im Stich lassen noch euch vergessen.

Vergesst nicht, dass Gott Vater euch alles geschenkt hat, als er euch seinen einzigen Sohn, sein Ewiges Wort, seinen Jesus, wahrer Gott und wahrer Mensch[21] schenkte. Der Allmächtige Vater vergisst

---

21. Jesus IST der, der IST.

Seine Liebe nicht, noch die Verheißung, die er allen seinen Kindern gegeben hat, die sagen: «Vater, ja ich komme, um deinen Willen zu tun» (Ps 40).

Meine Kinder, danke für eure Beharrlichkeit und eure Treue. Empfangt meinen ganz besonderen mütterlichen Segen[22] im Namen des Vaters, im Namen des Sohnes und im Namen des Heiligen Geistes. Amen. Halleluja.

༄

Jesus, König der Könige 17. Juli 2011

118 – Bald werdet ihr eine endgültige Wahl zwischen dem Himmel und der Hölle treffen müssen. Diese Prüfung wird von den notwendigen Gnaden begleitet.

Friede sei mit dir, mein Kind. Bekreuzige dich und schreibe, bedeckt von meinem Kostbaren Blut, zur Ehre Gottes, meines Vaters.

Heute sprechen wir über eure Entscheidungen, denn sehr bald werdet ihr ganz entschieden und in aller Freiheit eure Antwort auf die Frage geben müssen, die jedem gestellt wird: Stehen mein Herz, mein Geist, mein Wesen unter dem Einfluss des Heiligen Geistes oder unter dem Einfluss der Welt, des Fleisches oder des Dämons? Seid schon jetzt wahr und unverfälscht, meine Kinder.

Erforscht euer Gewissen, bevor ihr antwortet, und schaut, ob euer Verhalten, eure Gedanken, eure Tage und euer Leben das Spiegelbild des Evangeliums und der Lehre sind, die der heilige Paulus euch in seinen Briefen übermittelt hat.

Wenn ihr feststellt, dass es in der Tiefe eurer Herzen schlechte Neigungen gibt und ihr euch bessern wollt, um dem Blick eures Gottes und eures Vaters angenehm zu sein, dann ruft sofort zum Heiligen Geist, meine Kinder, damit Er euch zu Hilfe kommt und wieder gerade biegt, was krumm ist, und löst, was in euch erstarrt ist. Er ist der Vater der Armen und kommt in euer Herz, um alles wieder gerade zu machen, was in eurer Intelligenz, eurem Geist und euren Herzen fehlgeht.

---

22. Die Jungfrau von Medjugorje hat ihren besonderen mütterlichen Segen zum ersten Mal am 24. Juni 1986 auf dem Berg Krizevac gegeben.

Ja, meine Kinder, öffnet weit eure Herzen, um das Licht zu empfangen, das den Weg erleuchtet, dem ihr in dieser Zeit der großen Verwirrung folgen sollt, in der euer Glaube hart geprüft wird. Vertraut dem Heiligen Geist, der immer da ist, um euch die nötigen Gnaden zu geben, die euch zum ewigen Leben führen. Lasst euch nicht entmutigen, und lasst euch nicht von der Wahrheit abbringen. Folgt meinem Stellvertreter Papst Benedikt XVI.

Betet, betet, betet viel für meine Priester, meine Bischöfe, meine Kardinäle und für meine geweihten Seelen. Heute mehr denn je sind sie sehr auf euer Gebet angewiesen. Ich vertraue sie euch an! Unterstützt sie und vergesst nicht, dass am Ende das Unbefleckte Herz meiner heiligen Mutter siegen wird, wie es von den Prophezeiungen vorhergesagt wurde.

Hört nicht auf, euch dem Heiligen Geist anzuvertrauen, der in diesen Zeiten, die die letzten sind, wirklich am Werk ist. Seid gesegnet im Namen des Vaters, im Namen des Sohnes und im Namen des Heiligen Geistes. Amen. Halleluja.

Maria, Königin des Friedens   19. Juli 2011

119 – Der große Glaubensabfall, ein Zeichen, dass die Rückkehr Jesu Christi unmittelbar bevorsteht. Ihr findet Zuflucht in der Arche des Neuen Bundes: dem Unbefleckten Herzen Mariens.

Friede sei mit dir, mein Kind. Bekreuzige dich und schreibe, bedeckt vom Kostbaren Blut meines göttlichen Sohnes, dem Herrn Jesus Christus.

Ja, meine geliebten Kinder, die Zeit eilt. Kehrt zu eurem Gott, eurem Vater zurück, bevor es zu spät ist. Nutzt die letzte kurze Zeit der Barmherzigkeit, die bald der Zeit der göttlichen Gerechtigkeit Platz macht, denn das Böse hat sich überall eingeschlichen, es gibt keine Achtung mehr vor nichts. Der Betrug und die Gewalt sind allgemein verbreitet, die Homosexualität und der Lesbianismus wurden legalisiert und die Abtreibung treibt ihr Unwesen: All diese Millionen unschuldiger Opfer, die jedes Jahr umgebracht werden, und die vor dem dreimal Heiligen Vater nach Gerechtigkeit schreien!

Ja, meine Kinder, ich weine von neuem blutige Tränen, denn ich sehe den großen Glaubensabfall... der Verlust des Glaubens ist ein echter Glaubensabfall: Das ist ein wichtiges Zeichen dafür, dass die Rückkehr in Herrlichkeit meines göttlichen Sohnes Jesus Christus nahekommt. Dann wird sich das Wort des Evangeliums erfüllen (Lk 18,8): «Wird jedoch der Menschensohn, wenn er kommt, auf der Erde noch Glauben vorfinden?» Meine Kinder, ich möchte euch einladen, diese Worte zu betrachten, die mein Sohn Jesus gesprochen hat. Es sind ernste Worte, die einen sehr zum Nachdenken bringen und euch helfen werden, die Zeit recht zu verstehen, in der ihr lebt. Ihr müsst euch auf sein zweites Kommen vorbereiten.

Noch nie zuvor war eine Generation so böse wie die derzeitige Generation, die alle Grenzen überschritten hat. Der Mensch hat alles zerstört, da er sich vom Geist des Bösen beeinflussen ließ. Schaut umher und seht all die Gefahren, die euch auflauern. Wenn die Weltwirtschaft zusammenbricht, folgt schnell die Verschlechterung der gesellschaftlichen Situation. Der weltweite Hunger wird vor eurer Türe stehen, überall wird es Naturkatastrophen geben.

Ich warne euch, damit ihr aufpasst, damit ihr euch von nichts und niemandem beeinflussen oder ablenken lasst, damit ihr euch dem Heiligsten Herz Jesu und meinem Unbefleckten Herzen weiht. Wir werden euer Zufluchtsort sein, denn ich bin die Arche des Neuen Bundes. Seid treu und gehorcht dem Stellvertreter meines sanftmütigen Jesus, Papst Benedikt XVI. Ich sage euch nochmals, meine Kinder des Lichtes: Die Zeit naht, da ihr Zeugnis von eurer Treue und eurem Gehorsam den göttlichen Gesetzen gegenüber geben werdet.

Doch habt keine Angst. Ich, die Unbefleckte Empfängnis, die Mutter meines Herrn und meines Gottes Jesus Christus, dem Herrn, bin bei euch und werde in diesen so schwierigen Zeiten bei euch sein, meine Kinder. Kehrt um und vergesst nicht, dass ihr durch das Gebet alles erlangen könnt. Mit dem Gebet, der Umkehr und der Buße könnt ihr jede Katastrophe, jeden Krieg, ALLES aufhalten, meine Kinder, wenn euer Gebet ein Herzensgebet ist. Deshalb ist es so wichtig, mit dem Herzen zu beten. Vergesst nicht, dass euer Vater der Gott des Unmöglichen ist. Vertraut ihm und liebt ihn mit ganzem Herzen, mit ganzer Seele und mit all euren Gedanken (Lk 10,27).

Danke, meine Kinder, dass ihr mir erlaubt, euch von neuem zu sagen, warum die Zeit des Gebets und der Anbetung gekommen ist. Ja, die Stunde ist zu ernst, doch gemeinsam nähern wir uns der Stunde des Triumphs des Unbefleckten Herzens eurer himmlischen Mama. Ich liebe euch und beschütze euch. Seid gesegnet im Namen des Vaters, im Namen des Sohnes und im Namen des Heiligen Geistes. Amen. Halleluja.

༅

Maria, Königin des Friedens   21. Juli 2011

120 – Mit dem Herzen beten;
manchmal genügt ein einfacher Blick zum Himmel.
Alles aufopfern und alles zur Ehre Gottes tun.

Alle Ehre und aller Lob sei Gott Vater, Gott Sohn und Gott Heiliger Geist. Bekreuzige dich und schreibe, mein Kind, bedeckt vom Kostbaren Blut meines göttlichen Sohnes, dem Herrn Jesus Christus.

Siehst du, mein Kind, wie der Zweifel versucht, in die Herzen der Kinder einzuziehen, die noch ein wenig Glauben haben? Wie oft habe ich euch gesagt, dass ihr mit dem Herzen beten sollt? Auch wenn es nur ein kurzer Satz ist, der mit Liebe, Glauben und Vertrauen gesprochen wird, ist es ein schönes Gebet, das wie Weihrauch zum Dreifaltigen Thron aufsteigt.

Manchmal ist man derart müde und so bedrückt, dass ein einfacher Blick zum Himmel ohne Worte als Gebet genügt. Wenn ihr zum Himmel schaut, sucht ihr den Vater, denkt ihr an den Vater. Tut alles zu seiner Ehre. Durch diese kleinen Dinge, die ihr den ganzen Tag über tut, wird Euer Leben ein Opfer …

Am Abend könnt ihr eurem Herrn und eurem Gott dann einen Blumenstrauß schenken, die Blumen eurer Gesten, eurer Worte und eurer Taten, eurer Arbeit, eurer Werke der Nächstenliebe, der Geduld, der Liebe und des Glaubens. Alles, alles, was euren Tag ausmacht, könnt ihr aufopfern, sogar euren Kummer, eure Sorgen und eure Zerstreutheit. Nichts, gar nichts ist verloren, alles gereicht zur Ehre Gottes.

Meine Kinder, jeden Tag müsst ihr das Geschenk des Lebens mit Freude und in tiefer Dankbarkeit annehmen: Das ist das schönste Geschenk, das euer Vater euch macht.

Der Vater hat euch erschaffen, um euch zu lieben und damit auch ihr ihn mit ganzem Herzen, mit eurem ganzen Geist und allen euren Kräften liebt und ihm so seine Liebe vergeltet (Lk 10,27). Ist es zu viel verlangt, im Frieden und in der Freude zu bleiben? Seid wie Kinder, die lieben, die gehorchen, die hören und die vor allem ihrem Vater und ihrer Mutter zutiefst vertrauen.

Ja, seid wie die ganz kleinen Kinder und schmiegt euch voller Liebe in die Arme eures lieben Papas im Himmel und in die Arme eurer himmlischen Mama Maria. Seid gesegnet im Namen des Vaters, im Namen des Sohnes und im Namen des Heiligen Geistes. Amen. Halleluja.

ა

Maria, Mutter der Kirche 25. Juli 2011

121 – Betet, um die Gnade der Reue für die verlorenen Söhne der ganzen Welt zu erlangen.

Friede sei mit dir, mein Kind. Bekreuzige dich und schreibe, bedeckt vom Kostbaren Blut meines göttlichen Sohnes Jesus Christus, dem Herrn.

Finstere Tage ziehen auf, denn alles muss sich erfüllen. Alles muss vor der Rückkehr in Herrlichkeit meines göttlichen Sohnes Jesus geschehen. Doch habt keine Angst, denn der dreimal Heilige Vater sorgt liebevoll für seine Kinder, die ihm alles gegeben und frei gewählt haben, Christus Jesus nachzufolgen. Er hat seine mächtige Hand auf jeden von euch gelegt und er hält seine Versprechen. Seid im Frieden, in der Freude und im Dank für die vielen Wohltaten, die ihr empfangen habt.

Ich bitte euch, hört nicht auf zu beten und für alle eure Brüder und Schwestern der ganzen Welt Fürbitte zu halten, damit sie zu gegebener Zeit die Gnade der Reue annehmen, mit einem reumütigen Herzen zurückkehren und den Vater, ihren Schöpfer, den Sohn, ihren Erlöser und den Heiligen Geist um Vergebung bitten, der sie heiligt.

Ja, meine geliebten Kinder, ich bin auf euer Gebet angewiesen, um die verhärteten Herzen zu erreichen, die sich der Gnade und dem herzzerreißenden Schrei des Unbefleckten Herzens eurer himmlischen Mama verschlossen haben, die sie alle retten will. Ja, ich will alle meine Kinder retten, die ich am Fuß des heiligen Kreuzes geboren habe, wo ich das Erbe meines Herrn und Gottes, meines Sohnes Jesus Christus empfangen habe: die geistliche Mutterschaft. Ja, ich habe euch alle um den Preis eines schrecklichen Leidens geboren, als ich mein Kind grausam an das Kreuz genagelt sah. Ich habe euch um den Preis seines Lebens in dem feierlichen Augenblick geboren, in dem er mir gesagt hat (Joh 19,26): «Frau, siehe dein Sohn.» In diesem erhabenen Augenblick bin ich die Mutter der ganzen Menschheit geworden.

Ich habe euch alle mit Liebe empfangen, denn, ja, ich liebe euch meine Kinder. Deshalb bitte ich euch: bekehrt euch, tut Buße, geht zur Beichte, um im Stand der Gnade zu sein, denn ich wünsche, dass ihr alle gerettet werdet. Ich erbitte Gnaden der Umkehr für alle meine Kinder. Jeden Sünder, der zu mir kommt, nehme ich auf wie den verlorenen Sohn. Ich wasche ihn mit meinen Tränen und schmücke seine Seele mit den schönsten Tugenden wie mit Blumen. Ich lehre ihn den Weg, dem er folgen muss. Ich nehme ihn in die Arme und lehre ihn so das Evangelium, damit er Jesus, seinen Bruder kennenlernt, der ihn so sehr geliebt hat, dass Er sein Leben für ihn hingegeben hat, um ihn zu retten, damit er den Vater kennenlernt und die große Liebe Gottes, des Vaters begreift, der ihm alles geschenkt hat, als er ihm seinen einzigen Sohn geschenkt hat, damit die Kindesliebe in seinem Herzen Wurzeln schlägt durch das Feuer, das der Heilige Geist in ihm entzündet.

Betet, betet, betet für all jene, die sich vom Glauben und der Kirche entfernt haben. Betet für die Ungläubigen, betet für die ganze Menschheit, denn ihr seid die Kinder Gottes, des Vaters, der euch alle erschaffen hat. Kehrt zu ihm zurück, bevor es zu spät ist!

Danke, meine Kinder, dass ihr meine Bitten aufnehmt. Ich liebe euch und segne euch im Namen des Vaters, im Namen des Sohnes und im Namen des Heiligen Geistes. Amen. Halleluja.

Maria, Königin des Friedens 26. Juli 2011

122 – Seid in der Freude, denn eure Befreiung ist nahe.
Bittet den Heiligen Geist, den Glauben in euren Herzen
zu vermehren.

Gelobt sei, der da kommt im Namen des Herrn. Bekreuzige dich und schreibe, mein Kind, bedeckt vom Kostbaren Blut meines göttlichen Sohnes, dem Herrn Jesus Christus.

Gesegnet sei, wer an sein Wort geglaubt hat und glaubt (Joh 20,29): «Selig sind, die nicht sehen und doch glauben!» Ja, meine Kinder, euer Glaube soll größer und stärker sein, er muss unerschütterlich werden: Ihr braucht einen erprobten Glauben nach dem Vorbild eures Vaters Abraham, der wider alle Hoffnung gehofft und geglaubt hat. Dann hat Gott Vater ihn weit über seine Erwartung hinaus erfüllt.

Bittet den Heiligen Geist immer, den Glauben in euren Herzen zu vermehren. In der kommenden Zeit ist das entscheidend, denn ihr werdet fast gezwungen sein, möchte ich sagen, im reinen Glauben voranzugehen, manchmal ohne etwas zu verstehen, denn es werden große Veränderungen eintreten.

Ja, meine geliebten Kinder, ihr müsst euch darin üben, Akte des Glaubens zu vollbringen, mit einer großen Gewissheit zu glauben, dass Gott Vater da ist und euch beschützt, dass seine göttliche Vorsehung über jedes seiner Kinder wacht. Übt euch darin, an sein Wort, Sein Ewiges Wort, seinen einzigen Sohn Jesus Christus zu glauben, indem ihr seinen Schritten in dieser so finsteren Nacht folgt. Er ist da, um euren Weg zu erleuchten, er ist das Licht der Welt (Joh 8,12), das seine Brüder und Schwestern von neuem mit Macht erlöst.

Seid voller Freude, meine Kinder, denn eure Befreiung ist nahe (Lk 21,28). Jubelt, denn der Geist und die Braut sagen «Komm». Ja, kommt meine geliebten Kinder, sättigt euch am Heiligsten Herzen Jesu, sucht eure Zuflucht im Unbefleckten Herzen eurer himmlischen Mama Maria. Seid gesegnet im Namen des Vaters, im Namen des Sohnes und im Namen des Heiligen Geistes. Amen. Halleluja.

Maria, Königin des Friedens 27. Juli 2011

123 – Jesus ist bei seiner ersten Ankunft durch Maria gekommen. Durch sie kommt er in Herrlichkeit bei seiner zweiten Ankunft.

Danke, mein Kind, bekreuzige dich und schreibe, bedeckt vom Kostbaren Blut meines göttlichen Sohnes, dem Herrn Jesus Christus.

Heute Abend bitte ich euch, die Weihe an das Heiligste Herz Jesu und an das Unbefleckte Herz eurer himmlischen Mama sehr ernst zu nehmen.

Wie ich vom allmächtigen Vater erwählt wurde, um die Mutter seines einzigen Sohnes zu werden (des Ewigen Wortes, das bei seiner ersten Ankunft in meinem jungfräulichen Schoß Fleisch angenommen hat und in der Stille einer kalten Nacht auf die Welt gekommen ist, das Licht der Welt (Joh 8,12), um die schönste Nacht der Welt zu erhellen, in der der Sohn Gottes seine Herrlichkeit beim Vater verlassen hat, um seine Brüder und Schwestern aus der Sklaverei der Sünde zu befreien), so hat mich die heilige Dreifaltigkeit durch eine göttliche Bestimmung von neuem erwählt, den Weg für die zweite Ankunft Jesu in seiner Herrlichkeit durch den Triumph meines Unbefleckten Herzens vorzubereiten.

Von neuem kommt er durch mich, seine heilige Mutter, zu euch allen, seinen Brüdern und Schwestern, um euch aus dieser finsteren Nacht zu retten, die die Welt in die eisige Kälte des Glaubensverlustes hüllt. Er erleuchtet euch von neuem in dieser tiefen Nacht, in der die Verwirrung ihren Höhepunkt erreicht. Ja, meine Kinder, freut euch, denn das Licht der Welt (Joh 8,12) ist bereits auf dem Weg der Rückkehr, um euch neues Leben zu schenken. Bereitet euch durch das Gebet, die Anbetung und die innere Sammlung vor und lasst euch vom Heiligen Geist unterweisen. Er weht in euren Herzen in einem leichten Säuseln mit seiner glühenden Liebe. Der Heilige Geist entzündet euch mit seiner Liebe, damit ihr in der Liebe eines Kindes zu Gott Vater entbrennt und sagt: Abba, ich liebe dich, Abba, ich bete dich an, Abba, ich glaube an dich und ich erkenne dich als meinen einzigen Gott, meinen einzigen Vater, meinen Schöpfer an.

Ja, meine geliebten Kinder, lasst euch von der Dreifaltigen Liebe entzünden, empfangt in euren Herzen die nötigen Gnaden für den Übergang, bei dem ihr den alten Menschen zurücklasst und den neuen

Menschen anzieht (Eph 4,24), der dem Heiligen Geist, dem Geist des Lichtes, dem Geist Gottes allen Raum lässt. Werdet eurem Vater, eurem Gott, dem Herrn, Jahwe Zebaoth, dem Gott Abrahams, Isaaks und Jakobs ähnlich.

Seid gesegnet im Namen des Vaters, im Namen des Sohnes und im Namen des Heiligen Geistes. Amen. Halleluja.

༶

Maria, Königin des Friedens 29. Juli 2011
Heilige Marta

124 – Sich immer den Händen des himmlischen Vaters überlassen. Ruft in der Versuchung sofort zur Mutter Gottes.

Mein Kind, du musst mehr und mehr in der heiligen Hingabe leben. Bekreuzige dich und schreibe, bedeckt vom Heiligen Blut meines göttlichen Sohnes, dem Herrn Jesus Christus.

Habt keine Angst, seid mutig und stark. Seid beharrlich im Gebet. Ihr müsst alle in der Hingabe an die dreimal heiligen Hände eures himmlischen Vaters leben, ihr müsst ihm alle mehr vertrauen. Er ist wirklich in eurem Leben gegenwärtig, besonders im Leben derer, die glauben und alles von ihm erhoffen. Hört aufmerksamer auf den Ruf der Gnade, auf die Eingebung des Heiligen Geistes. Lasst euch nicht von den Fallen ablenken, die der Feind euch auf eurem Weg stellt. Vergesst nicht, dass er derzeit alles tut, um euch vom Gebet abzubringen, um euch zu erschöpfen, euch zu entmutigen und euch zu zermürben. Passt auf, meine Kinder, seid wachsam, sehr wachsam.

Betrachtet das heutige Evangelium, vor allem jenen Satz, den mein göttlicher Sohn zu Martha gesagt hat (Lk 10,41): «Du machst dir viele Sorgen und Mühen. Aber nur eines ist notwendig.»

Ja, meine geliebten Kinder, lasst die Sorgen beiseite, die euer ganzes Wesen in Unruhe versetzen und den Frieden von euch fernhalten, die euch um das Vertrauen, die Geduld und die Hingabe an euren Papa im Himmel bringen und wegen der ihr das Wesentliche vergesst.

Wenn ihr eine Versuchung aufsteigen spürt, ruft sofort zu mir, meine Kinder. Die Mutter des Sohnes Gottes ist auch eure Mutter.

Ich gebe euch die Kraft und die nötigen Gnaden, um zu widerstehen und euren Frieden zu bewahren.

Nur eines ist notwendig, meine Kinder: Bewahrt euren Frieden, um den Heiligen Geist zu empfangen, der eure Herzen für die Liebe Gottes, des Vaters und für die Liebe Gottes, des Sohnes öffnet.

Das ist derzeit das Entscheidende für jeden von euch, meine Kinder des Lichtes. Seid gesegnet im Namen des Vaters, im Namen des Sohnes und im Namen des Heiligen Geistes. Amen. Halleluja.

༄

Euer Gekreuzigter der Liebe   1. August 2011

125 – Weiht dem Vater den Monat August.
Törichte Generation, erwache vor der Warnung!

Friede sei mit dir, mein Kind, endlich bist du da. Bekreuzige dich und schreibe, bedeckt mit meinem Kostbaren Blut, zur Ehre Gottes, meines Vaters.

Ja, meine Kinder, versucht stets, euren Frieden zu bewahren, was immer geschieht. Lasst den Lärm aller Art vorüberziehen, lasst euch nicht ablenken, denn die Stunde ist zu ernst. Wir müssen euch das immer wieder sagen, damit ihr das Ausmaß der Gefahren begreift, die euch auflauern. Seht die Folgen, die ihr tragen müsst, all das Übel und das Leiden, das ihr euch selbst zufügt, wenn ihr euren Frieden verliert. Wenn ihr dagegen eure täglichen Prüfungen im Frieden annehmt, wenn ihr zu Mir kommt, sie mir aufopfert, mir alles übergebt und mir die Freiheit lasst zu handeln, kann ich euch helfen und euch die Kraft geben, sie zu überwinden, wenn es dem Wohl eurer Seelen dient. Ich kann sie wegnehmen und sogar ihre Folgen wiedergutmachen, denn ich bin der Gott des Unmöglichen (vgl. Mk 9,23).

Vertraut mir, meine Kinder. Ihr werdet sehen, wie ihr alles unbeschwert durchsteht in dem Wissen, dass ihr nicht allein seid, denn ich bin bei euch, meine ganz Kleinen.

An diesem ersten Tag im August bitte ich euch, auf besondere Weise zu Gott, meinem Vater zu beten, damit dieser Monat ihm geweiht sei. Ich will in jedem eurer Herzen eine ganz besondere Verehrung für den Vater der Barmherzigkeit, für den Vater der Liebe wecken. Ja, meine Kinder, betet mit ganzem Herzen und mit all eurer Kraft zu ihm, betet für eure Brüder und Schwestern, die in der Sünde oder ungläubig sind… Sie sind auf euer Gebet, vor allem auf den Rosenkranz der göttlichen Barmherzigkeit[23] angewiesen…

Es ist eure letzte Gelegenheit, dazu beizutragen, diese Seelen, diese verlorenen Seelen zu retten, denn der Tag der Warnung kommt mit Riesenschritten näher. Sagt nicht, dass man ihn seit langem ankündigt, meine Kinder… und dass er doch nicht kommt… Er ist da und ihr werdet sehr überrascht sein. Nicht umsonst und nicht im Scherz bitte ich euch, in diesem Monat ganz innig zum allmächtigen Vater zu beten. Nehmt meine Worte ernst, denn sehr bald könntet ihr es bereuen. Die Stunde ist ernst. Betet, haltet Anbetung, bereut alles Böse, das ihr getan habt, geht zum Sakrament der Vergebung, damit ihr zu gegebener Zeit im Stand der Gnade seid.

Glaubt nicht, dass ich zornig bin, oder schlimmer noch, dass ich mit Drohungen komme… Nein, meine Kinder, ich komme mit meinem Herzen, das von so viel Gleichgültigkeit, Zweifel und Kälte durchbohrt ist, denn ich dürste von neuem, ich dürste nach euren Seelen, nach eurer Liebe, nach eurer Rettung. Ich will euch alle retten, ihr meine Kinder, die der dreimal Heilige Vater mir anvertraut hat, ich will euch aus diesem todesähnlichen Schlaf reißen, in den viele Kinder gefallen sind…

Wach auf, du törichte Generation, öffne dein Herz für deinen Herrn und Gott. Wach auf, bevor es zu spät ist, bevor ich im Glanz meiner Herrlichkeit wiederkomme. Kehre in die Arme Gottes, deines Vaters, deines Schöpfers zurück. Kehre zurück, um das Erbe der Kinder Gottes zu empfangen. Schau auf deinen Jesus, der dich aus den Ketten der Sklaverei aller deiner Sünden, aller deiner Laster erlöst. Ja, meine Kinder, öffnet eure Herzen, hört auf meine Stimme, die euch ruft, kommt zu mir, ich will euch eure Freiheit wiedergeben, damit ihr den wahren Frieden und die wahre Freude kostet, die allein Gott euch schenken kann.

---

23. Der Rosenkranz der göttlichen Barmherzigkeit ist ein Rosenkranz, der sich an die Barmherzigkeit Gottes, des Vaters richtet. Am 13. September 1935 hat Jesus diesen Rosenkranz Schwester Faustyna Kowalska (1905-1938) diktiert, die «Apostel der Barmherzigkeit» genannt wird und im April 2000 von Johannes Paul II. heiliggesprochen wurde.

Meine geliebten Kinder, ich danke euch, dass ihr auf den Schrei meines Heiligsten Herzens hört, das so wenig geliebt wird. Ich liebe euch, ich liebe euch. Seid gesegnet im Namen des Vaters, im Namen des Sohnes und im Namen des Heiligen Geistes. Amen. Halleluja.

༄

Maria, Mutter der ganz Kleinen 2. August 2011

126 – Folgen der fehlenden Unterweisung im Glauben.
Die Eltern sind für den Glauben ihrer Kinder verantwortlich.

Friede sei mit dir (3 Joh 1,15). Bekreuzige dich und schreibe, mein Kind, bedeckt vom Kostbaren Blut meines göttlichen Sohnes, dem Herrn Jesus Christus.

Ich bitte euch, meine Kinder, betet, betet, betet für all jene, die in dieser großen Katastrophe untergehen werden, die vor eurer Türe steht. Die Zahl der Toten wird derart hoch sein! Es tut mir weh, alle diese Kinder zu sehen, die ihr Herz nicht öffnen wollen, um die Gnaden der Umkehr und der Reue anzunehmen. Für sie gibt es das Böse nicht, alles ist gut, alles ist normal. Diese Kinder glauben fest, dass man in seinem Leben ein Maximum an Vergnügungen erleben muss, denn nach dem Tod ist alles zu Ende. Schlimmer noch, viele glauben an die Reinkarnation. Es ist Torheit und Dummheit zu glauben, dass sie in einem Tier zum Leben zurückkommen. Man glaubt an alle möglichen Dinge, nur nicht an die Wahrheit, die mein göttlicher Sohn euch predigte, um euch die Heiligen Schriften verständlich zu machen, die euch dazu bringen, auf dem Weg zu bleiben, den der dreimal Heilige Vater euch im Evangelium vorgibt.

Schaut all diese Kinder in eurer Umgebung an, die ihre Kindheit verbringen ohne dass jemand mit ihnen über Gott Vater, das Jesuskind und eure himmlische Mama, die Mutter Gottes spricht. Diese neue Generation ist agnostisch… Alle diese Jugendlichen folgen in ihrem Leben dem Geist einer Welt, in der Gott keinen Platz hat. Sie haben gelernt, sich über Ihn lustig zu machen, ohne Achtung vor ihren Eltern, ihrem Nächsten und vor alle ohne jede Achtung vor Gott, ihrem Schöpfer zu leben. Warum? Weil sie keine Eltern hatten, die ihnen den Glauben, die guten christlichen Werte, die Achtung vor dem Heiligen vermittelt haben. Und diese Kinder leben sehr oft in einer Auflehnung, die Rachegefühle in ihnen weckt. Sie fühlen sich in ihren Familien überflüssig, sie leiden unter dem Mangel an Liebe, denn ihre Eltern waren nicht in der Lage, sie zu lieben. Sie wachsen mit einer Leere im Herzen auf. Materiell haben sie vielleicht alles, doch ihnen fehlt das Wesentliche: die Liebe eines Vaters, einer Mutter und oft die Liebe eines Bruders oder einer Schwester, weil sie Einzelkinder sind. Ihre Eltern wollen keinen weiteren Kindern das Leben schenken. Wenn ihr launische oder missliche Entschuldigungen anführt, um eure Weigerung zu rechtfertigen, das Leben zu schenken, schmäht ihr die göttliche Ordnung.

Ja, ich leide darunter, all diese Kinder zu sehen, die vom Weg abkommen und sich selbst überlassen sind… Wenn ihr wüsstest, wie sehr sie unter der Einsamkeit und dem Unverständnis seitens der Erwachsenen leiden. Deshalb dürft ihr sie nicht richten, wenn sie sich auflehnen, wenn sie versuchen, sich in Drogen oder andere Laster zu fliehen. Meine geliebten Kinder, betet für all diese kleinen Kinder und für diese Jugendlichen, damit sie die Gnaden der Umkehr erhalten. Betet auch für die Eltern, die nicht in der Lage waren, sie zu erziehen, und noch weniger, sie zu lieben. Sie werden vor dem höchsten Richter Rechenschaft ablegen müssen, wenn sie eines Tages vor ihm stehen, denn sie sind direkt für viele Sünden und Tragödien verantwortlich, die ihr in euren Tagen seht.

Danke, meine Kinder, dass ihr meine Bitte um euer Gebet gut aufnehmt. Seid gesegnet im Namen des Vaters, im Namen des Sohnes und im Namen des Heiligen Geistes. Amen. Halleluja.

༄

Euer Heiligstes Herz Jesu   5. August 2011
Erster Freitag des Monats

127 – Das Reich des Frieden kommt durch den Triumph des Unbefleckten Herzens Mariens.

Friede sei mit dir, mein Kind. Bekreuzige dich und schreibe, bedeckt von meinem Kostbaren Blut, zur Ehre Gottes, meines Vaters.

Ja, mein Kind, an jenem großen Tag komme ich mit meinem vom Leiden durchbohrten Herzen, da ich alle diese Kinder sehe, die ihr

Herz nicht öffnen und die Gnaden nicht annehmen wollen, die meine so sanfte Mama hineinlegen will.

Man macht sie weiter lächerlich – sie, die Königin des Himmels und der Erde, den Thron der Weisheit, die Mutter Gottes. Man hört noch immer nicht auf ihre Bitten, man nimmt ihre Worte nicht an, man glaubt nicht mehr an ihre Unbefleckte Empfängnis. Wie viele Lästerungen muss sie aushalten! Sie weint, ja, meine Kinder, sie weint... Die Statuen meiner heiligen Mutter weinen überall auf der Welt blutige Tränen, und das ist ein weiteres Zeichen für die große Drangsal, die vor eurer Tür steht. Doch leider macht man sich über die Tränen lustig, die die erhabene Mutter Gottes vergießt...

Diese toten Vögel, diese toten Fische an den Stränden überall auf der Welt waren Vorzeichen für euch. Sie hat euch gesagt: Betet, betet, betet, meine Kinder, denn der Kalvarienberg der Menschheit hat wirklich begonnen. Doch ihre Kinder haben ihre Worte nicht ernst genommen, außer dem ganz kleinen Rest... und das verursacht mir einen tiefen Schmerz... Sie ruft euch zur Umkehr, zum Gebet, zur Anbetung, zum Sakrament der Vergebung auf, damit ihr im Stand der Gnade seid. Doch leider stellt man sich taub, man denkt an alles, außer an das Wesentliche, man hat für alles Zeit außer für das Gebet, außer für die Anbetung... Dazu ist man zu müde, dazu hat man keine Zeit mehr.

Meine Kinder, amen, ich sage euch: Wegen der zahlreichen Sünden der Welt muss ich zulassen, dass sehr schmerzliche Ereignisse auf dieser Erde eintreten. Ich bin euer Jesus, euer Herr und Gott, und all das verursacht mir einen tiefen Schmerz. Zudem wird mein Herz grausam durchbohrt, wenn ich meine heilige Mutter so tief betrübt sehe.

Ich wünsche mir so sehr, dass sie geliebt wird, dass sie beachtet wird, dass sie als Mutter Gottes verehrt wird. Durch sie bin ich in eure Welt gekommen, durch ihr «fiat» wurde die Erlösung des Menschengeschlechts möglich: In jenem Augenblick bin ich sogleich vom Himmel herabgekommen. Durch das Wirken und die Gnade des Heiligen Geistes, der sie überschattete, empfing sie das Licht der Welt (Joh 8,12), das Ewige Wort Gottes, des Vaters in ihrem jungfräulichen Schoß.

Durch den Triumph ihres Unbefleckten Herzens werde ich durch sie im Glanz meiner Herrlichkeit wiederkommen, um mein Reich des Friedens zu errichten und unter allen Kindern guten Willens zu wohnen, damit der Göttliche Wille Gottes, des Vaters frei wie im Himmel so auf Erden strömt.

Danke, meine geliebten Kinder, ich danke meinen ganz Kleinen, dass ihr eure Herzen öffnet und dieses himmlische Manna aufnehmt. Auch ich sage euch: Betet, betet, betet, meine Kinder, solange noch Zeit ist. Betet für meinen Stellvertreter, Papst Benedikt XVI. Unterstützt ihn, denn er ist wirklich auf eure Gebete angewiesen. Betet für die Bischöfe, die Kardinäle, für alle Priester und für die geweihten Seelen.

Ich liebe euch. Ich segne euch im Namen des Vaters, im Namen des Sohnes und im Namen des Heiligen Geistes. Amen. Halleluja.

Maria, Königin des Friedens   10. August 2011

128 – Der Friede des Herzens: ein großes Geschenk des Himmels. Seinen Glauben, sein Vertrauen zum Vater bezeugen.

Friede sei mit euch, meine Kinder. Bekreuzige dich und schreibe, mein Kind, bedeckt vom Kostbaren Blut meines göttlichen Sohnes, dem Herrn Jesus Christus.

Meine Kinder, der Friede ist eines der größten Geschenke, die Gott Vater euch gemacht hat. Es gibt nichts Schöneres als ein Kind zu sehen, dessen Herz im Frieden ist. Sein Blick ist so schön, sein Lächeln ist eine Liebkosung, sein ganzes Wesen strahlt die Liebe, die Zärtlichkeit, die Güte seines Herrn und Gottes aus. Beobachtet den Blick eines kleinen Kindes: er ist rein, klar und unschuldig. Warum? Weil es den Frieden, die Freude und die Gewissheit hat, dass seine Eltern es lieben und es beschützen.

Meine Kinder, ich möchte euch bitten, Gott Vater mehr zu lieben. Er ist die Liebe. Wenn ihr wüsstet, wie sehr er jedes seiner Kinder liebt, ja jedes einzelne. Es ist seine Wonne, wenn seine Kinder in einer kindlichen Hingabe zu ihm kommen. Er erbebt vor Freude, wenn eines sich in seine Arme wirft und alle seine Sorgen, seinen Kummer, seine Besorgnisse und auch seine Freuden mit ihm teilt. Auch wenn er alles kennt, auch wenn er alles weiß... Er hört euch so gern zu, er hat euch so gern bei sich – euch, seine kleinen Kinder, seine geliebten Kinder.

Danke, dass ihr ihm alle Ehre gebt, die ihm geschuldet wird, dass ihr ihm einen besonderen Platz in eurem Leben einräumt, dass ihr ihn an die erste Stelle setzt und ihm den ganzen Raum überlasst. So tut ihr alles zu seiner Ehre nach dem Vorbild seines einzigen Sohnes Jesus.

Ja, meine Kinder, euer Herz sei im Frieden in diesen so wirren und so unruhigen Tagen, in denen die Kinder von Beklommenheit und Angst gepackt werden, in denen man an alles denkt, außer daran, Gott für derart viele Beleidigungen um Vergebung zu bitten. Überall stellt man Verzweiflung, Gewalt, Angst vor der Zukunft fest...

Meine Kinder, seid Zeugen, indem ihr euren Glauben und eure Freude verkündet, Christen zu sein. Bezeugt euren Frieden und euer Vertrauen zu eurem himmlischen Vater, damit die Welt weiß, dass er unter euch ist, dass er sich liebevoll um seine Kinder kümmert, die an ihn glauben und sich Ihm anvertrauen. Ja, meine Kinder, habt keine Angst zu verkünden, dass Gott lebt, dass er euch in allen Ereignissen beschützen wird. Seid euch gewiss, dass er euch machtvoll beschützt, dass er machtvoll eingreift, um euch durch das Wirken des Heiligen Geistes zu führen, der mit den Gaben und Gnaden kommt, die ihr in diesen letzten Zeiten braucht.

Seid gesegnet im Namen des Vaters, im Namen des Sohnes und im Namen des Heiligen Geistes. Amen. Halleluja.

༄

Jesus, euer König der Liebe   12. August 2011

129 – Macht euch doch keine Sorgen um morgen.

Wer mich sucht, dem fehlt es an nichts. Bekreuzige dich und schreibe, mein Kind, bedeckt von meinem Kostbaren Blut, zur Ehre Gottes, meines Vaters.

Lass uns heute Abend über folgenden Satz nachsinnen: Meine Kinder, ihr sollt nach meinem Willen sicher sein, dass euer Vater im Himmel sehr genau weiß, was ihr auf geistlicher Ebene wie auf materieller Ebene braucht. Ich spreche hier über das Wesentliche, nicht über das Überflüssige noch über den Luxus. Nein, darum geht es nicht.

Als ich euch beibrachte, das Vaterunser zu beten, habe ich euch gelehrt zu sagen: Unser tägliches Brot gib uns heute. Als mein Vater Brot vom Himmel fallen ließ, hat er Mose beauftragt, seinem Volk zu sagen, dass es jeden Tag die Menge sammeln sollte, die es essen konnte, denn jeder Tag hat genug eigene Plage (Mt 6,34).

Daraus ziehen wir zwei Lehren: Die erste ist, dass euer Vater weiß, was ihr braucht. Seine Vorsehung ist wirklich im Leben eines jeden gegenwärtig. Euer Vater ist ein König, euer Schöpfer, der Gott des Unmöglichen. Euer Vater ist das Alpha und das Omega (Offb 22,13), er ist alles, er ist überall, er ist in allem… Warum also habt ihr Angst vor dem Morgen, vor eurer Zukunft, meine Kinder? Vertraut ihm!

Meine geliebten Kinder, die zweite Lehre ist, dass euer Vater euch so sehr liebt, dass er euch nicht im Stich lassen kann noch will – ihr seid sein kleiner Rest. Überall auf der Welt treten die Ereignisse allmählich ein. Meine Kinder, das muss geschehen, sie gehören zur der großen Drangsal. Und niemand kann aufhalten, was die Sünden der Menschen ausgelöst haben…

Durch das Gebet und durch die Anbetung kann man die Dauer natürlich abkürzen, die Schäden mildern, die schweren Folgen verringern. Deshalb bittet euch meine heilige Mutter unablässig zu beten, Anbetung zu halten und in ihren Anliegen zu beten. Sie vergisst keines ihrer Kinder, weder die Lebenden noch die Seelen im Fegefeuer. Deshalb ist diese zweite Lehre so wichtig.

Was die Zukunft anlangt, meine geliebten Kinder, so sollt ihr die Wanderung des Volkes Israel in der Wüste betrachten und wie der dreimal Heilige Vater es ernährt hat, Wasser aus dem Felsen entspringen ließ, wie er Tag und Nacht in der Wolken- und Feuersäule mitten unter seinem Volk gegenwärtig war. In seinem großen Wohlwollen hat er ihm Zeichen seiner väterlichen Gegenwart bis zur Ankunft im Gelobten Land geschenkt. Seht ihr, dass kommt, was kommen muss? Bewahrt diese Auszüge aus dem Buch Exodus in euren Herzen; sie werden euch helfen, diese letzten Zeiten im Frieden, in der Hingabe und im Vertrauen zu leben.

Amen, ich sage euch, wenn jede Familie und jedes Kind die Bibel lesen würde, um Gott den Vater besser kennen zu lernen, wäre euer Vertrauen größer, euer Glaube stärker.

Meine geliebten Kinder, bedenkt wie Er sein Volk gelehrt hat, die Gnade des gegenwärtigen Augenblicks zu leben, indem er sagte, dass man jeden Tag nur die tägliche Ration sammeln sollte. Daran will ich euch heute erinnern. Lebt den gegenwärtigen Augenblick, denn gestern ist vorbei, niemand kann etwas tun, um es zurückzubringen, und morgen? Wer von euch kann absolut sicher sein, dass er noch lebt? Das ist der große Irrtum vieler meiner Kinder.

Ein Teil der Leute sind Gefangene der Vergangenheit, sie haben sich von den Gespenstern der Vergangenheit in Ketten legen lassen, und diese armen Kinder schleppen sowohl auf emotionaler wie auf körperlicher Ebene schwere Folgen in ihrem Leben mit sich herum.

Andere haben Angst vor der Zukunft, Angst, dass ihnen etwas fehlen könnte, und sie vergessen, dass es dem, der mich sucht, an nichts fehlt. Und da sie weder Gott Vater noch mir, eurem Jesus vertrauen, vergeuden sie die Lebenszeit, die ihnen bleibt. Sie haben nicht gelernt, ihr Heute zu leben. Sie arbeiten wie Verrückte, um Reichtümer anzusammeln. Andere haben derart Angst, dass sie nur an die materiellen Dinge denken, um ihre Zukunft abzusichern, und sie vergessen das Wesentliche: ihre Seele, den Zustand ihrer Seele, ihr geistliches Leben. Deshalb habe ich euch gesagt: «Euch aber muss es zuerst um das Reich und seine Gerechtigkeit gehen, dann wird euch alles andere dazugegeben» (Mt 6,33).

Bewahrt euren Frieden, meine Kinder, damit euer Glaube Fortschritte macht. Glaubt an die Liebe, die der Vater jedem von euch entgegenbringt, liebt ihn, vertraut ihm. Ja, meine Geliebten, glaubt an Den, der euch alles geschenkt hat, als er euch seinen einzigen Sohn, euren Jesus, euren Erlöser gab. Ich bitte euch, macht euch keine Sorgen um das Morgen (Mt 6,34). Seid gesegnet im Namen des Vaters, im Namen des Sohnes und im Namen des Heiligen Geistes. Amen. Halleluja.

Maria, Königin des Friedens   15. August 2011
Aufnahme der Jungfrau Maria in den Himmel

130 – Das Fest der Aufnahme wird im Himmel gefeiert.
Sein fiat sprechen, um sich auf den Plan der Dreifaltigen Liebe
einzulassen.

Bekreuzige dich, mein Kind, und schreibe, bedeckt vom Kostbaren Blut meines göttlichen Sohnes, dem Herrn Jesus Christus, zur Ehre Gottes, seines Vaters.

An diesem großen Tag meiner Aufnahme in den Himmel will ich euch für eure Lieder, eure Gebete, eure Worte der Liebe danken, die ihr mir, eurer himmlischen Mama Maria geschenkt habt. Danke, danke, meine geliebten Kinder.

Ja, heute ist im Himmel das Fest, an dem die Kirche des Tages gedenkt, da ich mit meinem Leib und meiner Seele in die Herrlichkeit des Himmels aufgenommen wurde. Ja, meine Kinder, mit meinem Leib, der meinen Herrn und meinen Gott, meinen Schöpfer, den Urheber des Lebens getragen hatte. Ich, seine demütige Magd, bin die Mutter Gottes geworden: Der Herr hat große Dinge für mich getan und sein Name ist heilig.

Seht ihr, meine Kinder, wie wichtig es ist, Ihm zu vertrauen, euch ohne jede Furcht seinen dreimal heiligen Armen zu überlassen? Habt keine Angst zu sagen: «Ja, Vater, hier bin ich» oder einfach «fiat». Vergesst nicht, dass Gott euer Vater ist. Er will, dass alle seine Kinder ihn kennen, er will, dass jeder lernt, ihn mit einer Kindesliebe, mit einer wahren Liebe zu lieben, Er will Wunder für jeden tun, vorausgesetzt, man lässt ihn walten.

Deshalb müsst ihr ihm jeden Tag euren Willen und eure Freiheit übergeben. Darauf ist Er angewiesen, um seinen Plan der Liebe zu verwirklichen: Er will, dass alle Kinder bereit sind, ohne jeden Rückhalt in dieser Bewegung der Dreifaltigen Liebe zu leben, in der eine vollkommene Harmonie herrschen wird, weil die ganze Erde von seiner Herrlichkeit erfüllt sein wird und alle Herzen offen sein werden, um das Reich des Göttlichen Willens von Gott Vater, Gott Sohn und Gott Heiliger Geist anzunehmen und sich darauf einzulassen.

Danke, meine Kinder, seid gesegnet im Namen des Vaters, im Namen des Sohnes und im Namen des Heiligen Geistes. Amen. Halleluja.

༄

Maria, Königin des Himmels 17. August 2011

131 – Schaut auf Jesus, den Weg, der zum Vater führt.
Lasst euch nicht ablenken oder beeinflussen.

Die Zeit wird finster, die Dunkelheit hüllt die Erde immer mehr in diese Nacht der großen Verwirrung. Bekreuzige dich, mein Kind, und schreibe, bedeckt vom Kostbaren Blut meines göttlichen Sohnes, dem Herrn Jesus Christus.

Schau umher: Man hat den Eindruck, dass es keinen Ausweg gibt, ihr seid alle wie in einem Teufelskreis eingeschlossen, der niemanden entkommen lässt. Überall herrscht Gewalt, im Mittleren Osten droht der Krieg auszubrechen, woanders sind es die Katastrophen… Man hat den Eindruck, dass es keinen Frieden mehr gibt, dass ihr gerade erstickt.

Nur einige Wenige, die zum kleinen Rest gehören, versuchen, ihren Frieden zu bewahren… Ihr müsst manchmal gegen euch selbst kämpfen, um ein bisschen Frieden im Herzen zu bewahren, dabei habe ich euch gesagt: Seid wachsam, lasst euch von nichts und niemandem ablenken oder beeinflussen.

Hört auf, auf eurem Weg nach rechts und links zu schauen, folgt eurem Jesus, der die Liebe ist (Joh 14,6), denn Er ist der Weg, der euch zum Vater führt. Er ist die Wahrheit in diesen Zeiten aller möglichen Lügen, er ist das Leben in diesen Zeiten, in denen der Geist der Welt eure Seele und auch euren Leib in den Tod führen will, weil der Feind euch verabscheut. Er will euch zugrunde richten und auslöschen, weil er euch für immer hasst.

Betet, betet, betet, meine geliebten Kinder, bleibt eins mit eurem Herrn und Gott, damit ihr den Versuchungen der Verzweiflung, der Angst und vor allem des Zweifels nicht erliegt, die euch direkt zum Glaubensverlust führen würden. Dann hättet ihr keinen Frieden, keine Ruhe mehr, meine Kinder, und euer Vertrauen wäre nichts wert.

Passt auf, meine Geliebten, ihr seid so anfällig und so verletzlich. Singt, lobt, betet und ruft sofort zu mir, der Mutter Gottes, wenn euch negative Gedanken erfüllen, dann kann ich euch beschützen und euch stärken.

Vergesst nicht, dass die Angriffe und die Stürme immer stärker werden. Der Feind hat zum Ziel, den Glauben in den Herzen der Kinder Gottes zu ersticken. Er weiß, dass er auf diese Weise siegen kann. Denn wo es keinen Glauben gibt, findet er eine weit offene Tür vor, um in eure Herzen einzudringen und euch ums Leben zu bringen. Ohne den Glauben haltet ihr euren Herrn und Gott, euren Vater von eurem Leben fern. Der Feind wird euch schutzlos antreffen, und ihr seid dann eine leichte Beute in seinen Krallen.

Deshalb bitte ich euch zu beten, zu lobpreisen, Sakramentalien bei euch zu tragen, den Rosenkranz zu beten und vor allem im Stand der Gnade zu bleiben, um tapfere Krieger zu werden, die bereit sind, dem Feind eurer Seelen die Stirn zu bieten.

Meine Kinder, ich danke euch für euer Ja der Liebe. Danke für eure Treue, für eure Liebe. Seid gesegnet im Namen des Vaters, im Namen des Sohnes und im Namen des Heiligen Geistes. Amen. Halleluja.

☙

Euer Jesus von Nazareth 25. August 2011

132 – Die Warnung wird der derzeitigen Generation angekündigt.

Friede sei mit euch, meine Kinder. Bekreuzige dich und schreibe, mein Kind, bedeckt von meinem Kostbaren Blut, zur Ehre Gottes, meines Vaters.

Meine Kinder, lasst uns heute Abend über folgenden Satz nachdenken (Mt 24,42): «Seid also wachsam, denn ihr wisst nicht, an welchem Tag euer Herr kommt.» Man sieht die Tage, die Monate, die Jahre vergehen und die Kinder der derzeitigen Generation meinen, dass sie jede Menge Zeit vor sich haben. Sie sind sicher, dass die Prophezeiungen für eine andere Generation angekündigt wurden… dass sie also Zeit haben, in ihrem Leben dem Geist der Welt und dem Weg des Vergnügens zu folgen.

Diese Kinder laufen in ihr Verderben, denn sie denken nicht an ihre Seele, sie glauben nicht mehr an das ewige Leben, das sie erwartet, sie übergehen Gott Vater, Gott Sohn und Gott Heiliger Geist; sie haben das Wesentliche vernachlässigt, das heißt die Kindesbeziehung zwischen dem Geschöpf und seinem Schöpfer.

Ja, meine Kinder, ich werde zu einer Stunde wiederkommen, in der ihr nicht daran denkt, dass ich, Jesus von Nazareth, der Menschensohn, wiederkomme. Ich bin bereits auf dem Weg Meiner Rückkehr. Nehmt euch die Zeit, die Zeichen der Zeit in eurer Umgebung zu lesen und sie zu deuten. Seid nicht wie die Törichten, die hören, ohne zu verstehen, und die Blinden, die die Vorzeichen sehen, ohne etwas zu erkennen.

Alle sind sich bewusst, dass bald etwas Bedeutendes geschehen wird... Doch leider wollen sie nichts davon wissen, sie wollen nicht glauben, dass die Natur gerade meine bevorstehende Rückkehr vorbereitet (vgl. 2 Petr 3).

Meine heilige Mutter hat euch überall auf der Welt gesagt, dass ihr euch vorbereiten und wachsam bleiben sollt, dass ihr euch nicht ablenken lassen dürft, dass ihr eure Lampen brennen lassen (Lk 12,35) und versuchen sollt, im Stand der Gnade zu bleiben. Und doch machen ihre Kinder sie lächerlich und hören nicht auf ihre Warnungen. Sie ist so betrübt, da sie alle retten will... Mein Heiligstes Herz blutet von neuem, wenn ich diese so kleine Zahl jener sehe, die etwas tun – und sei es noch so wenig – um sich zu bessern, um zur Gnade zurückzukehren, um ihr Verhalten zu ändern.

Ja, meine Kinder, ich komme wieder! Seid also bereit, seid heute mehr denn je wachsam, denn ich werde euch überall auf der Welt sammeln, um euch zur Neuen Erde und zum Neuen Himmel zu führen, den der dreimal Heilige Vater von Ewigkeit her für seine Kinder des Lichtes vorbereitet hat, die seinem Gesetz der Liebe treu sind, die auf ihren eigenen Willen verzichtet haben, um mit Liebe das Leben im göttlichen Willen Gottes, des Vaters zu empfangen.

Ja, meine Kinder, ich komme. Der Geist und die Braut sagen «Komm». Ja, meine ganz Kleinen, meine Rückkehr ist nahe (vgl. 2 Petr 3). Amen. Seid gesegnet im Namen des Vaters, im Namen des Sohnes und im Namen des Heiligen Geistes. Amen. Halleluja.

Jesus, euer Retter 28. August 2011

*133 – Das Blut fließt im Mittleren Osten.
Ein Weltkrieg kann in Kürze ausbrechen.*

Mein Friede sei mit dir, mein Kind. Bekreuzige dich und schreibe, bedeckt von meinem Kostbaren Blut, zur Ehre Gottes, meines Vaters. Selig sind, die nicht sehen und doch glauben (Joh 20,29). Selig, die meine Rückkehr in Herrlichkeit mit einem reumütigen Herzen voller Liebe, Glauben, Vertrauen und vor allem Frieden erwarten!

Seht ihr, meine Kinder, wie man den Sinn für den Frieden verloren hat und wie die Völker sich gegenseitig bekriegen? Sie sind Brüder, sie sind auf derselben Erde geboren… Und doch haben sie ihre Erde mit so viel Blut getränkt, das fließt und bei Gott Vater nach Rache schreit. Diese Kinder sind voller Hass, sie sind vom Hochmut, vom Machthunger verblendet. Der Feind hat ihr Herz mit dem Geist des Todes erfüllt.

Meine Kinder, betet, betet, betet für eure Brüder im Mittleren Osten. In Kürze kann ein Krieg ausbrechen, der schlimmer sein wird als der Zweite Weltkrieg: ein Atomkrieg. Ja, meine Kinder, betet mit dem Herzen, betet den Rosenkranz für den Frieden der Welt, um die Folgen eines Krieges zu mildern.

Ihr habt euch beunruhigt wegen dieses Orkans Irene (am Vortag) und ich hatte dir gestern gesagt, mein Kind, dass er nicht so stark sein würde wie erwartet… dass er nur ein Vorgeschmack dessen ist, was noch kommt… Denn die schlimmsten Orkane kommen erst noch! Es gab sogar Leute, die sich lustig gemacht haben… Passt auf, meine Kinder! Die Naturelemente sind entfesselt, sie bereiten euch nach und nach vor. Seid nicht ungläubig, denn ihr könntet große Überraschungen erleben.

Bete, ich sage es noch einmal, denn die Zeit eilt. Seid bereit, hört nicht auf, Anbetung zu halten, um die notwendigen Gnaden zu erhalten, um all die Unwetter und Prüfungen durchzustehen, die ihr alle erdulden müsst. Meine Kinder, geht in die Heilige Messe und empfangt die Heilige Eucharistie, die euch stärkt und eure Seele nährt.

Ja, meine Kinder, kommt zu mir, eure Seele dürstet nach mir, eurem Herrn und eurem Gott. Kommt, wie ihr seid, Ich erwarte euch im Sakrament der Vergebung, das euch darauf vorbereitet, den König der Könige zu empfangen. Kommt, meine ganz Kleinen, lasst euch von meinem Frieden erfüllen, denn ich gebe euch meinen Frieden (Joh 14,27).

Ja, ich will, dass ihr meinen Frieden bewahrt und ihn an jene weitergebt, die in eurer Umgebung sind und sein werden. Für euch alle sage ich: «Selig, die Frieden stiften, sie werden Söhne Gottes genannt werden» (Mt 5,9).

Meine Brüder und Schwestern, ich danke euch, dass ihr meinen Frieden aufnehmt, dass ihr bereit seid, Kanal des Friedens für alle Kinder Gottes, des Vaters zu sein, die den Frieden verloren haben. Danke, dass ihr Werkzeuge im Unsichtbaren seid. Durch eure Anbetung kann der Vater auch die am weitesten entfernten Herzen seiner Kinder erreichen, damit Liebe und Wahrheit einander in ihnen begegnen, dass Gerechtigkeit und Friede sich küssen (Ps 85,11) und dass der Frieden von neuem in ihren Herzen herrscht. Danke für eure große Weitherzigkeit!

Seid gesegnet im Namen des Vaters, im Namen des Sohnes und im Namen des Heiligen Geistes. Amen. Halleluja.

༄

Maria, Königin des Friedens   29. August 2011

134 – Man tut alles, um den Namen Jesu zu verschleiern.
Meine Erwählten sind das Licht in der Finsternis.

Ihr seid das Salz der Erde (Mt 5,13). Bekreuzige dich und schreibe, mein Kind, bedeckt vom Kostbaren Blut meines göttlichen Sohnes, dem Herrn Jesus Christus.

Mein Herr und mein Gott, mein Sohn Jesus erwartet von jedem seiner Brüder und Schwestern, dass ihr das Salz seid, das in den anderen das Verlangen weckt, den Schritten des makellosen Lammes Gottes zu folgen. Ihr müsst in den anderen durch das Vorbild eures Lebens das Verlangen wecken, Jesus in dieser Zeit nachzufolgen, in der man nichts von ihm wissen will, in der man alles tut, um seinen heiligen Namen zu verschleiern, denn der Name Jesus stört. Durch euren Frieden, durch eure Freude gebt ihr Zeugnis davon, dass Gott lebt, dass er wirklich unter seinen Kindern gegenwärtig ist, dass er euch die Kraft und das Verlangen gibt, jeden Tag auf dem Weg voranzugehen, den der Vater euch vorgezeichnet hat.

Ja, meine geliebten Kinder, ihr seid das Licht der Welt (Mt 5,14) in dieser Zeit der großen Finsternis. Deshalb müsst ihr Anbetung halten, um das Licht zu empfangen, um Lampen zu sein, deren Licht leuchtet: So wird euer Licht vor euren Brüdern und Schwestern strahlen, damit sie aus dieser tiefen Nacht der großen Verwirrung herausfinden, in die sie geraten sind.

Danke, meine Kinder, dass ihr nicht aufhört zu beten und Anbetung zu halten. Und vor allem danke ich euch, dass ihr euch unterweisen lasst, um Zeugen zu werden, die in den anderen den Wunsch wecken, Christen und Kinder Gottes, des Vaters zu sein.

Seid gesegnet im Namen des Vaters, im Namen des Sohnes und im Namen des Heiligen Geistes. Amen. Halleluja.

༄

Maria, Mutter der Eucharistie 30. August 2011

135 – Die persönlichen Sorgen bilden ein Hindernis für die Gnade. Sich besser auf die Kommunion vorbereiten.

Mein Kind, wenn du wüsstest, welche Freude es für mich ist, mit den Seelen in Verbindung zu stehen, die so gehorsam auf den Ruf der Gnade hören. Bekreuzige dich und schreibe, bedeckt vom Kostbaren Blut meines göttlichen Sohnes Jesus Christus, dem Herrn der Herren.

Lass uns heute über die Schwierigkeit sprechen, die meine Kinder haben, sich voll und ganz den Armen Gottes, des Vaters zu überlassen. Wie oft hat mein göttlicher Sohn Jesus euch gesagt, dass ihr zunächst eure Sorgen, euer Leid, euren Kummer annehmen sollt, um sie dann seinen Händen zu übergeben und ihm zu vertrauen. Erwartet alles von der Vorsehung, die sich um jedes ihrer Kinder kümmert…

Und doch fällt es euch noch schwer, euch hinzugeben. Ihr gebt euren Sorgen in eurem Leben zu viel Raum, und das ist ein Hindernis für die Gnaden, die euer Herr und Gott in eurer Seele ausgießen will, meine Kinder…

Ihr Kinder des Lichtes, bittet den Heiligen Geist um die Gnade, euch hingeben zu können, um eurem Herrn zu gefallen. Lernt, eure Grenzen anzuerkennen und bittet demütig um die Hilfe eures Jesus. Ja, erbittet sie, meine Kinder, denn er hat euch gesagt: «Was ihr vom Vater erbitten werdet, das wird er euch in meinem Namen geben» (Joh 16,23). Bittet ihn um die heilige Hingabe, damit eure Herzen im Frieden, in der Ruhe, der Heiterkeit und der Freude sind.

Wenn ihr in die Heilige Messe geht, so geht mit einem freien Herzen hin! Lasst eure belanglosen Sorgen beiseite, die euch daran hindern, euch gut auf die heilige Kommunion vorzubereiten. Denkt an Jesus, der in euer Herz einzieht. Euer Geist soll ganz Ihm gehören, eure Seele soll sich in Liebe zu Jesus in der Eucharistie verzehren. Gebt Ihm den ganzen Raum.

Hört auf, ihn zu verletzen. Bereitet euch vor, bevor ihr kommuniziert, damit er Liebe, Dankbarkeit und eine große Inbrunst in euren Herzen vorfindet. Ihr dürft nicht zu den Kindern gehören, die mit einem Herzen voll aller möglichen Probleme kommunizieren, denn das verletzt Sein Heiligstes Herz zutiefst...

Das ist ein Irrtum, meine Kinder, denn die persönlichen Sorgen verringern die Liebe und bringen euch um viele Gnaden. Es gibt besondere Gnaden, die ihr nur bei der Kommunion empfangen könnt und die euch verwandeln, damit ihr geistliche Wesen nach dem Bild des dreifaltigen Gottes und Ihm ähnlich werdet.

Denkt nach, meine Kinder, und nehmt euch vor, euch von Mal zu Mal besser vorzubereiten, wenn ihr den König der Könige in der heiligen Kommunion empfangt. Wenn ihr das tut, tröstet ihr das Heiligste Herz Jesu zutiefst.

Danke, dass ihr meine Lehren gut aufnehmt, und vor allem danke ich euch, dass ihr die Gnaden gut aufnehmt, die mein sanftmütiger Jesus in jeder eurer Seelen ausgießen will. Seid gesegnet im Namen des Vaters, im Namen des Sohnes und im Namen des Heiligen Geistes. Amen. Halleluja.

Maria, Königin des Friedens 2. September 2011
Erster Freitag des Monats

*136 – Sich von allem lösen, was nicht von Gott kommt,
um Ihm den ganzen Raum zu geben.*

Friede sei mit dir, mein Kind. Bekreuzige dich und schreibe, bedeckt vom Kostbaren Blut meines göttlichen Sohnes, dem Herrn Jesus Christus.

Mein Kind, weißt du, wie wichtig es ist, dass ihr euch von allem lösen lasst, nicht nur von euren alten Angewohnten und von euren negativen Gedanken… sondern von allem, was euch daran hindert, im reinen Glauben voranzugehen? Das geschieht, damit es euch gelingt, im gegenwärtigen Augenblick zu leben und die Gnaden zu empfangen, die der Heilige Geist in jedem eurer Herzen ausgießen will.

Meine Kinder, ihr solltet euch üben, euer Heute in einem großen Vertrauen zu eurem himmlischen Vater zu leben, in dem Wissen, dass er euch unterstützt, euch beschützt, euch leitet, euch tröstet. Denn es stehen schwierigere Zeiten vor eurer Tür.

Ja, meine geliebten Kinder, ihr müsst euch vorbereiten, damit ihr stark werdet und diese große Prüfung durchstehen könnt, bei der der Glaube in Frage gestellt wird. Wenn ihr euch von dem lösen lasst, was nicht von Gott kommt, werdet ihr mit dem Blick Gottes, mit dem reinen Herzen eines Armen schauen, denn es gibt nichts Schöneres als die Seele eines Armen: Sie erbt das Himmelreich. Eine solche Seele hat gelernt, Gott Vater den ganzen Raum zu lassen. Ihr einziger Wunsch ist, ihm zu gefallen und in Seinem Göttlichen Willen zu leben. Jeden Tag nimmt sie das, was ihr Vater ihr anbietet, als das schönste Geschenk an. Sie nimmt es in der Hingabe an und in dem Wissen, dass alles der Ehre Gottes dient. Sie macht sich keine Sorgen, sie empfängt die Gnaden des gegenwärtigen Augenblicks.

Wenn ihr euch von allem lösen lasst, was nicht von Gott kommt, könnt ihr leicht auf dem Weg vorankommen, den der Vater euch vorgezeichnet hat. Eure Last wird leichter, ihr lernt, eure Gegenwart zu leben, ohne euch um morgen zu sorgen (vgl. Mt 11,28).

Meine Kinder, in den kommenden Zeiten werdet ihr euch daran gewöhnen müssen, im reinen Glauben zu leben, der euch dazu führt, alles von der Vorsehung zu erwarten in der Gewissheit, dass sie euch beschützt, dass sie bei euch ist, dass sie euch nie im Stich lässt.

Betet, betet, betet, meine Kinder, und bittet den Herrn um einen größeren Glauben im Alltag.

Seid gesegnet im Namen des Vaters, im Namen des Sohnes und im Namen des Heiligen Geistes. Amen. Halleluja.

ை

Maria, Mutter Gottes 3. September 2011
Erster Samstag des Monats

137 – Eure Gebetsgruppen sind Blitzableiter geworden, die der Macht des Bösen entgegenwirken.

Bekreuzige dich und schreibe an diesem ersten Samstag des Monats, mein Kind, bedeckt vom Kostbaren Blut meines göttlichen Sohnes, dem Herrn Jesus Christus.

Gestern haben wir über die Früchte gesprochen, die das Loslassen hervorbringt. Auch wenn es schmerzlich ist, hilft es euch doch, geistlich zu wachsen und schenkt euch die geistliche Reife. So werden eure Herzen empfänglicher für die Gnaden und die Früchte, die der Heilige Geist euch schenken will.

Ihr müsst euch dem Wirken der Dreifaltigkeit besser anpassen. Nach und nach verschwindet dann eure Starre und ihr werdet formbare Werkzeuge in den Händen des göttlichen Töpfers, der den Ton, der ihr seid, sorgsam bearbeitet, um euch in kommunizierende Gefässe zu verwandeln, durch die Gott Vater den Kindern, die er auf euren Weg schickt, seine Liebe schenkt.

Gott Sohn wird sein Wort der Wahrheit denen vermitteln, die sich auf die Nacht der großen derzeitigen Verwirrung eingelassen haben, und Gott Heiliger Geist wird das Licht aufbrechen lassen, um die Finsternis zu vertreiben, die diese kalte Nacht des Glaubensverlustes einhüllt.

Ja, meine geliebten Kinder, ihr seid alle berufen, kommunizierende Gefäße, Geschöpfe des Lichtes zu werden, die die Fackel des Glaubens tragen, damit die Welt erkennt, dass Gott lebt und in jedem von euch wirklich gegenwärtig ist.

Die Kinder dieser Welt müssen verstehen, dass Gott lebt, dass es noch Kinder gibt, die beten, die glauben, die Anbetung halten... Seht ihr, meine Kinder, wie wichtig die Gebetsgruppen, die Zönakel, die Kindergruppen sind, die Anbetung halten?

Amen, ich sage euch, meine Kinder, eure Gruppen sind Blitzableiter geworden, die den Mächten des Bösen entgegenwirken. Mit eurem Gebet unterstützt ihr die Welt, mit euren Gebeten und eurem Lobpreis erlangt ihr Gnaden der Barmherzigkeit und der Reue für eure Brüder und Schwestern, die in der Sünde leben. Ja, mit euren Gebeten kann ich die Herzen besuchen, die verhärtet und für die Gnade verschlossen sind.

Ich gehe durch die Welt. Natürlich höre ich eure Bitten und kümmere mich um eure Angehörigen... Doch wenn ihr großzügig in meinen Anliegen betet, kann ich jenen helfen, die in Gefahr sind, ihre Seele zu verlieren, und für sie beten. Ich kann Gnaden für jene erlangen, die mit knapper Not der Hölle entgehen. Selbst in der letzten Sekunde seines Lebens kann ein Herz sich dank eurer Gebete, eurer Hingabe, eurer Opfer öffnen und das Böse erkennen, das es getan hat, als es Gott Vater, seinen Schöpfer, missachtete.

Danke, meine geliebten Kinder, ich ermutige euch, nicht aufzuhören, euch zu vereinigen, um zu beten, Anbetung zu halten und zu lobpreisen. Meine Kinder, vergesst die Worte Jesu nicht: «Denn wo zwei oder drei in meinem Namen versammelt sind, da bin ich mitten unter ihnen» (Mt 18,20). Das ist die Verheißung, die mein göttlicher Sohn euch gegeben hat.

Danke, dass ihr das Salz der Erde (Mt 5,13) seid, dass ihr in den anderen das Verlangen weckt zu beten, die Heilige Bibel zu betrachten, das Licht zu werden, das eure Brüder und Schwestern in eurer Umgebung erleuchtet. Danke, dass ihr die Worte der demütigen Magd des Herrn gut aufnehmt. Ich habe mein ganzes Leben in der vollkommenen Einfachheit gelebt, um im Schatten meines Herrn und Gottes, meines Sohnes, meines Jesus zu leben.

Ich lade jeden von euch ein, nach dem Vorbild eurer himmlischen Mama sein Ja zu sprechen. Ich liebe euch. Ich segne euch mit einem ganz besonderen, mütterlichen Segen an diesem ersten

Samstag des Monats, im Namen des Vaters, im Namen des Sohnes und im Namen des Heiligen Geistes. Amen. Halleluja.

ஒ

Maria, Königin des Friedens 5. September 2011

138 – Im Sakrament der Vergebung übt Jesus sein Priestertum durch den Priester aus. Nicht bis zur letzten Minute warten.

Danke, mein Kind. Bekreuzige dich und schreibe, bedeckt vom Kostbaren Blut meines göttlichen Sohnes, dem Herrn Jesus Christus.

Meine Kinder, bereitet euch vor, macht eine gute Gewissenserforschung solange noch Zeit ist, und geht dann zum Sakrament der Vergebung, um im Stand der Gnade zu sein. Denn ihr kennt den Tag nicht, da der Herr eures Hauses und eurer Seele vor euch steht, um euch die Fehler, die Sünden, die Unterlassungen zu zeigen, die ihr Gott gegenüber, euch selbst gegenüber und auch eurem Nächsten gegenüber begangen habt.

Seid nicht wie die törichten Jungfrauen (Mt 25), die die letzte Minute abgewartet haben, um Öl zu kaufen. In dieser symbolischen Sprache hier kann ich sagen: Sie haben das Öl der Vergebung in der letzten Minute geholt, und ihr wisst, wie die Geschichte weitergeht...

Als sie zurückkamen, war es zu spät, die Tür war bereits geschlossen... Denkt ein bisschen nach, meine geliebten Kinder... Tut, worum eure himmlische Mama euch bittet. Bittet um den Beistand des Heiligen Geistes, es ist ihm eine Freude, euch zu helfen; ihr werdet überrascht sein zu sehen, wie er euer Gedächtnis auffrischt...

Habt keine Angst, meine Kinder, vergesst nicht, dass ihr Jesus begegnet, wenn ihr zu seinem Priester geht, um das Sakrament der Vergebung zu empfangen.

Wenn ein Priester seinen Dienst ausübt, zieht er Jesus an, der Priester verschmilzt mit der Person Christi. Christus Jesus übt Sein Priesteramt in ihm aus. Der Priester verliert sich wie ein kleiner Tropfen im Ozean der Barmherzigkeit Gottes, des Sohnes, damit ihr im Augenblick der Lossprechung die Ströme der barmherzigen Liebe Gottes, des Vaters empfangt, der euch wie den verlorenen Sohn aufnimmt. Und all das geschieht durch die Macht des Heiligen Geistes.

Die Liebe des Vater und des Sohnes hüllen euch in dem Augenblick ein, in dem ihr die Lossprechung empfangt.

Seht ihr, meine Kinder, was für ein großes Wunder sich vor euren Augen ereignet? Erkennt ihr, wie groß ein Priester in dem Augenblick ist, in dem er sein Amt ausübt?

Meine Kinder, geht in aller Einfachheit, voller Vertrauen und vor allem in aller Demut zum Sakrament der Vergebung. Macht es nicht wie jene, die sagen: Oh nein, was wird er von mir denken? Oder schlimmer noch: Er kennt mich zu gut, ich kann ihm meine Sünden nicht sagen. Nein, meine Kinder… nein… Ihr begegnet Jesus, ihr gesteht Jesus eure Fehler und eure Sünden.

Vertraut Ihm, ich bitte euch. Und verschiebt nicht auf morgen, was ihr heute tun könnt. Vergesst nicht, dass die Hölle mit guten Absichten gepflastert ist.

Danke, meine Geliebten, dass ihr euch unterweisen lasst, dass ihr euch auf die bevorstehende Begegnung mit eurem Gott der Liebe bei seiner zweiten Rückkehr[24] vorbereiten lasst. Die Liebe tut die ersten Schritte, um ihren Kindern entgegenzugehen. Seid gesegnet im Namen des Vaters, im Namen des Sohnes und im Namen des Heiligen Geistes. Amen. Halleluja.

൭

Euer Heiligstes Herz Jesu   6. September 2011

139 – Die Bedeutung des Herzensgebetes zu Beginn,
im Lauf und am Ende des Tages, nach dem Vorbild Jesu.

Mein Friede sei mit dir, mein Kind. Bekreuzige dich und schreibe, bedeckt vom Kostbaren Blut, zur Ehre Gottes, meines Vaters.

Heute sprechen wir über die Bedeutung des Herzensgebetes. Ich habe euch gesagt: «Du aber geh in deine Kammer, wenn du betest, und schließ die Tür zu; dann bete zu deinem Vater, der im Verborgenen ist. Dein Vater, der auch das Verborgene sieht, wird es

---

24. Anm. d. Herausgebers: Obwohl die Jungfrau Maria uns zunächst auf das Ereignis der Erleuchtung des Gewissens vorbereitet, erreicht doch alles seinen Höhepunkt mit dem Triumph ihres Unbefleckten Herzens und der zweiten Ankunft Jesu Christi.

dir vergelten» (Mt 6,6). Das bedeutet, dass ihr für das Gebet einen Moment wählen sollt, in dem ihr alles verlasst, in dem ihr euch von allen Sorgen, von jeder menschlichen Zuneigung, von allem befreit, was euch daran hindert, mit eurem Vater im Himmel allein zu sein. Dann müsst ihr die Türe für jedes Wort verschließen, das sich nicht an euren Vater richtet, für jedes Bild, für jede Erinnerung, die euch ablenken will, und euch auf das stille Gebet einlassen. Denn das Herzensgebet ist ein stilles Gebet, ein Zwiegespräch der Liebe und des Vertrauens, bei dem ihr euch den Armen eures Vaters hingebt.

Ja, es stimmt, er kennt alles, er weiß alles, er weiß genau, was ihr braucht, noch bevor ihr eure Bitten an ihn richtet... Doch wie ein guter Papa hört er seinen Kindern gern zu, er empfängt sie gern mit seiner Liebe, seiner Güte, seiner Zärtlichkeit.

Ja, er empfängt euch mit weit offenen Armen, wenn ihr mit dem Herzen betet. Dann ist euer Gebet tiefer, denn es ist von großer Einfachheit, großer Demut und vertrauensvoller Liebe gezeichnet.

Folgt meinen Schritten, meine Kinder, ich bitte euch darum. Betrachtet mein Leben, mein Kommen und Gehen, versucht euren Jesus nachzuahmen. Ich habe mich stets zurückgezogen, um irgendwo abseits zu beten, bevor ich meinen Tag, meine Lehren, meine Begegnungen usw. begann. Und am Abend zog ich mich von neuem zurück, um dem dreimal Heiligen Vater für die vielen vollbrachten Wunder zu danken, denn der Vater und der Heilige Geist taten alles in mir, durch mich und mit mir. Vergesst nicht, meine Kinder: Wo der Sohn ist, sind auch der Vater und der Heilige Geist gegenwärtig in der Einheit der Dreifaltigen Liebe.

Versucht, tagsüber Zeit für das Gebet, für die Begegnung mit eurem Vater zu finden. Ihr werdet sehen: Nachdem ihr die Liebe, den Frieden, die Freude gekostet habt, die allein Gott schenken kann, werdet ihr selbst noch weitere Momente der innigen Vertrautheit mit Ihm suchen und finden, in denen ihr in euer inneres Zimmer geht und die Türe verschließt, um dort abseits mit Dem allein zu sein, den euer Herz liebt, nach dem eure Seele sich sehnt... der euer Alles, euer geliebter Abba ist... (Vgl. Mk 14,36)

Danke, meine Kinder, seid gesegnet im Namen des Vaters, im Namen des Sohnes und im Namen des Heiligen Geistes. Amen. Halleluja.

൭

Jesus von Nazareth, Sohn Mariens   8. September 2011
Geburt der Jungfrau Maria

140 – Die Jungfrau Maria bittet für jedes ihrer Kinder bis zur letzten Sekunde ihres Lebens.

Ein großer Tag, an dem die Kirche der Geburt der Jungfrau Maria, meiner heiligen Mutter, gedenkt. Bekreuzige dich und schreibe, mein Kind, bedeckt von meinem Kostbaren Blut.

Ja, meine Kinder, seid voller Freude und Jubel und vereint euch mit den Chören der Engel, um die Freuden, die Tugenden, die Wunder zu besingen und zu verkünden, die der Höchste in das reinste Geschöpf gelegt hat, das die Erde je getragen hat, die kleine Maria von Nazareth, der schönste Juwel Gottes, des Vaters, sein Meisterwerk, die Unbefleckte Empfängnis, die neue Eva, die das Schicksal der Welt mit ihrem «fiat»[25] gewendet hat!

Durch sie bin ich in die Welt gekommen. Durch sie habe ich Fleisch angenommen durch das Wirken und die Gnade des Heiligen Geistes. Seid ihr gegenüber sehr dankbar und liebt sie von ganzem Herzen. Sie hält unablässig Fürbitte für alle ihre Kinder, ja, für alle… Für alle Kinder, die der Vater erschaffen hat… Sie haben alle einen Platz im Unbefleckten Herzen Mariens. Sie betet für alle ihre Kinder bis zur letzten Sekunde ihres Lebens.

Dankt Gott Vater sehr oft, dass er euch seine geliebte Tochter geschenkt hat. Dankt Gott Sohn, dass er euch am Fuß des Kreuzes seine heilige Mutter als eure Mutter geschenkt hat, und dankt Gott Heiliger Geist, dass er euch seine makellose Braut, die demütige kleine Maria von Nazareth geschenkt hat.

---

25. Das lateinische Wort fiat bedeutet: Es geschehe. Es ist die Antwort auf eine Anordnung oder eine Bestimmung, die sich auf die Verwirklichung eines Plans bezieht. Es kann auch Ja heißen auf eine Bitte, mit der festen Absicht, dieser Bitte zu entsprechen. – Für weitere Informationen besuchen Sie die französischsprachige Website: www.piccarreta.com/questions-reponses-sur-divine-volonte.

Sie sei die Quelle eurer Freude und eures Friedens. Seid gesegnet im Namen des Vaters, im Namen des Sohnes und im Namen des Heiligen Geistes. Amen. Halleluja.

༄

Maria, Mutter der Kirche 12. September 2011

141 – Die Kirche wird eine schwere Verfolgung erleben.
Die Sekten haben sich überall auf der Welt stark vermehrt.

Ihr dürft nicht aufhören, im reinen Glauben voranzugehen. Bekreuzige dich und schreibe, mein Kind, bedeckt vom Kostbaren Blut meines göttlichen Sohnes, dem Herrn Jesus Christus, zur Ehre Gottes, seines Vaters.

Je weiter die Zeit fortschreitet, umso mehr müsst ihr alles mit dem Blick des Glaubens betrachten. Ihr müsst den Heiligen Geist bitten, euren Glauben zu stärken, euren Glauben zu vermehren. Das ist von ungeheuer wichtig, denn bald werdet ihr alle einer harten Prüfung unterworfen: Es wird die Zeit sein, die ich in La Salette[26] und in Fatima angekündigt habe, in der die Kirche eine schwere Verfolgung durchmachen wird. Die Gläubigen werden wie Schafe verstreut, die überall herumlaufen und die Hirten suchen… Doch diese werden nicht mehr da sein… Sie werden Angst haben und in andere Schafställe gehen, sie werden täuschenden Stimmen folgen, sie werden sich ohne jeden Widerstand in Fallen locken lassen.

Seht ihr die große Gefahr, die vor eurer Tür steht? Wenn ihr keinen starken, kräftigen, unerschütterlichen Glauben habt, seid ihr nicht fähig, bis zum Ende dieses Kampfes durchzuhalten. Ihr müsst den Geboten Gottes (Ex 20) treu sein, der Stimme des Stellvertreters Christi, dem Heiligen Vater Benedikt XVI. treu sein, den heiligen Sakramenten treu sein, um im Stand der Gnade zu bleiben und die nötige Kraft zu haben, auf dem rechten Weg zu bleiben. Ihr müsst eurer heiligen Mutter, der katholischen apostolischen Kirche treu sein, die von meinem göttlichen Sohn Jesus Christus dem Herrn der Herren gegründet wurde.

---

26. Unsere Liebe Frau von La Salette erschien 1846 zwei jungen Hirtenkindern: Mélanie Calvat und Maximin Giraud.

Warum spreche ich diesen Punkt an? Um euch bewusst zu machen, wie viele Sekten sich überall auf der Welt stark vermehrt haben. Alle diese Sekten, die zum Ziel haben, Christus in seiner Kirche auszulöschen, indem sie alles zerstören, was heilig ist und an den Namen Jesu, den Sohn des lebendigen Gottes erinnert… Wie viele Kinder haben leider die wahre Religion verlassen, um durch die breite Pforte zu gehen, die die Freimaurerei, das New Age, die Rosenkreuzer und so viele andere Gruppen anbieten…!

Betet, meine Kinder, betet für alle diese Kinder, die blind geworden sind und sich von anderen Blinden leiten lassen. In dieser Zeit, in der ihr lebt, glaubt man nicht mehr an die Sünde, alles ist erlaubt, es gibt nichts Böses mehr, die Hölle existiert nicht mehr, der Dämon ist ein Held geworden… Das Gute ist böse geworden, die Gerechten sind in den Augen der Welt Dummköpfe geworden. Es ist peinlich, über Gott zu sprechen, und das Gebet gehört der Vergangenheit an.

Schaut, wie viele Kirchen in eurer Umgebung geschlossen sind; man sagt, dass dies dem Priestermangel zuzuschreiben ist… Doch die traurige Wirklichkeit ist, dass die Kirchen fast leer sind, dass das dritte Gebot praktisch vergessen wurde, dass der Herr von dem Tag ausgeschlossen wurde, der Ihm vorbehalten ist. Er hat euch sechs Tage gelassen und euch gebeten, Ihn an siebten Tag zu ehren, sein Wort zu betrachten, in die Heiligen Messe zu gehen und eure Seele mit der heiligen Eucharistie zu nähren.

Betet zum Heiligen Geist, meine Kinder, bittet ihn um den Glauben, um die Beharrlichkeit bis zum Schluss, damit ihr den Weg zu Ende geht und aus Liebe zu eurem lieben Papa im Himmel bei dem kleinen Rest Jahwes bleibt.

Und wenn sein Sohn zurückkehrt, werdet ihr auf der richtigen Seite stehen, wenn er euch ruft: «Kommt her, die ihr von meinem Vater gesegnet seid, nehmt das Reich in Besitz, das seit der Erschaffung der Welt für euch bestimmt ist» (Mt 25,34). Mein Sohn kehrt wieder, wie er verheißen hat. Bereitet euch auf die Begegnung mit ihm vor.

Danke, meine Kinder, dass ihr euch vorbereiten lasst, denn die Zeit eilt. Ich liebe euch, ich will euch alle retten. Seid gesegnet im Namen des Vaters, im Namen des Sohnes und im Namen des Heiligen Geistes. Amen. Halleluja.

Maria, Königin des Friedens

Auf Erden wird erst dann vollkommene Harmonie herrschen, wenn der göttliche Wille in den Herzen strömt.

Liebt euren Vater im Himmel: Das sollte eure einzige Sorge sein. Bekreuzige dich und schreibe, mein Kind, bedeckt vom Kostbaren Blut meines göttlichen Sohnes, dem Herrn Jesus Christus.

Die Liebe eures Vaters wird euch helfen, seinen Geboten (Ex 20) zu folgen, auf dem rechten Weg zu bleiben und vor allem eurem Engagement in der Kirche treu zu bleiben.

Betrachtet das Leben Jesu und sinnt darüber nach. Er tat alles aus Liebe zu seinem Vater. Er lebte, um den Willen Dessen zu erfüllen, der ihn gesandt hatte. Er zog sich zurück, um bei seinem Vater zu verweilen, mit ihm zu sprechen, auf ihn zu hören, ihn anzubeten. Seht ihr, meine Kinder? Die Liebe wohnte in seinem Herzen, sie hatte den ganzen Raum eingenommen, denn der Vater ist die Liebe, wie der heilige Johannes euch in 1 Joh 4,16 gesagt hat: «Gott ist die Liebe.»

Er hat seine Kinder aus Liebe erschaffen, um sie zu lieben und damit sie ihn mit ganzem Herzen, mit ganzer Seele und mit allen ihren Gedanken lieben und so lernen, auch ihren Nächsten zu lieben.

Das hat mein göttlicher Sohn euch gelehrt (Joh 13,34): Dass ihr einander lieben sollt, wie er euch mit der Liebe eines Kindes geliebt hat, die keinen Egoismus, keine Eifersucht, keinen Groll, keinen Zorn kennt. Seht ihr die vollkommene Harmonie, die auf der Erde herrschen würde, wenn alle Menschen den Geboten folgen würden, die Gott der Vater ihnen gegeben hat? Alle Gebote (Ex 20) gründen auf der Liebe und der Achtung der anderen.

Deshalb hat Jesus euch gesagt (Mt 7,12): «Alles was ihr also von anderen erwartet, das tut auch ihnen.» Wenn die Menschen sich die Zeit nähmen, über diesen kurzen Satz nachzudenken und ihn zu leben! Ach wie anders wäre dann die Welt! Es gäbe keine Kriege, keine Verbrechen, keinen Schreit, keine Lästerungen... Die Welt wäre so, wie der Vater sie am Anfang wollte: Eine Welt des Friedens, der Liebe und der Freude.

Ja, meine Kinder, ihr müsst beten, dass Liebe auf Erden herrscht, dass die Herzen sich für die Dreifaltige Liebe öffnen, damit der Göttliche Wille endlich frei wie im Himmel so auf Erden strömt, und dass es den Kindern des Vaters nach dem Vorbild Jesu gelingt, alles zur Ehre Gottes zu tun.

Danke, meine Kinder, seid gesegnet im Namen des Vaters, im Namen des Sohnes und im Namen des Heiligen Geistes. Amen. Halleluja.

༄

Maria, Mutter der Schmerzen 15. September 2011

142 – Ich stehe am Fuß eures Kreuzes.

Durch seinen Tod am Kreuz hat Jesus euch das Leben wiedergegeben (vgl. 1 Kor 15). Bekreuzige dich und schreibe, mein Kind, bedeckt vom Kostbaren Blut meines göttlichen Sohnes, dem Herrn Jesus Christus.

Ich, die Mutter der Schmerzen, stand am Fuß des Kreuzes (Joh 19,25). Ich habe mich nicht aufgelehnt, ich habe den Willen des dreimal Heiligen Vaters angenommen: Nach seinem Willen sollte ich zutiefst mit den Leiden seines Sohnes vereint sein, um die Miterlöserin zu werden. Ich musste also mit allen grauenhaften Leiden vereint sein, die mein göttliches Kind durchmachen musste, um die Erlösung des Menschengeschlechts zu bewirken. Ich musste die unerhörte Qual erdulden zu sehen, wie mein Sohn im Todeskampf war, wie mein Herr und Gott an ein Kreuz genagelt wurde und starb…

Natürlich weinte ich still, ich betete, ich flehte zu Gott, dem Vater, mich anstelle meines Sohnes sterben zu lassen, denn ich trug auf mystische Weise alle Wunden seiner Passion an meinem Leib… Ich opferte ihm mein Unbeflecktes Herz auf, das von all diesen Leiden zermalmt und zerrissen war. Ja, ich opferte ihm alles für das Heil der Sünder auf … Und am Fuß des Kreuzes betrachtete ich die Worte des greisen Simeon, über die ich mein Leben lang nachgedacht hatte. In diesem Moment wurde mein Herz vom Schwert des Todes meines Sohnes… meines Gottes… meines Lebens… so tief, so grauenvoll durchbohrt… Im feierlichen Augenblick des Todes Christi hörte mein Herz auf zu schlagen.

Wunder der Gnade! Der Vater gab mir den Lebensatem wieder. Mein Sohn gab mir die Kraft. Mein göttlicher Bräutigam, der Heilige

Geist, stand mir bei, damit ich meinerseits die Mutter der Kirche werden konnte, um den Jüngern und allen Kindern Gottes, des Vaters von Generation zu Generation beizustehen.

Warum spreche ich mit euch über mein Leiden? Um euch begreiflich zu machen, meine Kinder, dass es nach den Leiden meines Sohnes keine größeren Leiden gab als die meinen. Ich bin die Königin der Märtyrer... Ich bin eure Mutter, ihr seid meine Kinder; und ich bitte euch, in den Zeiten des Leidens, des Kummers, des Unverständnisses, des Verrats, der Einsamkeit zu mir, eurer Mama Maria zu kommen. Ich liebe euch, meine ganz Kleinen. Ich werde auf euch hören. Ich will euch lehren, einen Sinn für euer Leiden zu finden, denn nichts ist verloren, alles trägt zur Ehre Gottes bei. Habt keine Angst zu leiden, nie wird der Herr etwas von euch verlangen, das über eure Kräfte geht... Er kennt euch alle besser als ihr selbst.

Vertraut mir, ich bete für jeden von euch, am Dreifaltigen Thron halte ich Fürbitte für euch, ich höre aufmerksam auf eure Bitten, auf eure Bedürfnisse. Erlaubt mir, mich um euch, um eure Kinder, um eure Familien, um eure Freunde und um eure Brüder und Schwestern zu kümmern, die in Not sind. Ich bin die Mutter der Schmerzen und sage euch, die ihr von so vielen Leiden geprüft werdet: Hab keine Angst, mein Kind, deine Mama ist da, ich stehe bei dir, ich stehe am Fuß deines Kreuzes. Nie werde ich dich im Stich lassen, gemeinsam werden wir alle Leiden annehmen... und die notwendigen Gnaden, um sie zu überwinden. Gemeinsam opfern wir alles zur Ehre Gottes auf. Ich werde dich den Wert des Leidens und den Wert des Opfers lehren, mein Kind.

Ich bitte dich, betrachte die Worte meines Sohnes (Mt 11,28): «Kommt alle zu mir, die ihr euch plagt und schwere Lasten zu tragen habt. Ich werde euch Ruhe verschaffen.» Ja, meine geliebten Kinder, ich erleichtere euch mit meinem Sohn Jesus.

Hört auf, alles in euren Herzen zu bewahren, hört auf, euch aufzulehnen. Wendet euch dem Herrn in einem Glaubensakt zu und übergebt ihm alles: eure Sorgen, eure Probleme, eure Krankheiten – alles, meine Kinder. Lasst Ihn in euch und in eurer Umgebung handeln, dann seht ihr, wie leicht seine Last ist (Mt 11,28).

Gebt euch hin, meine Kinder... Ruft zu mir, eurer himmlischen Mutter, ich gebe euch die notwendigen Gnaden, um alles durchstehen zu können. Dann wird euer Herz von jeder Seelenqual, von jedem Stress, von jeder Angst befreit... Euer Herz wird leichter mit dem Frieden und der Freude, die nur Gott geben kann.

Seid gesegnet im Namen des Vaters, im Namen des Sohnes und im Namen des Heiligen Geistes. Amen. Halleluja.

༽

Maria, Königin des Friedens 18. September 2011

143 – Jedes Kind hat eine einmalige Mission im Mystischen Leib. Sich nicht mit den anderen vergleichen.

Gelobt sei, der da kommt im Namen des Herrn (Mt 21,9). Bekreuzige dich und schreibe, mein Kind, bedeckt vom Kostbaren Blut meines göttlichen Sohnes, dem Herrn Jesus Christus.

Jedes Kind ist einmalig, jedes Kind ist wertvoll in den Augen des Herrn, jedes Kind hat während seines Aufenthaltes auf Erden eine besondere Mission zu erfüllen.

Ihr müsst aufhören, euch mit den anderen zu vergleichen. Ihr gehört zum mystischen Leib, der die Kirche ist, und da ihr alle einmalig seid, ist es normal, dass jeder gemäß seiner Mission die ihm eigenen Gaben, Charismen und Talente hat.

Wisst ihr, meine Kinder, dass die Eifersucht, der Neid und die Spaltung in mehrere Gebetsgruppen eingezogen sind, so dass diese ihre Tür schließen mussten? Ihr müsst sehr wachsam sein, zum heiligen Erzengel Michael beten, euch mit dem Kostbaren Blut meines göttlichen Sohnes Jesus bedecken, seinen heiligen Namen preisen und vor allem den Geist des Lichtes, den Geist der Wahrheit, den Geist der Einheit anrufen, damit der Geist Gottes euch erfüllt.

Ihr seid alle Brüder und Schwestern, folgt dem, der an der Spitze steht, dem Herrn Jesus Christus, folgt seinen Schritten... Ich gebe euch diese Ratschläge, denn inzwischen haben mehrere Gebetsgruppen aufgegeben. Sie haben dem Geist der Spaltung die Tür geöffnet, und ihr wisst ganz genau, meine Kinder, dass die Tage unseres Feindes gezählt sind. Er ist voller Wut gegen alle Kinder des Vaters, besonders gegen jene, die glauben und beten. Dann tut er alles, um euch vom Gebet abzulenken, um euch daran zu hindern, gemeinsam zu beten.

Passt auf, meine Kinder, lasst euch nicht besiegen, lasst euch nicht ablenken, und vor allem lasst euch nicht entmutigen! Vergesst nicht, dass Er da, wo zwei oder drei im Namen Jesu versammelt sind, mitten unter euch ist. Es hat wenig zu sagen, ob ihr viele oder wenige seid. Die Welt ist auf euer Gebet angewiesen, der Himmel ist auf eure Fürbitte angewiesen, ihr seid Blitzableiter gegen die Mächte des Bösen geworden.

Lasst den Heiligen Geist wirken, lasst euch von seinen Gaben und seinen Charismen erfüllen, die Kirche braucht euch. Ja, die Kirche ist darauf angewiesen, dass ihre Kinder ihren Glauben und ihre Zugehörigkeit zu ihrer Mutter, der heiligen katholischen Kirche verkünden. Seid stolz, die Kinder Gottes, des Vaters zu sein, verkündet euren Glauben an den Herrn Jesus Christus, ruft und betet zum Heiligen Geist, damit er das Angesicht der Erde erneuert und die Welt begreift, dass Gott lebt, dass er unter seinen Kindern zutiefst gegenwärtig ist.

Danke, meine geliebten Kinder, dass ihr nicht aufhört zu beten, Anbetung zu halten und euren Herrn und Gott zu loben. Danke, dass ihr unaufhörlich in den anderen das Verlangen weckt zu beten. Danke, dass ihr das Salz der Erde seid (Mt 5,13). Danke für eure Beharrlichkeit. Seid gesegnet im Namen des Vaters, im Namen des Sohnes und im Namen des Heiligen Geistes. Amen. Halleluja.

༄

Maria, Königin des Friedens   19. September 2011

144 – Der Okkultismus und die falschen Lehren legen die Seelen in Ketten. Sich von einem Priester befreien lassen.

Ihr seid das Licht der Welt (Mt 5,14). Bekreuzige dich und schreibe, mein Kind, bedeckt vom Kostbaren Blut meines göttlichen Sohnes, dem Herrn Jesus Christus.

Wie mein Sohn Jesus euch gesagt hat: Meine Kinder, seid das Licht in dieser Nacht der Finsternis, in dieser dunklen Nacht der großen Verwirrung, die überall auf der Welt herrscht.

Schaut umher, wie eure Brüder und Schwestern sich täuschen lassen, wie sie den Stimmen folgen, die nicht vom Himmel kommen. Man glaubt an alles, außer an die gesunde Lehre. Mein Unbeflecktes Herz ist sehr betrübt, wenn ich die große Zahl von Kindern sehe, die sich vom Okkultismus, vom New Age usw. in allen seinen Formen in Ketten legen ließen. Man will euch weismachen, dass diese Praktiken nicht schlecht sind, dass sie im Gegenteil gut sind, um gesund und fit zu bleiben, um eigenständig zu bleiben, dass die Techniken sicher sind usw. Schaut, wie viele Menschen aller Altersklassen in diese Fallen gegangen sind, sogar die Kinder in den Schulen. Man sagt euch jedoch nicht, was sich dahinter verbirgt.

Satan selbst verkleidet sich als Engel des Lichtes und bringt euch dazu, blind an Yoga, an Reiki, an Tai-Chi, an therapeutische Berührung, an Esoterik, an Energietransfer und an so viele andere Dinge zu glauben, die zum Ziel haben, euch vollkommen von eurem Herrn und Gott, eurem Vater zu entfernen.

Der heilige Paulus hat euch gesagt: «Denn es wird eine Zeit kommen, in der man die gesunde Lehre nicht erträgt, sondern sich nach eigenen Wünschen immer neue Lehrer sucht, die den Ohren schmeicheln» (2 Tim 4,3). Das ist die Zeit, in der ihr jetzt lebt.

Ihr lasst euch von allen möglichen falschen Lehren beeinflussen, die euch dazu bringen, euren Glauben und eure Zugehörigkeit zur katholischen Kirche zu verleugnen, die vom Stellvertreter Jesu, Papst Benedikt XVI. geleitet wird, den mein sanftmütiger Jesus erwählt hat, um euch in diesen so schwierigen Zeiten zu führen.

Ich bitte euch, meine Kinder, erkennt, was dem Herrn gefällt, und beteiligt euch in keiner Weise an den unfruchtbaren Werken der Finsternis, denn der Herr hat euch gesagt: «Ich bin Jahwe, dein Gott. Du sollst neben mir keine anderen Götter haben» (Dtn 5).

Wacht auf, bevor es zu spät ist, lasst euch von einem Priester befreien, geht zum Sakrament der Vergebung. Auch wenn ihr es nur ein Mal aus Neugier, aus Unsicherheit, aus Unwissenheit gemacht habt oder um damit zu spielen – es ist sehr wichtig, dass ihr meine Worte ernst nehmt. Habt keine Angst, ihr werdet feststellen, wie viel besser ihr euch fühlt, wenn ihr zu einem Priester gegangen seid, der euch von allen Folgeerscheinungen befreien kann. Vergesst nicht, dass ihr in der Person des Priesters Christus Jesus begegnet.

Danke, meine Kinder, dass ihr die Worte eurer Mama Maria gut aufnehmt, die euch auf die baldige Begegnung mit meinem Herrn, meinem Gott, meinem Sohn, meinem Jesus vorbereiten will, der euch gesagt hat: «Ich bin das Licht der Welt. Wer mir nachfolgt, wird nicht in der Finsternis umhergehen, sondern wird das Licht des Lebens haben» (Joh 8,12). Folgt ihm nach, meine Kinder, folgt seinen Schritten, damit auch ihr das Licht für alle eure Brüder und Schwestern seid, die derzeit in der Finsternis sind.

Meine Kinder, betet für die, die sich von den bösen Geistern verblenden ließen. Betet, dass der Geist des Lichtes reinwäscht, was befleckt ist, dass er heilt, was verwundet ist, und lenkt, was den Weg verfehlt.

Danke, meine geliebten Kinder, ich zähle auf euch, damit ihr mir helft, alle meine Kinder zu retten, die so sehr auf euer Gebet angewiesen sind. Seid gesegnet im Namen des Vaters, im Namen des Sohnes und im Namen des Heiligen Geistes. Amen. Halleluja.

ᘒ

Maria, Königin des Friedens   24. September 2011
Lehre über die Anbetung[27]

145 – Alle für den geistlichen Kampf notwendigen
Waffen stehen bereit, angefangen beim Kostbaren Blut.

Bekreuzige dich und schreibe, mein Kind, bedeckt vom Kostbaren Blut meines göttlichen Sohnes, dem Herrn Jesus Christus.

Mein Kind, du wirst sehen, wie die Zahl der Kinder, die noch beten, in den kommenden Zeiten immer weiter abnimmt. Trotzdem darf man nicht den Mut verlieren, ihr müsst die Flamme der Liebe bewahren, die euch Der gibt, der euch zuerst geliebt hat.

---

27. Am selben Tag fand im Heiligtum des Heiligsten Herzens von Beauvoir, (Sherbrooke, QC) ein Gebetstag mit zwei Lehren zum Thema des ersten Gebotes Gottes statt.

Wenn du wüsstest, wie sein Heiligstes Herz heute vor Jubel erbebte! Denn Jesus hat es gern, wenn seine Kinder den Rosenkranz betrachten. Er freut sich, dass es noch Kinder gibt, die über die Geheimnisse seines Lebens auf Erden nachdenken, die sie leben, die über das Leben seiner heiligen Mutter, der Unbefleckten Empfängnis nachsinnen.

Danke, meine Kinder, dass ihr sein Herz tröstet, das so wenig geliebt wird. Danke für die Zeit, die ihr damit zubringt, Ihn anzubeten, Ihn zu verehren, Ihn zu lobpreisen. Wisst ihr, dass die Zeit, die ihr eurem Herrn und Gott schenkt, die kostbarste Zeit ist, die am meisten Wert hat?

Danke, meine Kinder, dass ihr diesen Durst nach der Dreifaltigen Liebe in euch aufsteigen lasst, die euch für das Handeln des Heiligen Geistes offener macht, die die Herzen vorbereitet und entzündet, die sich öffnen und sagen können (vgl. Ps 40): «Ja, Vater, ich komme, deinen Willen zu tun. Ja, Vater, sende deinen Geist auf uns herab und lehre uns, wahre Anbeter im Geist und in der Wahrheit zu werden, dich anzubeten. Lehre uns, deinen heiligen Namen zu loben, ihn Tag und Nacht zu preisen, Söhne des Lichtes zu sein, die das erste Gebot voll und ganz leben» (vgl. Joh 4,24).

Seid tapfer, meine Kinder, und stellt euch mutig und kühn diesen Tagen der großen Drangsal, die kommen werden. Habt keine Angst, ihr werdet alles haben, was ihr braucht, um dem Feind zu widerstehen.

Mein sanftmütiger Jesus und ich, seine heilige Mutter, haben euch alle notwendigen Waffen zur Verfügung gestellt. An euch ist es, sie zu benutzen. Ihr werdet den Schutz und die Macht des heiligen Rosenkranzes, des Barmherzigkeitsrosenkranzes, des Gebets zum heiligen Michael und vor allem des Vaterunser feststellen. Er hat euch alles gegeben, als er euch seinen einzigen Sohn geschenkt hat, und sein Sohn hat euch alles gegeben, als er sein Leben als Lösegeld für das eure hingab.

Meine Kinder, vergesst nicht, dass er den letzten Tropfen Blut für euch vergossen hat. Nutzt dies, bedeckt euch mit dem Kostbaren Blut meines göttlichen Sohnes Jesus. Das ist das mächtigste Waffe, die er euch gegeben hat: Sein Blut, der Schutzschild gegen alle Mächte des

Bösen. Ruft sein Kostbares Blut herab und setzt euren Weg in einer vollkommenen Hingabe fort, auch wenn ihr nichts versteht.

Und schließlich sollt ihr dem Gebet, der Anbetung, dem Allerheiligsten, den Gesetzen Gottes, der Stimme des Heiligen Vaters Benedikt XVI. treu sein, der euch führt, mein ganz kleiner Rest! Dann werdet ihr sehen, wie ihr die große Drangsal, die vor eurer Tür steht, im Frieden, in der Freude, in Ruhe und in Heiterkeit durchquert, denn ihr steht auf der Seite des Siegers.

Seid gesegnet im Namen des Vaters, im Namen des Sohnes und im Namen des Heiligen Geistes. Amen. Halleluja.

༄

Jesus, euer König der Liebe   26. September 2011

146 – Die Erleuchtung des Gewissens ist eine außergewöhnliche Gnade, um mehrere zur Wahrheit zurückzuführen.

Friede sei mit euch, meine Kinder. Bekreuzige dich und schreibe, mein Kind, bedeckt von meinem Kostbaren Blut, zur Ehre Gottes, meines Vaters.

Mein Herz ist zu Tode betrübt; es wir von neuem zerfetzt und ist Opfer von Beleidigungen und Schmähungen seitens all dieser Kinder, die die Gebote nicht mehr befolgen wollen, die Gott, mein Vater euch gab und die von Generation zu Generation gelten (Ex 20). Die Kinder dieser Welt haben es gewagt, meinen Vater lächerlich zu machen, weil er seine Gebote als Verhaltensregeln aufgestellt hat. Das ist eine sehr schwere Sünde, meine Kinder, denn «Gott, der Schöpfer, der allmächtige Gott lässt keinen Spott mit sich treiben» (Gal 6,7).

Vom Himmel aus sehen wird diese Schwärze und diesen Pesthauch, die von der Erde aufsteigen, und der Himmel erbebt vor Grauen. Man will nichts mehr von Gott Vater wissen. Seine Kinder sind so weit gegangen, seine Existenz zu leugnen, sie erkennen ihn nicht mehr als ihren Schöpfer an, sie erfinden falsche Theorien, um die Schöpfung zu begründen.

Es stimmt, dass der Herr barmherzig und gnädig, langmütig und reich an Güte ist (Ps 103,8), aber die derzeitige Generation hat alle Grenzen überschritten. Das Böse wurde überall legalisiert, das Böse ist normal geworden, alles ist in die Sitten eingegangen und wird von der Strömung des Modernismus gebilligt.

Wenn ich an all meine kleinen Kinder denke, die dem zum Opfer fallen. Ja, arme kleine Opfer, denn die Erwachsenen haben ihre Unschuld gestohlen: Es gibt keine Schamhaftigkeit mehr, man macht die Reinheit lächerlich.

Mein Heiligstes Herz blutet wieder, denn Ich weiß, was kommt: Das Leiden wird auf allen Ebenen seinen Höhepunkt erreichen. Was ihr bis heute gelebt habt, ist nichts im Vergleich zu dem, was kommt. Dabei haben wir euch so oft gewarnt, doch ihr nahmt unsere Worte nicht ernst und wolltet euer Verhalten nicht ändern. Amen, ich sage euch, meine Kinder, die Stunde ist zu ernst, es ist Zeit für die Anbetung. Ihr müsst fasten und beten, um alles, was bereits ausgelöst wurde, ein bisschen zu mildern.

Hört auf die herzzerreißenden Rufe meiner heiligen Mutter. Auch die Stunde der großen Stille kommt näher, da der Himmel schweigen wird. Die Offenbarungen werden aufhören. Nehmt meine Worte ernst. Meine Kinder, ich rufe euch zur Umkehr auf, ändert euer Verhalten, geht zum Sakrament der Vergebung, betet den Rosenkranz, fastet, betet, tut Buße, um im Stand der Gnade zu sein, denn ihr kennt weder den Tag noch die Stunde nicht, da jeder vor mir erscheinen muss.

Ich spreche heute Abend mit euch, um euch geistlich vorzubereiten. Bereitet euch vor, meine Kinder, denn die Stunde naht. Betet für alle eure Brüder und Schwestern auf der ganzen Welt. Vergesst nicht, dass ihr alle ungeachtet der Rasse, der Sprache, des Glaubens eine einzige Familie bildet, dass der Vater euch alle erschaffen hat… auch wenn daran gezweifelt wird. Im tiefsten Herzen wisst ihr das genau. Eure Seele weiß es, sie erinnert sich an ihn, ihren Vater und Schöpfer.

Meine Rückkehr steht unmittelbar bevor. Ihr werdet sehr bald dieses unmittelbare Handeln der göttlichen Barmherzigkeit, die Erleuchtung eures Gewissens an euch erfahren. Dankt meiner heiligen Mutter, dass sie diese außerordentliche Gnade für euch erlangt hat, damit ihr zur Wahrheit zurückkehrt und erkennt, wohin eure Sünden euch geführt haben. Ja, ich muss wiederkommen, bevor der kleine Rest noch kleiner wird. Ruft zu Mir, meine geliebten Kinder, eure

Schreie sollen bis zum dreifaltigen Thron aufsteigen: «Maranatha – Unser Herr, komm!» (1 Kor 16,22) Eure Herzen sollen unablässig zu Mir rufen.

Nur Mut, meine Geliebten, ich komme. Hebt das Haupt, ich rette meinen ganz kleinen Rest. Haltet bis zum Ende stand, empfangt meinen Friedenskuss. Seid gesegnet im Namen des Vaters, im Namen des Sohnes und im Namen des Heiligen Geistes. Amen. Halleluja.

ତ

Maria, Königin des Frieden   27. September 2011
Hl. Vinzenz von Paul

147- Steht den Menschen mit Liebe bei, die schreckliche Angst haben werden, wenn die schlimmen Ereignisse beginnen.

Mein Kind, ich danke dir, dass du auf meinen Ruf achtest. Bekreuzige dich und schreibe, mein Kind, bedeckt vom Kostbaren Blut meines göttlichen Sohnes, dem Herrn Jesus Christus.

Heute sprechen wir über die Nächstenliebe, die schönste aller Tugenden. Die Liebe leitet die Taten, die Gesten, die Worte. Die Liebe eures Herrn und Gottes bringt euch dazu, alles zur Ehre Gottes zu tun, euren Nächsten zu lieben und ihm beizustehen.

Durch die Nächstenliebe dient man einem alten Menschen, besucht man die Kranken, hört man auf den Notschrei der Armen, der Außenseiter, der Ausgegrenzten. Die Nächstenliebe drängt uns zur Selbsthingabe und zum Dienst, damit wir in die Fußstapfen Jesu treten, der nicht gekommen ist, um bedient zu werden, sondern um zu dienen. Aus Liebe zu Ihm schaffen wir es, sogar denen zu dienen, die uns auf irgendeine Weise Leiden verursachen, denn in jedem Wesen erkennen wir die Züge des Herrn.

Ich lade euch ein, über diese Nächstenliebe nachzudenken. Entwickelt die Hilfsbereitschaft und den gegenseitigen Beistand in jedem von euch, ohne etwas im Gegenzug zu erwarten. Auch wenn ihr nur eine ganz kleine Geste aus Liebe tut, wird alles gleich anders, denn der Vater sieht im Verborgenen eurer Herzen. Alles, was ihr einem dieser ganz Kleinen getan habt, das habt ihr Ihm getan (vgl. Mt 25,45).

Das sind die Worte eures Herrn. Setzt sie in die Tat um. Denkt auch über das Leben des heiligen Vinzenz von Paul nach, der ein sehr großes Maß an Nächstenliebe gelebt hat und den man den Vater der geistlich und materiell Armen nennt.

Ja, meine Kinder, bittet den Heiligen Geist, dass er die Nächstenliebe in euch neu belebt, damit die Hilfsbereitschaft aufblüht. Das wird in den kommenden Zeiten äußerst notwendig sein, wenn die schlimmen Ereignisse eintreten und ihr euren Brüdern und Schwestern zu Hilfe kommen müsst, die dann einen Schock erleiden und in schreckliche Angst versetzt werden. Sie werden Hunger oder Durst haben oder verletzt sein. Oder ihr werdet einfach Nächstenliebe brauchen, um mehr für die Katastrophenopfer zu beten, um sie durch euer Gebet zu unterstützen.

Danke, meine Kinder, dass ihr meine Worte gut aufnehmt. Seid gesegnet im Namen des Vaters, im Namen des Sohnes und im Namen des Heiligen Geistes. Amen. Halleluja.

༄

Maria, Mutter der Betrübten 30. September 2011

148 – Tage der Schmerzen kommen für die sündige Menschheit. Beten und sich bekehren, bevor es zu spät ist.

Gelobt sei, der da kommt im Namen des Herrn. Bekreuzige dich und schreibe, mein Kind, bedeckt vom Kostbaren Blut meines göttlichen Sohnes, dem Herrn Jesus Christus.

Jetzt kommen Tage der Schmerzen für diese so schwer sündige Menschheit. Ich habe euch an allen Enden der Welt gewarnt, doch ihr lest ohne zu verstehen. Ihr setzt die Lehren, die der Himmel euch gibt, nicht in die Tat um. Ich weine, ich vergieße Tränen, blutige Tränen, doch ihr nehmt meine Rufe nicht ernst...

Man will die Zukunft aus Neugier kennen. Ich gebe euch Prophezeiungen, weil ich euch davon überzeugen will, dass das Gebet, die Buße, die Umkehr notwendig sind und dass ihr zu eurem himmlischen Vater zurückkehren müsst, bevor es zu spät ist.

Ihr werdet sehen, meine Kinder, dass die tektonische Indische Platte Riesenwellen im Ozean auslösen wird, die Erde wird beben und es wird viele Tote geben. Die mächtige Turbulenz der Meere wird die ganze Menschheit in Schrecken versetzen.

Betet, betet, betet. Ich belehre euch, um euch vorzubereiten und euch vor dem zu warnen, was kommt.

Ich wollte den Arm der Gerechtigkeit des Vaters zurückhalten, doch von Tag zu Tag läuft die Welt in ihr Verderben... Wenn der Mensch sich Gott, seinem Schöpfer, überlegen fühlt, wählt er sein Schicksal.

Meine Kinder, in der Zeit der Not sollt ihr den Barmherzigkeitsrosenkranz beten, den Rosenkranz betrachten, euch mit dem Kostbaren Blut bedecken und von ganzem Herzen für jene beten, die umkommen, damit ihr Herz sich in der letzten Sekunde ihres Lebens bekehrt und sie die Gnade der Reue empfangen. Betet auch für alle Katastrophenopfer.

Nehmt meine Worte ernst, hört auf den herzzerreißenden Schrei einer Mutter, die alle ihre Kinder retten will. Schließt Frieden mit eurem Herrn, eurem Gott und eurem Vater. Kehrt zu Ihm zurück, bleibt im Stand der Gnade, seid wachsam.

Danke, meine Kinder, ich liebe euch, ich segne euch im Namen des Vaters, im Namen des Sohnes und im Namen des Heiligen Geistes. Amen. Halleluja.

༄

Jesus, Herr des Universums 2. Oktober 2011

149 – Alles wird innehalten, damit der Heilige Geist euch erfüllen kann.

Friede seit mit dir, mein Kind. Bekreuzige dich und schreibe, bedeckt von meinem Kostbaren Blut, zur Ehre Gottes, meines Vaters.

Ich bin der Herr des Universums. Ich habe den Himmel und die Erde gemacht, ich bin vom Himmel herabgekommen, habe Fleisch angenommen, um einer von euch zu werden und das Geheimnis der Erlösung zu vollbringen. Meine Kinder, ich, euer Jesus, sage euch, wie sehr ich euch liebe, wie sehr ihr vom Vater geliebt werdet, der nichts als Liebe für seine Kinder der Erde ist. Ja, ich bin gekommen, um euch das Leben, die Freiheit, eure Würde als Kinder Gottes wiederzugeben.

Ich bin auch wiedergekommen, um euch beizubringen, der Wahrheit zu folgen, indem ihr die Gebote achtet und erfüllt, die mein Vater euch gegeben hat (Ex 20). Ich habe euch das Vorbild gegeben, doch leider tun die Kinder der heutigen Generation alles, um den Preis zu vergessen, den ich für eure Erlösung gezahlt habe. Man denkt nicht mehr an meine schreckliche Passion. Ich bin die Schande, das Gespött meines Volkes geworden…

Die Jahrhunderte sind vergangen, und ich bin von neuem zum Gespött meiner Feinde, der Großen dieser Welt geworden. Ich erleide von neuem den grausamen Todeskampf im Ölgarten, denn ich sehe, wohin es euch geführt hat, hartnäckig in der Sünde zu verharren: Alles ist rechtmäßig und normal geworden, alles ist erlaubt. Meine Kinder, ihr werdet sehen, wie alles von einem Augenblick zum anderen umkippen wird.

Betet, meine Kinder, bereitet euch vor, denn ihr seid in eine neue Etappe der Läuterung der Erde eingetreten. Wendet euch mir zu, dann werdet ihr gerettet. Ja, kehrt von ganzem Herzen zu mir zurück, nutzt den letzten Rest meiner Barmherzigkeit aus, verschiebt nicht auf morgen, was ihr heute tun könnt. Ich komme wie ein Dieb (Offb 3,3) zu einer Stunde, in der ihr bestimmt nicht denkt, dass das außerordentliche Wirken der göttlichen Barmherzigkeit beginnt. Im Himmel und auf Erden wird alles innehalten, um dem Heiligen Geist zu erlauben, euch zu erfüllen und euch zu zeigen, wohin eure Sünden euch geführt haben. Ihr werdet alle vor mir, eurem Jesus stehen. Ihr wisst, dass ich der Sohn des Lebendigen Gottes bin, sein einziger Sohn, sein Ewiges Wort.

Es wird ein Tag der Freude für meine ganz Kleinen und ein Tag des Grauens für die sein, die sich von mir entfernt haben. Kommt zu mir, meine Kinder, ich warte auf euch, ich liebe euch, ich sterbe vor Liebe. Ich bettle um eure Liebe! Kommt aus Liebe zu mir zurück, nicht wegen der Angst, die ihr an jenem Tag empfinden werdet. Ein Rest wird zu mir zurückkehren, ja, aber es wird nur ein Rest sein. Dann werdet ihr da sein, mein ganz kleiner Rest, um sie aufzunehmen, um sie zu evangelisieren und ihnen beizubringen, Gott Vater,

Gott Sohn und Gott Heiliger Geist kennenzulernen. Ihr werdet da sein, ihr meine Kinder, die neuen Apostel, die von meiner heiligen Mutter, der Unbefleckten Empfängnis, geformt wurden, ihr werdet da sein, um in ihnen das Verlangen zu wecken, eurem geliebten Jesus zu folgen und in meine Nachfolge zu treten.

Danke, meine Geliebten, danke, dass ihr meine Worte gut aufnehmt. Seid gesegnet im Namen des Vaters, im Namen des Sohnes und im Namen des Heiligen Geistes. Amen. Halleluja.

༄

Maria, Königin des Friedens 3. Oktober 2011

150 – Maria geht durch die Welt, um ihre Kinder darauf vorzubereiten, dem Sohn Gottes zu begegnen.

Nutzt diese Zeit, meine Kinder, die euch derzeit zugutekommt. Bekreuzige dich und schreibe, mein Kind, bedeckt vom Kostbaren Blut meines Sohnes, dem Herrn Jesus Christus.

Nehmt euch die Zeit, die Lehren zu betrachten, die ihr empfangt, meine Kinder. Kostet diesen lieblichen Honig: das Wort eures Gottes und das Wort, das eure himmlische Mama an euch richtet.

Wie ich euch bereits gesagt habe, wird der Himmel eines Tages schweigen, die Botschaften, die Prophezeiungen, die Lehren, die Erscheinungen werden aufhören. Amen, ich sage euch: In der ganzen Menschheitsgeschichte gab es noch nie so viele Offenbarungen wie in dieser Zeit, in der ihr lebt. Ich gehe durch die Welt, um euch zu besuchen, meine Kinder, um euch auf die baldige Begegnung mit meinem sanften Jesus vorzubereiten. Ich ebne seinen Weg, damit ihr bereit seid. Ich bitte euch, zu eurem Gott und Vater zurückzukehren, euch zu bekehren, im Stand der Gnade zu bleiben, zu beten, Anbetung zu halten, zu fasten. Tut Buße, meine Kinder. Ihr müsst alle Beleidigungen, Gotteslästerungen und Sünden sühnen, die begangen wurden und noch immer begangen werden.

Ich bitte euch, vergeudet eure Zeit nicht! Eines Tages werdet ihr Rechenschaft ablegen müssen für die Zeit, die Gott euch geschenkt hat. Man sagt, dass die Engel über die Zeit weinen, die ihr verloren habt... und das stimmt, meine Kinder! Widmet eurem geistlichen

Leben Zeit, kehrt zur Quelle zurück, folgt dem Guten Hirten, der euch auf grüne Weiden führt, der euch auf grünen Auen lagern lässt. Sinnt über sein Wort nach, das die Stimme ist, die euch führt.

Ja, meine Kinder, sinnt in eurem Herzen über die Worte des Herrn nach. Folgt meinem Beispiel, ich habe alles in meinem Unbefleckten Herzen bewahrt und Tag und Nacht darüber nachgedacht. Das war mir während meines Lebens auf Erden eine Hilfe. Lasst euch vorbereiten, meine Kinder. Seid wie Schwämme, die sich von diesem himmlischen Manna durchdringen lassen, damit ihr euch in der Stunde der großen Stille an die vielen empfangenen Wohltaten erinnern könnt. Wenn ihr die Abschnitte aus der Heiligen Schrift betrachtet, stellt ihr fest, dass Gott Vater stets bei seinem Volk gegenwärtig war, und dass der, der sich an Gott hält, nichts fürchtet und nie ins Wanken gerät.

Der Herr sei der Fels, der eure Zuflucht ist! Ihr sollt Dem, der euch alles gegeben hat, als er euch seinen einzigen Sohn schenkte, mehr Vertrauen schenken. Seht, wie gut der Herr ist! Seht, dass er euch so erwartet, wie ihr seid. Er wünscht sich von euch einen Seufzer, einen Reue-Akt, eine kleine Geste der Bußfertigkeit, einen Besuch im Beichtstuhl…

Kehrt zu ihm zurück, solange noch Zeit ist. Erforscht euer Gewissen, das werdet ihr nie bereuen. Vergesst nicht, dass geschrieben steht (Ps 32): «Wohl dem, dessen Frevel vergeben, und dessen Sünde bedeckt ist.» Nehmt euch die Zeit, euch auf das Sakrament der Vergebung vorzubereiten, bittet den Heiligen Geist, jeden von euch zu erleuchten, euer Gedächtnis aufzufrischen, und geht dann in aller Einfachheit und Demut zu meinem göttlichen Sohn Jesus, der in dem Priester gegenwärtig ist, der bereit ist, euch zu empfangen.

Danke, meine geliebten Kinder, dass ihr euch auf diese Begegnung mit dem Sohn Gottes vorbereiten lasst, der bald vor euch stehen wird. Seid gesegnet im Namen des Vaters, im Namen des Sohnes und im Namen des Heiligen Geistes. Amen. Halleluja.

Maria, Königin des Friedens 5. Oktober 2011

151 – Ihr werdet eine große Aufgabe bei denen erfüllen müssen, die in die Arme Gottes, des Vaters, zurückkehren wollen.

Mein Kind, ich danke dir, dass du auf meinen Ruf antwortest. Bekreuzige dich und schreibe, bedeckt vom Kostbaren Blut meines göttlichen Sohnes, dem Herrn Jesus Christus.

Ich freue mich, euch wie kleine Kinder vorangehen zu sehen, die sich von ihrer Mutter leiten lassen. Ich bitte euch, erlaubt uns weiterhin, euch vorzubereiten, euch zu unterweisen und euch auch gelegentlich zu korrigieren. Ich habe die Aufgabe erhalten, alle Kinder des Lichtes vorzubereiten, die gesagt haben: «Ja, Vater, ich komme, deinen Willen zu tun» (Ps 40).

Wenn die Stunde schlägt, müsst ihr bereit sein, denen die Frohe Botschaft zu bringen, die nach dem Wort Gottes hungern und dürsten, die begreifen, wie viel Böses sie ihrem Nächsten und sich selbst angetan haben, die in die Arme ihres Gottes und Vaters, ihres Schöpfers zurückkehren wollen.

Dann müsst ihr bereit sein, sie aufzunehmen, ihnen zuzuhören, ihnen beizustehen, ihnen Frieden und wieder Hoffnung zu schenken. Wie ihr seht, habt auch ihr eine bedeutende Aufgabe zu erfüllen. Für diese Aufgabe und um Licht, Liebe und Vertrauen auszustrahlen, muss euer Herz erfüllt sein. Dann könnt ihr weitergeben, was ihr in der Anbetung, im Gebet, in den Augenblicken der Stille empfingt, als ihr auf die Stimme des Herrn gehört habt. Ja, ich bin auf eure Zeit angewiesen, lasst mich euch unterweisen und euch formen. Euer Herz muss voller Frieden sein, damit ihr die verängstigten Herzen beruhigen könnt. Euer Glaube muss stark und unerschütterlich sein, damit ihr die Fackel des Glaubens an sie weitergeben könnt. Eure Geduld muss erprobt sein, damit ihr nicht den Mut verliert. Mit anderen Worten, ihr müsst zutiefst mit dem Heiligsten Herzen meines göttlichen Sohnes verbunden bleiben, damit ihr sanft und demütig von Herzen werdet und eure Mission der Liebe erfüllt.

Meine Kinder, ruht euch an Seinem Herzen aus, holt euch dort die notwendige Kraft, holt dort den Frieden, den allein Gott euch geben kann.

Danke, meine Kinder, dass ihr mir zuhört. Danke, dass ihr in allem den dreimal heiligen Willen Gottes, des Vaters tun wollt. Seid gesegnet im Namen des Vaters, im Namen des Sohnes und im Namen des Heiligen Geistes. Amen. Halleluja.

༄

Unsere Liebe Frau vom Rosenkranz   7. Oktober 2011
Erster Freitag des Monats

*152 – Die Heilige Bibel ist das Album der großen Familie
der Kinder Gottes.*

Mein Kind, bekreuzige dich und schreibe an diesem ersten Freitag des Monats, bedeckt vom Kostbaren Blut meines göttlichen Sohnes, dem Herrn Jesus Christus.

Meine Kinder, es fällt euch doch auf, dass es kein Zufall ist, dass dieser Rosenkranzmonat Oktober mit dem ersten Samstag des Monats begonnen hat. Und heute ist der erste Freitag des Monats und zugleich der Tag, an dem die Kirche mich unter dem Namen Unsere Liebe Frau vom Rosenkranz feiert.

Ich will eure Aufmerksamkeit auf die Tatsache lenken, dass wir gerade das letzte Trimester des Jahres unter meinem Schutz mit dieser Verehrung begonnen haben, die meinem Unbefleckten Herzen so lieb und teuer ist. Meine Kinder, ich lade euch ein, den heiligen Rosenkranz zu betrachten und jedes Geheimnis des Lebens Jesu, des Sohnes Gottes und seiner heiligen Mutter zu leben. Sprecht ihn langsam und kostet jedes Vaterunser, jedes Ave Maria aus, denkt an das, was ihr sagt… Ich bitte euch, betet ihn nicht schnell, betet ihn mit dem Herzen! Dann werdet ihr sehen, dass er nicht zu lange ist, und ihr werdet lernen, besondere Gnaden und Erleuchtungen unter anderem für euren Alltag darin zu schöpfen. Deshalb ist es so wichtig, jedes Geheimnis zu betrachten. Jeden Tag werdet ihr neue Gnaden in dieser unversiegbaren Quelle schöpfen.

Dasselbe gilt, wenn ihr die Heilige Bibel mit eurem Herzen lest; jeden Tag findet ihr darin, was ihr für den Tag, für den gegenwärtigen Augenblick braucht, denn das Wort Gottes ist lebendig. Der Herr hat doch gesagt: Alles wird vergehen außer dem Wort Gottes, und keines der Worte, die aus seinem Mund kommen, kehrt zu Ihm zurück, ohne seine Bestimmung erfüllt zu haben.

Bittet den Heiligen Geist, in euch zu beten, in euch zu lesen, euch beizubringen, die Dinge nach dem Vorbild eurer himmlischen Mama in eurem Herzen zu bewegen, in euch das Verlangen nach dem Wort Gottes zu wecken, das heißt das Verlangen, das Wort Gottes zu lesen, um ihn besser kennen zu lernen, um eure Ursprünge kennenzulernen, denn ihr bildet die große Familie der Kinder Gottes.

Danke, meine Kinder, dass ihr meine Worte gut aufnehmt. Empfangt meinen besonderen mütterlichen Segen an diesem großen Tag im Namen des Vaters, im Namen des Sohnes und im Namen des Heiligen Geistes. Amen. Halleluja.

༄

Jesus, euer Retter   8. Oktober 2011

153 – Jedes Kind muss seine täglichen Prüfungen nach dem Vorbild Jesu annehmen.

Mein Friede sei mit dir, mein Kind. Bekreuzige dich und schreibe, bedeckt von meinem Kostbaren Blut, zur Ehre Gottes, meines Vaters.

Es dient der Ehre meines Vaters, wenn ihr Frucht bringt und eure Frucht bleibt (Joh 15,16). Das mag euch schwierig erscheinen, doch wenn ihr über die Worte nachdenkt, die im Evangelium geschrieben stehen, werdet ihr sehen, dass Ich alle Ereignisse so angenommen habe, wie sie jeden Tag kamen, denn ich habe Durst, Hunger, Erschöpfung, Kälte, Hitze und auch Sarkasmus und Konfrontation erlebt: All das habe ich in meinem heiligen Menschsein erfahren. Was hat man nicht alles getan, um mich auf die Probe zu stellen? Doch ich setzte meinen Weg fort. Mein Herz aber war betrübt. Natürlich litt ich sehr, und während dieser Zeit opferte ich meinem Vater im Himmel alles auf, ich behielt nichts für mich. Ich lebte in dieser Bewegung, die alles annimmt und alles weitergibt, um meine Mission fruchtbar zu machen und um Frucht zu tragen.

Ich bin der Weinstock und ihr seid die Reben. Die Rebe muss am Weinstock bleiben, um Frucht zu bringen. Meine Kinder, ihr sollt wissen, dass alles Leid, alle Erschöpfung, alle Verfolgung, alle Krankheiten auch deshalb da sind, um eure Mission fruchtbar zu machen. Seid also im Frieden und nehmt alles im Frieden an, damit ihr sagen könnt: «Herr, ich verstehe nichts... doch du weißt, wohin du mich führst.»

Ich weiß, wohin ich euch führe, damit ihr Frucht tragt, damit ihr diese Schar von Kindern nähren könnt, die vom Weg abkommen, weil sie niemanden haben, der sie leiten und aufklären kann.

Ja, ich bin auf euch alle angewiesen, meine Kinder, um die Frohe Botschaft, um mein Wort zu verkünden. Ich bin darauf angewiesen, dass ihr das Evangelium lebt und durch euer Leben Zeugnis gebt, damit man mich erkennt, wenn man sieht, wie ihr lebt, und zwar durch das, was ihr seid, nicht durch das, was ihr tut. Meine Kinder, wenn ihr das wahre Leben eines Kindes Gottes führt, das zuhört, das versucht, seinen Vater nachzuahmen, das das Erbe schützt, das sein Vater ihm hinterlassen hat – den Glauben, den Frieden, die Liebe – erweist ihr dem dreimal Heiligen Vater die größtmögliche Ehre. Ein Kind, das die Weisungen und die Gebote (Ex 20) befolgt, die sein liebender Vater ihm gegeben hat, damit es des Reiches würdig ist. Ein Kind, das alles zur Ehre und zum Ruhm Gottes, seines Vaters tut.

Lasst mich euch führen, meine Kinder des Lichtes, ich werde euch stärken, indem ich euch den Heiligen Geist sende, der mit seinen Gaben und seiner Macht kommt, damit ihr Frucht in Fülle bringt.

Meine Kinder, ich danke euch für eure Offenheit, für euer liebendes Ja. Seid gesegnet im Namen des Vaters, im Namen des Sohnes und im Namen des Heiligen Geistes. Amen. Halleluja.

༄

Maria, Königin des Friedens 13. Oktober 2011
Jahrestag der Erscheinungen in Fatima

154 – Bald kommt das neue Zeitalter des Friedens.
Dann gibt es keine Tränen, keine Trauer, kein Leiden mehr.

Jetzt kommt ein sehnlich erwarteter Tag. Bekreuzige dich und schreibe, mein Kind, bedeckt vom Kostbaren Blut meines göttlichen Sohnes, dem Herrn Jesus Christus.

Der Tag kommt (vgl. Offb 7), da eure Stirn mit dem Zeichen des heiligen Kreuzes bezeichnet wird, da euren Herzen der heilige Name

Jesu eingeprägt wird – der gesegnete Tag, da die Kinder des Lichtes einander erkennen und eine einzige Familie bilden werden: die große Familie der Kinder Gottes. Der Tag, da ihr in das Neue Zeitalter des Friedens und der Liebe eintretet, da der göttliche Wille frei wie im Himmel so auf Erden strömt. Und es wird für Gott Vater eine Wonne sein, bei all seinen Kindern zu weilen, Gott Sohn wird in jedem Herzen leben, das ihm unter der Regung Gottes, des Heiligen Geistes die Tür öffnet.

An diesem Tag, der von der Heiligen Dreifaltigkeit gesegnet ist, gibt es keine Tränen, keine Trauer, keinen Kummer mehr. Doch um dahin zu gelangen, müsst ihr euch von dem alten Menschen, vom Geist der Welt lösen, meine Kinder, und den Geist der Wahrheit, den Geist des Lichtes, den Geist Gottes annehmen, damit er in jedem von euch wohnt.

Ich bitte euch, nehmt euer Kreuz der Läuterung an, nehmt eure Leiden mit Liebe und in dem Wissen an, dass eure Befreiung nahe ist (Lk 21,28). Bezeugt eure Zugehörigkeit zu Christus Jesus. Seid lebendige Steine des neuen Jerusalem. Seid stark, lasst euch nicht entmutigen. Bewahrt euer Vertrauen zu eurem geliebten Jesus, der bei euch ist. Überlasst euch seinen Armen wie kleine Kinder.

Danke, meine Kinder, seid gesegnet im Namen des Vaters, im Namen des Sohnes und im Namen des Heiligen Geistes. Amen. Halleluja.

୨

Maria, Königin des Friedens   14. Oktober 2011

155 – Die Katastrophen, die sich ereignen,
sind eine Folge der Sünde.

Alle Ehre sei Gott Vater. Bekreuzige dich und schreibe, mein Kind, bedeckt vom Kostbaren Blut meines göttlichen Sohnes, dem Herrn Jesus Christus.

Betet, betet, betet, meine Kinder, für alle Katastrophenopfer überall auf der Welt, damit sie sich Gott, ihrem Vater zuwenden und mit einem reumütigen Herzen zu ihm zurückkehren.

Überall auf der Welt ereignen sich Katastrophen, doch leider will man nicht anerkennen, dass sie die Folge der Sünden sind: Die Erde ist gesättigt vom Blut so viele Unschuldiger, meine Kinder akzeptieren, in allen möglichen Sünden zu leben, und schlimmer noch: sie glauben nicht, dass es die Sünde gibt, sie haben dieses Wort aus ihrer Sprache verbannt. Alles ist erlaubt, sogar die Sünden gegen die Natur. Man denkt nicht an die Gebote (Ex 20), man macht sich über die Gesetze Gottes, über den Stellvertreter Christi, den Heiligen Vater, lustig. Man greift die Kirche an, man erkennt sie nicht mehr als eine Mutter an.

Mein Kind, ich bin so betrübt zu sehen, dass diese halsstarrige Generation direkt in ihren Untergang, in ihre Verdammnis läuft. Wir haben euch auf alle Arten gewarnt, doch man will nicht auf unsere Worte hören, man will unsere Worte nicht ernst nehmen... Also müsst ihr euch auf die bevorstehende Begegnung mit dem Sohn Gottes vorbereiten, meine Kinder, da ihr dieses außerordentliche Handeln der göttlichen Barmherzigkeit an euch erfahrt. Bereitet euch vor, verschiebt nicht auf morgen, was ihr heute tun könnt und müsst. Bleibt im Stand der Gnade – ich sage es noch einmal – damit ihr nicht überrascht werdet, denn alles wird in dem Augenblick eintreten, in dem ihr es am wenigsten erwartet.

Seid wachsam, lest zwischen den Zeilen, lest die Zeichen der Zeit, die euch umgeben. Hört auf die Worte einer Mama, die alle ihre Kinder retten will, die ihr nahe sind... Aber auch alle jene, die fern von ihr sind, denn ich liebe euch.

Betet, betet, betet, meine Kinder, für alle eure Brüder und Schwestern der ganzen Welt. Seid gesegnet im Namen des Vaters, im Namen des Sohnes und im Namen des Heiligen Geistes. Amen. Halleluja.

൭

Jesus, euer König der Liebe 15. Oktober 2011

156 – Das Chaos wird für mein untreues Volk sehr groß sein.
Die derzeitige Generation wird die Erleuchtung
ihres Gewissens erleben.

Mein Friede sei mit dir, mein Kind. Bekreuzige dich und schreibe, bedeckt von meinem Kostbaren Blut, zur Ehre Gottes, meines Vaters.

Ich komme heute Abend mit meinem von Dornen gekrönten Heiligsten Herzen. Man erlegt mir von neuem die grausame Qual der Dornenkrone auf. Mein Herz blutet, wenn ich die Weigerung so vieler Kinder sehe, den göttlichen Gesetzen zu gehorchen. Ich habe euch angefleht, euch zu bekehren, in die Arme Gottes, des Vaters zurückzukehren: Ich habe euch gemahnt, sehr wachsam zu sein, euch von nichts und niemandem beeinflussen zu lassen, die letzten Momente der göttlichen Barmherzigkeit zu nutzen. Ja, ich wiederhole: Ihr müsst begreifen, dass alles über euren Köpfen hängt.

Schaut umher: Die Welt ist wie ein Dampfkessel geworden, der von einem Moment zum anderen explodieren kann. Schaut diese Aufstände an allen Enden des Planeten an: Das Chaos wird für mein untreues Volk sehr schlimm sein. Die Regierungen werden reagieren und alles wird sich zur selben Zeit entfesseln... Alles wird durch die Gewalt geregelt, meine Kinder sind schwer verwirrt. Ich muss alles läutern, ich muss kommen, bevor mein ganz kleiner Rest noch kleiner wird, denn der Glaube ist in den Herzen erkaltet, die mich früher liebten.

Habt keine Angst, meine Kinder, ich bin und ich werde bei euch sein, denn ich halte meine Versprechen: «Ich bin bei euch bis zum Ende der Welt» (Mt 28,20).

Ja, bald werdet ihr mich sehen, seid bereit! Lasst euch nicht entmutigen, haltet durch, ihr seid nicht allein: Die Engel und die Heiligen sind in der Gemeinschaft der Heiligen bei euch.

Betet, betet, betet, die Stunde ist zu ernst, alles muss sich erfüllen. Sagt nicht, dass eine andere Generation die Erleuchtung ihres Gewissens erleben wird. Nein, meine Kinder, ihr werdet sie erleben.

Meine Mutter und ich, Jesus, haben euch gebeten, über das Buch Exodus nachzusinnen. Jahwe lässt sein Volk... seine Kinder nicht im Stich. Er wird wie ein guter Papa für euch sein, er hält seine schützende Hand über seine Kinder, die entschieden haben, ihm nachzufolgen, über seine treuen Kinder, die Ihn lieben. Glaubt nicht, dass ich euch Angst machen will, oh nein! Ich komme mit meinem blutenden Herzen, um euch zu sagen: Ich liebe euch, kommt zu mir, eurem Jesus, der Liebe ist. Ich will euch retten, Ich will euch an der Hand nehmen und euch zum Vater führen, damit ihr nur noch eins mit mir seid, damit Er das Bild seines einzigen

Sohnes sieht, wenn er euch anschaut, das Bild seines Jesus, der alles zur Ehre seines heiligen Namens getan hat.

Danke, meine Geliebten, dass ihr meine Worte, das Seufzen meines Herzens gut aufnehmt, das vor Liebe zu allen meinen Brüdern und Schwestern stirbt. Seid gesegnet im Namen des Vaters, im Namen des Sohnes und im Namen des Heiligen Geistes. Amen. Halleluja.

༄

Maria, Königin des Friedens 17. Oktober 2011

157 – Der große Glaubensabfall wird die Erde überziehen. Der einzige Zufluchtsort ist das Unbefleckte Herz Mariens.

Gesegnet seist du, mein Kind, dass du auf meinen Ruf hörst. Bekreuzige dich und schreibe, bedeckt vom Kostbaren Blut meines göttlichen Sohnes, dem Herrn Jesus Christus.

Jetzt kommen die Tage, da alle meine Kinder der harten Prüfung des Glaubens unterzogen werden, da die ganze Erde vom dichten Schleier des großen Glaubensabfalls überzogen ist. Betet, meine Kinder, dass ihr nicht der Versuchung der Verzweiflung, der Angst, der Besorgnis und vor allem des Verlustes des Friedens erliegt.

Seid auf der Hut, seid treue Wächter, die an ihrem Posten bleiben, denn die Nacht schreitet voran. Sucht in meinem Unbefleckten Herzen Zuflucht, es ist eure einzige Zuflucht in diesem gewaltsamen Sturm, der vor eurer Tür steht.

Ich bereite euch vor und versichere euch entgegen allem trügerischen Schein vor allem meiner heiligen Gegenwart unter euch. Ihr werdet im Verborgenen eurer Herzen wissen, dass mein göttlicher Sohn euch nie als Waisen zurücklässt, dass eure himmlische Mama euch nie im Stich lässt, dass euer geliebter Abba euch nicht den Händen der Gottlosen überlässt.

Ihr seid seine Kinder, ihr seid seine Geliebten, ihr seid der Leib Christi, die lebendigen Steine (1 Petr 2,5) des neuen Jerusalem. Seid stark, seid sehr mutig in diesem großen Kampf, der sich mit Riesenschritten nähert, denn die Welt ist völlig durcheinander. Hört nicht auf zu lobpreisen, unterschätzt die Macht des Lobpreises nicht! Er befreit, er bringt Frieden in die verängstigten Herzen, er entzündet den Funken des Glaubens und der Hoffnung neu und weckt die Liebe und die Freude in den Herzen, die die Lebensfreude verloren haben.

Geht hinaus ins Weite, meine Geliebten (Lk 5,4), seht, was da kommt: Das neue Zeitalter des Friedens und der Liebe, die neue Gesellschaft der Dreifaltigen Liebe. Meine Kinder, vergesst nicht, dass nach der großen Drangsal der große Jubel kommt. Das alles muss geschehen, um die Rückkehr in Herrlichkeit des Sohnes Gottes, des Königs der Könige, meines Herrn und Gottes, meines Sohnes Jesus vorzubereiten.

Seid gesegnet, dass ihr an das Evangelium glaubt, das sein Wort ist, dass ihr den Geboten (Ex 20) treu seid, die Gott Vater euch gegeben hat. Empfangt meinen besonderen mütterlichen Segen im Namen des Vaters, im Namen des Sohnes und im Namen des Heiligen Geistes. Amen. Halleluja.

Maria, Königin des Friedens 18. Oktober 2011

*158 – Die Kinder des Lichtes sind von Wölfen umgeben;
stellt euch ihnen in Ruhe.
Der Heilige Geist macht dann alles andere.*

Bittet den Heiligen Geist, eure Herzen zu besuchen. Bekreuzige dich und schreibe, mein Kind, bedeckt vom Kostbaren Blut meines göttlichen Sohnes, dem Herrn Jesus Christus.

Euer Herz soll unermüdlich zu meinem Göttlichen Sohn flehen, dass er den verheißenen Beistand schickt. Dass er mit seinen Gaben, seinen Charismen kommt, um euch darauf vorzubereiten, die Frohe Botschaft in diese Welt zu tragen, die in die große Verwirrung und in die Finsternis getaucht ist, in der die Kinder sich von den bösen Geistern, dem Okkultismus und allen möglichen Sekten verblenden ließen.

Auch euch sagt mein sanftmütiger Jesus (Lk 10,3): «Ich sende euch wie Schafe mitten unter die Wölfe.» Betrachtet diesen Satz, meine Kinder des Lichtes. In dieser Zeit, in der ihr lebt, seid ihr von hungrigen Wölfen umgeben, die euch zugrunde richten, von allen Seiten angreifen und euch auslöschen wollen. Und doch schickt mein göttlicher Sohn euch wie Lämmer zu ihnen.

Gibt es etwas Sanfteres als ein Lamm? Es ist ruhig, es strahlt Frieden aus, sein Blick ist heiter, es geht voller Vertrauen umher. Meine Kinder, das bedeutet, dass ihr euch allen Wölfen, die euch begegnen, mit Ruhe und ohne Erregung stellen sollt. In dieser Welt der großen Aufregung sollt ihr euren Frieden bewahren. Wenn ihr Personen begegnet, die zornig sind, deren Blicke voller Hass sind, sollen sie auf euren heiteren Blick stoßen. Verkündet voller Vertrauen die Frohe Botschaft mit der Kühnheit, die der Heilige Geist euch verleiht, und mit der Sanftmut eines kleinen Kindes. Dann wird der Hass in Liebe, die Finsternis in Licht verwandelt, weil die Wahrheit eurer Worte den Irrtum sichtbar macht. Ja, meine Kinder, bittet mich um den Mut, all denen die Wahrheit zu verkünden, die in die Verzweiflung geraten sind, damit ich in ihren Herzen die Hoffnung aufbrechen lasse, die den Zweifel vertreibt und ihnen den Glauben wiedergibt.

Habt keine Angst, die Ernte ist reich, aber es gibt nur wenig Arbeiter. Jesus ist auf euer Ja angewiesen… Alles andere macht der Heilige Geist in jedem von euch. Folgt dem makellosen Lamm, tretet in seine Fußstapfen, vertraut ihm.

Danke für eure Treue, meine Kinder. Danke, dass ihr für eure Brüder und Schwestern der ganzen Welt betet. Seid gesegnet im Namen des Vaters, im Namen des Sohnes und im Namen des Heiligen Geistes. Amen. Halleluja.

ஒ

Maria, Königin des Friedens 21. Oktober 2011

*159 – Sich an die innere Stille gewöhnen,
um auf die Stimme des Herrn zu hören,
den Eingebungen des Heiligen Geistes gehorchen.*

Mein Kind, ich danke dir, dass du auf meinen Ruf antwortest. Bekreuzige dich und schreibe, bedeckt vom Kostbaren Blut meines göttlichen Sohnes, dem Herrn Jesus Christus.

Ihr dürft euch nicht von all diesem Getöse ablenken lassen, das euch umgibt. Meine Kinder, versucht, eure Gedanken ein paar Augenblicke zu unterbrechen und die Stille zu bewahren. Lasst in euren Herzen die Worte aufbrechen, die mein göttlicher Sohn euch sagen will: Nur in der Stille könnt ihr seine Stimme vernehmen.

Beginnt damit, ihm alles zu übergeben: euren Kummer und eure Freuden, eure Probleme und euren Erfolg, und macht euer Herz leer. Beginnt dann, den heiligen Namen Jesu auszusprechen, damit ihr euch innerlich sammeln könnt. Wenn ein Gedanke in euer Gedächtnis zurückkehrt, dürft ihr euch nicht aufregen, sondern sollt wieder beginnen, den Namen «Jesus» auszusprechen, bis jedes Wort schweigt, das nicht von Ihm kommt. Ihr werdet sehen, wie ihr nach und nach seinen Frieden kostet. Seine Stille macht euch dann keine Angst mehr, euer ganzes Wesen ist im Frieden.

Warum spreche ich mit euch über die Stille? Weil ihr euch in der kommenden Zeit an die Stille gewöhnen müsst, um die Stimme des Herrn zu vernehmen, die ihr durch den Heiligen Geist hört. Wisst ihr, dass viele Kinder Angst vor der Stille haben, dass sie sich nicht vom Lärm lösen wollen, um in ihr Inneres einzutreten? Man hat den Eindruck, dass sie Angst haben allein zu sein, und diese Angst ist so groß, dass sie die Einsamkeit fliehen. Meine Kinder, ich will euch den Wert der Stille lehren in dieser Zeit, in der so viel Rummel euch verwirrt.

Kommt an mein Unbeflecktes Herz, ruht euch aus, schöpft neue Kraft. Ich will euch die Sprache der Engel und der Erwählten lehren, damit ihr im Augenblick der großen Drangsal darauf vorbereitet seid, uns zu hören und euch leiten zu lassen. Vergesst auch nicht, dass der Augenblick der großen Stille mit Riesenschritten näherkommt.

Erlaubt mir, euch die Schritte zu lehren, die ihr befolgen müsst, denn ihr werdet ausgebildet um dem trotzen zu können, was bereits begonnen hat. Seid den Eingebungen der Gnade gehorsam, seid beharrlich im Gebet und in der Anbetung. Hört auf die Ratschläge eurer himmlischen Mama. Ich liebe euch. Seid gesegnet im Namen des Vaters, im Namen des Sohnes und im Namen des Heiligen Geistes. Amen. Halleluja.

Maria, Königin des Friedens 22. Oktober 2011
160 – Sich vom Geist der Welt freimachen lassen.
Das Neue Pfingsten verwandelt euch in geistliche Wesen.

Friede sei mit dir, mein Kind. Bekreuzige dich und schreibe, bedeckt vom Kostbaren Blut meines göttlichen Sohnes, dem Herrn Jesus Christus.

Wenn ihr auf den Heiligen Geist hört, wird er euer Leben. Selig, wer unter dem Einfluss des Heiligen Geistes lebt und nach geistlichen Dingen strebt. Er findet die erlesene Perle des Friedens, des Lebens, der Freude und bewahrt sie sorgfältig. Mit diesem Schatz kann er alles tun, um Gott seinem Vater zu gefallen, denn der Geist Gottes wohnt in ihm.

Mit der Kraft des Heiligen Geistes kann er auf den Geist der Welt mit all seinen Begierden verzichten, er wird ein tapferer Soldat der himmlischen Armee und ein Wächter, der treu an seinem Posten steht, um jene zu beschützen, die sein Meister ihm anvertraut hat. Ja, selig der Mensch, der in seinem Herzen den überaus lieblichen Gast seiner Seele empfängt, selig die Seele, der es gelingt, sich vom Geist der Welt, vom Fleisch und vom Dämon lösen zu lassen, die auf alles verzichtet, um ihrem Herrn und Gott zu folgen.

In der Zeit, in der ihr lebt, mag es euch scheinen, dass diese Worte wenig realistisch und schwer umzusetzen sind… Nein, meine Kinder, ihr werdet bereits geformt, ihr habt euer Ja der Liebe gesprochen, und dann ist der Heilige Geist wirklich in jedem von euch, den Kindern des Lichtes, am Werk. Wenn die Stunde schlägt, werdet ihr die große Veränderung feststellen, die sich bei diesem neuen Pfingsten der Liebe in allen Herzen guten Willens vollziehen wird, da der Heilige Geist mit seiner göttlichen Macht die Herzen der Menschen erfüllen wird. Mit seiner Kraft wird er die Schwäche eures fleischlichen Leibes heilen und euch in geistliche Wesen verwandeln, die ihre Kraft in den Sakramenten, in der Anbetung, im Gebet und im Fasten schöpfen.

Selig seid ihr, dass ihr diese Worte aufnehmt, die euch darauf vorbereiten, dieses außerordentliche Wirken der göttlichen Barmherzigkeit Gottes zu leben.

Danke für eure Beharrlichkeit. Seid gesegnet im Namen des Vaters, im Namen des Sohnes und im Namen des Heiligen Geistes. Amen. Halleluja.

∾

Jesus, König der Könige 23. Oktober 2011

161 – In einem außerordentlichen Wirken der göttlichen Barmherzigkeit werdet ihr euer Gewissen sehen, wie Gott es sieht.

Friede sei mit euch, meine Kinder. Bekreuzige dich und schreibe, mein Kind, bedeckt von meinem Kostbaren Blut, zur Ehre Gottes, meines Vaters.

Lass uns heute über die Liebe Gottes, des Vaters zu seinen Kindern der Erde sprechen. Er hat euch aus Liebe erschaffen und will, dass auch ihr ihn mit ganzem Herzen, mit ganzer Seele und mit all euren Gedanken liebt (Lk 10,27). Er hat alles erschaffen und alles in eure Hände gelegt, damit ihr das Leben habt, glücklich seid, im Frieden und in der Freude lebt. Er gab euch auch seine Weisungen, die keine schwere Last sind, er gab euch seine Gebote, damit ihr lieben lernt, wie Er euch liebt, damit ihr einander achten lernt, wie er jedes seiner Kinder achtet (Ex 20): Er hat euch den Weg vorgezeichnet, damit ihr nach seinem Bild und ihm ähnlich Liebe werdet… Das heißt, da Gott die Liebe ist (1 Joh 4,16) sollt auch ihr Liebe werden…

Doch dann ist die Sünde gekommen und hat die Harmonie, die Zugehörigkeit der Geschöpfe zu ihrem Schöpfer zerstört. Seine Kinder trafen eine Wahl: Die einen sind dem Weg der Sünde und des Bösen gefolgt… die anderen sind seinem Gesetz der Liebe treu geblieben. Die Generationen vergingen und die Geschichte wiederholte sich. Gott lässt dem Menschen die Wahl und wartet geduldig darauf, dass der Mensch auf seinen Ruf antwortet.

Wir sind bei der Generation angelangt, die dem Ende der Zeiten nahe ist, und von neuem sendet euch der Vater in seiner großen Liebe seinen einzigen Sohn, seinen Jesus und seine heilige Mutter, um euch vor der Gefahr zu warnen, die euch auflauert, und um euch zu bitten, wie der verlorene Sohn in seine Arme zurückzukehren, euch zu bekehren und Frieden mit Ihm zu schließen. Er erlaubt die Offenbarungen meiner heiligen Mutter. Überall auf der Welt bekommt ihr

Botschaften, Warnungen. Meine Mutter weint blutige Tränen, auch meine Statuen vergießen Blut. Wir flehen euch auf alle Weisen an, euer Verhalten zu ändern, zur Gnade zurückzukehren, aber die Menschen wollen nicht auf uns hören. Meine Kinder, jetzt bleibt euch nur noch, euch auf die Erleuchtung eures Gewissens vorzubereiten, denn ihr habt eure Wahl getroffen.

Ich bitte euch, nutzt diese letzte Zeit, die euch bleibt, um in den Stand der Gnade zurückzukehren und für den großen Moment bereit zu sein, da ihr alle den Einfluss des Heiligen Geistes, dieses unmittelbare Handeln der göttlichen Barmherzigkeit an euch erfahrt, bei dem ihr euch mit dem Blick Gottes sehen werdet. Habt keine Angst (Mt 14,27), ihr meine Kinder des Lichtes: Betet, haltet Anbetung und bittet den Heiligen Geist, euch mit seinen Gaben zu erfüllen und euch die Kraft zu geben, diesen Moment durchzustehen. Vergesst nicht, dass der Vater keines seiner Kinder im Stich lässt, die sich ihm anvertrauen, die an ihn glauben und sich ihm hingeben. Er wird bei dem kleinen Rest jener gegenwärtig sein, die ihn suchten.

Bittet den Heiligen Geist, euch zu überschatten, damit ihr empfangt, was jeder von euch braucht, um seinen Brüdern und Schwestern nach diesem Ereignis der Erleuchtung eures Gewissens zu helfen. Denn ihr werdet entsetzte, ich möchte sogar sagen verängstigte Menschenscharen erleben und müsst dann da sein, um ihnen Hoffnung zu geben, sie zu ermutigen und sie zu evangelisieren. Denn in diesem Moment ist ihr Herz dann offen, um das Wort Gottes aufzunehmen und das Licht zu empfangen, das die Finsternis vertreibt.

Mit den Aposteln der letzten Zeiten, die ein marianisches Herz haben und vom Thron der Weisheit geformt wurden, habt ihr dann eine wichtige Aufgabe zu erfüllen. Das wird die neue Evangelisierung, das neue Pfingsten der Liebe sein, damit die Dreifaltige Liebe im Herzen der Kinder herrscht, die beschlossen haben, Gott Vater, Gott Sohn und Gott Heiliger Geist durch den Triumph des Unbefleckten Herzens meiner heiligen Mutter Maria, der Mutter Gottes zu folgen.

Danke, meine Kinder, dass ihr meine Worte ernst nehmt. Ich liebe euch. Seid gesegnet im Namen des Vaters, im Namen des Sohnes und im Namen des Heiligen Geistes. Amen. Halleluja.

Maria, Königin des Friedens 25. Oktober 2011

162 – Verbringt mehr Zeit vor der Realpräsenz, damit ihr die Gnaden erhaltet, die während der großen Drangsal nötig sind.

Ihr werdet der Anbetung mehr Zeit widmen müssen. Bekreuzige dich und schreibe, mein Kind, bedeckt vom Kostbaren Blut meines göttlichen Sohnes, dem Herrn Jesus Christus.

Um die Kraft zu empfangen, während der großen Drangsal durchzuhalten, müsst ihr mehr Zeit vor der Realpräsenz Jesu, des Sohnes des lebendigen Gottes verbringen, meine Kinder. Ihr müsst euch jetzt schon von diesem göttlichen Saft durchdringen lassen, der in Fülle fließt, von diesen Strahlen der Liebe und der Barmherzigkeit, die von der heiligen Eucharistie ausgehen und die euch in dieser Nacht der Finsternis erwärmen, die die Erde einhüllt.

Lasst euch von diesen Lichtstrahlen erleuchten, die von seinem durchbohrten Herzen ausgehen. Ja, meine Kinder, lasst euch nach und nach in diesen Momenten der tiefen Vertrautheit verwandeln, in denen ihr alles beiseitelasst, um in der Gegenwart eures Herrn und Gottes zu sein. Das ist der wichtigste Moment eures Lebens, der einzige Moment, in dem ihr ihm den ganzen Raum überlasst und den ersten Platz gebt: euer Gott und ihr, ihr und euer Gott, eure Seele und ihr Schöpfer, der Schöpfer und sein Geschöpf, der allmächtige Gott, der sich über sein geliebtes Kind neigt und ihm entgegengeht. Das ist der Moment, in dem alles aufhört, um eure Seele zur Begegnung mit ihrem Gott, mit der Liebe zu führen, denn Gott ist die Liebe (1 Joh 4,16).

Seht und kostet, wie gut es ist, sich von der Dreifaltigen Liebe lieben zu lassen. Zu dieser Anbetung, zu dieser Gemeinschaft lade ich euch heute ein, meine Kinder. Habt keine Angst, euch in der Stille und in einer großen Armut des Herzens zu nähern, das heißt, geht ihm mit Händen entgegen, die ihr von euren Sorgen, von eurem Kummer, von eurem Ärger befreit habt, damit Seine Liebe eure Hände mit allen Gnaden und Geschenken füllt, die sie für jeden von euch vorbereitet hat. Lasst euch von diesem Vater verwöhnen, der nichts als Liebe ist; lasst euch vom Heiligen Geist führen, um wahre Anbeter im Geist und in der Wahrheit zu werden – in der Wahrheit eines reinen und ungeteilten Herzens.

Erlaubt mir, euch dorthin zu führen, wo eine große Liebe euch erwartet… in die Arme Gottes, des Vaters, Gottes, des Sohnes und Gottes, des Heiligen Geistes, der euch alle nötigen Gnaden geben will, um die große Drangsal mit Frieden und Vertrauen im Herzen, mit Beharrlichkeit und Hoffnung auf das zu durchqueren, was ihr im Moment noch nicht seht: den Triumph meines Unbefleckten Herzens und die Rückkehr in Herrlichkeit meines Herrn und Gottes, meines Sohnes Jesus Christus.

Seid gesegnet im Namen des Vaters, im Namen des Sohnes und im Namen des Heiligen Geistes. Amen. Halleluja.

ತ

Jesus, euer Retter 28. Oktober 2011

163 – Nehmt jene auf, die ich auf euren Weg schicke, und bereitet sie vor.

Mein Kind, ich danke dir, dass du stets den Willen Dessen tun willst, der mich gesandt hat. Bekreuzige dich und schreibe, bedeckt von meinem Kostbaren Blut, zur Ehre Gottes, meines Vaters.

Mein Kind, jetzt kommen die Tage der großen Trostlosigkeit, der Traurigkeit und des großen Leidens. Betet, betet, betet, meine Kinder! Hört nicht auf, für all diese Seelen zu beten, die im Lauf der kommenden Zeit vor mir stehen werden: Es werden sehr viele sein, und zu meinem großen Leid sind sie nicht bereit, mir zu begegnen. Diese Kinder haben mir nicht die nötige Zeit geschenkt, um den Zustand ihrer Seele vorzubereiten, sie brauchen also euer Fürbittgebet.

Danke für eure große Weitherzigkeit, meine Geliebten. Danke, dass ihr euch die Zeit nehmt, euch auf meine bevorstehende Rückkehr vorzubereiten. Vergesst nicht, dass ich bereits auf dem Weg der Rückkehr bin. Meine heilige Mutter, die heiligen Engel und sogar die Natur kündigen es euch gerade an.

Seid wachsam, bewahrt eure Hoffnung, damit ihr im Frieden seid, bewahrt euer Vertrauen und haltet die Fackel des Glaubens hoch, damit die Kinder dieser Welt begreifen, dass ich in den Herzen lebe; dass in euch allen, meinen Kindern des Lichtes, der Heilige Geist am Werk ist. Seid Zeugen des Lichtes und schenkt meinen Kindern durch euer Zeugnis das Verlangen, mir nachzufolgen, zur Quelle des lebendigen Wassers zurückzukehren (vgl. Joh 4,10), auf grünen Auen zu ruhen (vgl. Ps 23) und neue Kraft zu schöpfen. Wenn sie euch sehen, sollen sie die Hoffnung und das Vertrauen finden, sich euch zu nähern und ihr Herz zu öffnen, um die Worte des Lebens aufzunehmen, die der Heilige Geist in jeden von euch legen wird. Nährt diese erschöpften Kinder, die wegen ihres großen Leidens jede Hoffnung verloren haben.

Meine Kinder, legt euren Gürtel nicht ab (Lk 12,35), damit ihr jene aufnehmen könnt, die ich auf euren Weg schicke. Danke, dass ihr ihnen zu Hilfe kommt und ihnen helft, damit auch sie sich auf die bevorstehende Begegnung mit mir vorbereiten. Empfangt meinen besonderen Segen, der euch in eine neue Dynamik von Kraft, von Frieden und vor allem von Beharrlichkeit hüllt. Im Namen des Vaters, im Namen des Sohnes und im Namen des Heiligen Geistes. Amen. Halleluja.

Maria, Königin des Friedens   29. Oktober 2011

164 – Maria bereitet euch auf die große Drangsal vor.

Alle Ehre sei Gott, dem Vater. Bekreuzige dich und schreibe, mein Kind, bedeckt vom Kostbaren Blut meines göttlichen Sohnes, dem Herrn Jesus Christus.

Damit es euch gelingt, euch wirklich zu sammeln, müsst ihr euch von allem lösen lassen, was nicht von Gott kommt. Ihr müsst eure Freiheit und euren Willen immer wieder Ihm übergeben, um euer *fiat* zu leben. Wenn ihr das jeden Tag macht, stellt ihr eine tiefgreifende Veränderung in euch fest: Dann zieht der Friede in euch ein und ihr seid angesichts der kleinen Ärgernisse des Alltags geduldiger. Dann macht die Aggressivität der Sanftmut Platz und ihr werdet besser mit eurer Zeit umgehen, den Stress besser bekämpfen. Das alles bewirkt euer *fiat*.

Wenn ihr bereit seid, im göttlichen Willen zu leben, nehmt ihr alles aus Liebe zu Gott Vater, Gott Sohn, in der Liebe Gottes, des Heiligen Geistes an. Dann führt ihr ein Leben in innerer Sammlung, hört auf die Stimme des Herrn, und auch wenn ihr von Lärm umgeben seid, sind euer Herz und eure Gedanken in Gemeinschaft mit der Dreifaltigen Liebe und in einem Frieden, den allein Gott schenken kann.

Ich will euch eine tiefe innere Sammlung lehren, in der ihr alle eure Sinne zum Schweigen bringt, damit eure Seele die Worte des Lebens empfängt. Mit der Hilfe des Heiligen Geistes ist alles möglich, meine Kinder. In Zeiten großer Not, in Zeiten, in denen ihr wichtige Entscheidungen trefft, wenn die Angst, der Stress, die Verzweiflung euch überfallen, wisst ihr dann, dass ihr in euer Inneres gehen, euch sammeln und die Gnaden und die nötige Erleuchtung empfangen könnt, um jede Prüfung im Frieden, in der Ruhe und in der Heiterkeit anzugehen.

Meine Kinder, ich will euch auf die Tage der großen Drangsal vorbereiten, damit ihr wisst, wie ihr handeln und was ihr tun sollt, um alles im Frieden durchzustehen. Vergesst nicht, dass der Heilige Geist mit einem leisen Säuseln in die Herzen einzieht, die im Frieden sind. Er nimmt in den Herzen Wohnung, die ihn liebevoll in der Stille einer Begegnung von Herz zu Herz aufnehmen.

Meine Kinder, ich danke euch für euer liebendes Ja. Danke, dass ihr meine Unterweisung gut aufnehmt. Danke, dass ihr uns erlaubt, euch vorzubereiten. Seid gesegnet im Namen des Vaters, im Namen des Sohnes und im Namen des Heiligen Geistes. Amen. Halleluja.

༄

Maria, Königin des Friedens 30. Oktober 2011

165 – Sie werden sehen, mit welcher Liebe der Vater sie geliebt hat. Betet für die, die diese väterliche Liebe nicht kennen.

Friede sei mit dir, mein Kind. Bekreuzige dich und schreibe, bedeckt vom Kostbaren Blut meines göttlichen Sohnes, dem Herrn Jesus Christus.

Der Tag kommt, da alle Kinder der Erde begreifen werden, dass sie nur einen einzigen Vater haben: ihren Schöpfer. Sie werden bereuen, ihn abgelehnt und ihm den letzten Platz in ihrem Leben gegeben zu haben, wenn sie ihm überhaupt einen Platz geben. Ja, diese Kinder werden es bitterlich bereuen. Wenn sie vor Gott Sohn stehen, werden sie sehen, mit welcher Liebe der Vater sie geliebt hat, mit welcher Liebe der Vater sie liebt, wie sehr Er auf die Rückkehr jedes seiner Kinder in seine Arme wartete. Je mehr sie sich entfernten, umso mehr erwartete er sie. Er wurde nicht müde, auf einen Blick, einen Seufzer, einen Gedanken, ein Wort zu warten...

Das hat der Vater in der ganzen vergangenen Zeit getan. Ihr, meine geliebten Kinder, meine Kinder des Lichtes, meine Treuen, ihr sollt ihn von ganzem Herzen lieben (Lk 10,27). Seid diesem Vater zutiefst dankbar, der nichts als Liebe ist. Kommt und sprecht mit ihm, er hört euch so gern zu. Wenn ihr ihn sucht, lässt er sich finden. Es ist ihm eine Wonne, bei den ganz Kleinen zu sein, vertraut ihm, liebt ihn mit all euren Gedanken. Alle eure Gedanken und Gesten sollen seiner größten Ehre dienen. Liebt ihn von ganzer Seele, damit der Heilige Geist in euch sagt: Abba, ich liebe dich, Abba, ich bete dich an, Abba, ich brauche dich.

Der Heilige Geist soll euch die Liebe, die Zärtlichkeit, die Güte dieses zutiefst liebenden Vaters entdecken lassen, damit Er in dem Augenblick, da ihr vor seinem Sohn steht, in eurem Herzen die Kindesliebe, die Gottesfurcht findet, die alles Böse meidet, um ihm keinen Kummer und kein Leiden zu verursachen.

Das will mein göttlicher Sohn in euren Herzen vorfinden. Betet für alle eure Brüder und Schwestern, die ihr Herz für diese Kindesliebe verschlossen haben und die die unendliche Liebe Gottes, des Vaters nicht kennen.

Danke, dass ihr für die betet, die ihn nicht als ihren Vater und Schöpfer anerkennen. Seid gesegnet im Namen des Vaters, im Namen des Sohnes und im Namen des Heiligen Geistes. Amen. Halleluja.

ை

Maria, Königin des Friedens   31. Oktober 2011

166 – Lernen, sich Gott Vater zu nähern und mit ihm zu sprechen.

Gepriesen sei Gott Vater, der die Armen hört. Bekreuzige dich, mein Kind, bedeckt vom Kostbaren Blut meines göttlichen Sohnes, dem Herrn Jesus Christus.

Ja, meine Kinder, der Herr hört allen zu, die auf ihn zählen, und er antwortet ihnen. Er hört aufmerksam auf euer Rufen, er kümmert sich um alle Kinder, die ihn mit dem Herzen eines Armen lieben, das sich von allen Bindungen gelöst hat. Deshalb ist es wichtig zu lernen, mit ihm zu sprechen, alles mit Ihm zu teilen, ihn als euren wahren Vater, als euren Schöpfer anzuerkennen, damit euer Vertrauen von Tag zu Tag wächst, und es euch gelingt, dieses ständige Zwiegespräch des Sohnes mit seinem Vater, oder der Tochter mit ihrem Vater nach dem Vorbild Jesu, eures Bruders, aufrechtzuerhalten.

Wenn ihr die heilige Bibel lest, lernt ihr ihn besser kennen und ihr entdeckt, mit welcher Liebe er euch liebt. Dann werdet auch ihr lieben, was er in seinem Gesetz der Liebe gebietet. Ihr werdet auch verstehen, wie er durch seine Liebe, mit seiner Liebe und in seiner Liebe die vollkommene Harmonie in der ganzen Schöpfung aufrechterhält. Die Gesetze des Universums werden von seiner Liebe regiert. Der Glanz seiner Herrlichkeit ist die Liebe, alles wurde von Jesus, der Liebe ist, mit dem Geist der Liebe erschaffen.

Als der heilige Johannes dieses Geheimnis begriff, rief er aus (1 Joh 4,16): «Gott ist die Liebe!» Er hat begriffen, mit welcher Liebe Gott Vater ihn geliebt hat. Er hat auch begriffen, dass das Leben auf Erden ein kurzer Übergang ist, bei dem jeder Mensch lernen muss, seinen Herrn und Gott zu lieben, die Gebote (Ex 20) anzunehmen, zu achten und ihnen zu gehorchen, das Evangelium zu leben eines Tages ein liebendes Wesen[28] zu werden nach dem Bild dessen, der es geschaffen hat, und ihm ähnlich. Wenn die Stunde schlägt, da der Mensch aus dieser Welt in die Arme seines Vaters geht, erkennt Er dann in einer solchen Seele das Angesicht seines geliebten Sohnes, seines Jesus, der Liebe ist.

Meine Kinder, nehmt euch die Zeit darüber nachzudenken, wie wichtig es ist, euch Gott Vater zu nähern, der euch so erwartet, wie ihr seid. Er wartet mit weit offenen Armen auf eure Rückkehr, um euch an sein Herz zu drücken und euch zu sagen: «Komm, mein Kind, ich liebe dich.» Kommt, kommt, meine Kinder, schmiegt euch an sein Herz.

Danke, dass ihr meine Worte aufnehmt. Seid gesegnet im Namen des Vaters, im Namen des Sohnes und im Namen des Heiligen Geistes. Amen. Halleluja.

---

28. Hl. Therese von Lisieux: «Im Herzen der Kirche, meiner Mutter, werde ich die Liebe sein, dann bin ich alles!»

Maria, Königin des Friedens 4. November 2011
Erster Freitag des Monats

*167 – Die Kinder Gottes durchqueren im Frieden
alle möglichen Stürme und Probleme.*

Alle Ehre sei Gott Vater. Bekreuzige dich, mein Kind, bedeckt vom Kostbaren Blut meines göttlichen Sohnes, dem Herrn Jesus Christus.

Meine Kinder, ihr müsst lernen, alles mit dem Blick des Glaubens anzunehmen, auch wenn ihr nichts versteht, in der Gewissheit, dass alles eurem Heil dient. Sucht das Gute an jedem Unglück, das euch zustößt! Um es erkennen zu können, müsst ihr im Frieden sein. Lasst euch nicht verwirren, verängstigen und öffnet auf keinem Fall dem Zorn die Tür, der mit der Frustration beginnt.

Überwacht euch selbst. Singt, lobpreist, sprecht den lieblichen Namen Jesu aus, anstatt euch aufzuregen, dann werdet ihr sehen, wie der Friede über jedes andere Gefühl siegt. Mit Jesus seid ihr auf der Siegerseite. Wenn ihr alles im Frieden annehmt, lebt ihr als neue Menschen in dieser Welt (Eph 4,24) und setzt die Seligpreisungen schon jetzt um, denn für euch hat Jesus gesagt: «Selig die arm sind vor Gott, denn ihnen gehört das Himmelreich» (Mt 5,3).

Ja, meine Kinder, selig wer nichts in seinem Herzen bewahrt, was nicht von Gott kommt: keinen Groll, kein negatives Gefühl. Dieses Kind lebt als neuer Mensch (Eph 4,24). Das Reich des göttlichen Willens ist in seinem Herzen, der Wille des Vaters strömt frei in ihm wie im Himmel, denn sein Herz ist ganz ungeteilt Gott, seinem Vater, zugewandt. Dieses Kind bewahrt die Liebe in seinem Herzen, und aus Liebe zu seinem Vater wird er Friedensstifter: Er sät Frieden, wo immer er vorbeikommt, denn sein Herz ist im Frieden. Auch wenn er alle möglichen Probleme, Stürme, Drangsale durchmacht, bewahrt er seinen Frieden und weiß, dass sein Vater ihn wie seinen Augapfel hütet. Dann fühlt er sich in Sicherheit, denn er ist ein Sohn Gottes. In ihm erfüllt sich folgende Seligpreisung: «Selig die Frieden stiften, denn sie werden Söhne Gottes genannt werden» (Mt 5,9).

Seht ihr, wie aus jeder schlechten Situation im Leben das Gute entstehet kann? Der goldene Schlüssel ist «der Friede». Und um im

Frieden zu sein, meine Kinder, müsst ihr lobpreisen, beten, Anbetung halten und euer Herz dem Herrn zuwenden.

Vergesst nicht, dass ihr in der Welt seid... Aber ihr seid nicht von der Welt, ihr seid Kinder Gottes (vgl. Joh 17,16). Mein Sohn Jesus hat euch erlöst, er hat das Lösegeld bezahlt, durch seinen Tod hat er euch das Leben geschenkt, durch seine Auferstehung hat er den Tod besiegt.

Und schließlich sollt ihr euren Frieden bewahren, meine Kinder. Betrachtet meine Worte, damit sie in euer Herz eindringen. Seid gesegnet im Namen des Vaters, im Namen des Sohnes und im Namen des Heiligen Geistes. Amen. Halleluja.

Maria, Königin des Friedens   5. November 2011
Erster Samstag des Monats

168 – Dankt dem Höchsten für alle Wohltaten, die ihr empfangen habt und noch empfangen werdet. Seine Schätze sind unerschöpflich.

Lobe den Herrn, meine Seele, und vergiss nicht, was er dir Gutes getan hat (Ps 103). Bekreuzige dich und schreibe, mein Kind, bedeckt vom Kostbaren Blut meines Sohnes, dem Herrn Jesus Christus.

Heute Abend will ich euch begreiflich machen, wie wichtig dieser Satz ist, damit eure Seele unter keinen Umständen aufhört, den Herrn zu preisen. Tag und Nacht sei dieser Lobpreis auf euren Lippen, denn ihr müsst dem Höchsten für alles Gute danken (1 Kor 1,5), das ihr empfangen habt und noch empfangen werdet. Er überschüttet euch unaufhörlich mit Gnaden, Seine Schätze sind unerschöpflich: Er will alle Kinder über ihre Erwartung hinaus erfüllen, wenn man ihn nur handeln lässt. Er hat euch so viel zu geben: Öffnet euer Herz und nehmt die Ströme seiner unendlichen Liebe auf. Er wartet geduldig, bis jeder von euch ihm die Tür seines Herzens öffnet. Lasst euch von seiner Liebe durchdringen, lasst euch von seinem Wort nähren, das Quelle des Lebens ist, kostet das lebendige Wasser (vgl. Joh 4,10), das aus seinem durchbohrten Herzen fließt.

Preist den Herrn für das Geschenk des Lebens! Der Heilige Geist schenke euch das Verlangen, es als Kinder Gottes in Fülle zu leben, denn Er ist der lebendige Gott (Vgl. Mt 16,16). Er ist nicht der Gott der Toten, sondern der Gott des Lebens, sein Wort ist lebendig, sein Heiliger Geist ist der Lebenshauch.

Meine Kinder, ich möchte, dass ihr euch jeden Tag Zeit nehmt, alles Gute zu betrachten, das der Vater euch gewährt: Es gibt von den kleinsten bis zu den größten Dingen einen Grund für alles, was ihr empfangt. Alles, was euch im Lauf des Tages begegnet, muss zu eurem Heil dienen, meine Kinder. Ihr dürft euch nicht selbst bemitleiden wegen dieser oder jener Situation: Nehmt es an, empfangt es, preist den Herrn, lobt Ihn und übergebt Ihm alles. Ja, meine Geliebten, übergebt alles den Händen des Höchsten. Wenn es Abend ist, überlasst ihr euren Geist den Händen des Vaters und schlaft im Frieden ein in dem Wissen, dass er sich um euch kümmert, dass er euch die nötigen Gnaden gibt, um alles zu besiegen, und dass er euch darauf vorbereitet, weitere Wohltaten zu empfangen.

Seht, wie Gott Vater die Liebe ist, die er schenkt! Wenn es euch schwer fällt, das zu glauben, müsst ihr darüber nachdenken, wie sehr er euch geliebt hat, dass er euch alles geschenkt hat, als er seinen einzigen, seinen geliebten Sohn für euch hingab, um euch zu erlösen, euch die Pforten des Himmels wieder zu öffnen, euch als seine Erben in sein Reich aufzunehmen und euch eure Würde als Kinder Gottes wiederzugeben.

Ja, meine Kinder, preist den Herrn und vergesst nicht, was er euch Gutes getan hat. Seid diesem Vater der Zärtlichkeit gegenüber zutiefst dankbar, der euch bis zur Torheit liebt. Seid gesegnet, dass ihr meine Worte aufnehmt, im Namen des Vaters, im Namen des Sohnes und im Namen des Heiligen Geistes. Amen. Halleluja.

༄

Jesus, euer Retter 6. November 2011

169 – Maria bereitet euch darauf vor, die große Drangsal durchzustehen.

Friede sei mit euch, meine Kinder. Bekreuzige dich und schreibe, mein Kind, bedeckt von meinem Kostbaren Blut, zur Ehre Gottes, meines Vaters.

Seid wachsam, meine Kinder, und seit stets bereit für die baldige Begegnung mit mir. Glaubt nicht, dass ihr noch Zeit habt, eure Vorbereitung auf das nächste Jahr oder auf mehrere Jahre zu verschieben, denn ihr kennt weder den Tag noch die Stunde, da der Menschensohn kommt.

Ich habe euch gesagt (Offb 3,3), dass ich wie ein Dieb in einem Augenblick komme, in dem ihr nicht damit rechnet. Schaut auf die Zeichen der Zeit, seht wie meine heilige Mutter euch gerade darauf vorbereitet, die große Drangsal zu leben, die vor eurer Tür steht. Nehmt ihre Lehren ernst und folgt ihren Ratschlägen, die Zeit eilt...

Ruft den Heiligen Geist herab (vgl. Eph 6,18), er wartet auf euren Ruf, euer Gebet. Er ist der Einzige, der euch in dieser finsteren Nacht der großen Verwirrung führen kann. Er ist mit seinen Gaben und allen nötigen Gnaden da – und wird doch völlig vergessen. Ihr müsst zu ihm beten, denn wenn der Mensch nicht zum Heiligen Geist betet, dass er ihm hilft, die Sünde zu besiegen, kommt er nicht aus seinem Gefängnis heraus: Der Mensch muss auf alles verzichten, was nicht von Gott kommt, um das Licht des Heiligen Geistes empfangen zu können. Dieser ist Gott und hat die Aufgabe, die Reichtümer zu teilen und auszuteilen, die Er in sich selbst schöpft.

Meine Kinder, in dieser Zeit, in der ihr lebt, in der das Böse in den Herzen so vieler Kinder unangefochten herrscht, dürft ihr, meine Kinder des Lichtes, seine göttliche Macht nicht vergessen. Betet zu ihm, fleht ihn an, den Geist des Bösen zu vertreiben: Er ist der einzige, dem dies möglich ist.

Weiht euch Ihm voll und ganz, Er wartet darauf, dass ihr an ihn denkt. Amen, ich sage euch, meine Kinder: Derzeit ist Er der Einzige, der die Welt retten kann. Ihr müsst unbedingt zu Ihm, der dritten Person des Dreifaltigen Gottes zurückkehren, die bei diesem Neuen Pfingsten der Liebe mit dem Triumph des Unbefleckten Herzens seiner geliebten Braut besonders gegenwärtig ist.

Ja, meine Kinder, der Vater will, dass ihr ihm einen Ehrenplatz in euren Herzen bereitet, indem ihr ihn anruft und ihn bittet, euch auf meine baldige Rückkehr vorzubereiten. Habt keine Angst (Mt 14,27), überlasst euch seinen Händen. Er ist ein Gott der Liebe, er weckt eure Seelen, er führt und beschützt sie. Er führt euch zu Gott Vater und Gott Sohn, denn er ist das Band zwischen Gott und der Seele, zwischen dem göttlichen Leben und der Seele.

Mit eurem liebenden Ja kann er euch darauf vorbereiten, dieses unmittelbare Handeln der göttlichen Barmherzigkeit, die Erleuchtung eures Gewissens, an euch zu erfahren, bei der ihr dem Menschensohn plötzlich gegenüberstehen werdet.

Danke, meine Kinder, dass ihr nicht auf morgen verschiebt, was ihr heute tun könnt. Danke, dass ihr nicht aufhört, für jene zu beten, die sich nicht auf meine bevorstehende Rückkehr vorbereiten wollen. Seid gesegnet im Namen des Vaters, im Namen des Sohnes und im Namen des Heiligen Geistes. Amen. Halleluja.

※

Maria, Königin des Friedens   7. November 2011

170 – Das Herzensgebet in der Stille einer Begegnung von Herz zu Herz. Dieser Welt, die im Sterben liegt, den Frieden übermitteln.

Mein Kind, das Gebet ist das einzige Mittel, um den Frieden zu bewahren. Bekreuzige dich und schreibe, bedeckt vom Kostbaren Blut meines göttlichen Sohnes, dem Herrn Jesus Christus.

Das Herzensgebet ist sehr mächtig, es öffnet euch für den Lobpreis und für den Empfang des Heiligen Geistes. Es vertreibt die Mächte der Finsternis, die euch verwirren und euch um den Frieden bringen wollen. Meine Kinder, ihr müsst euren Herzen folgenden Satz zutiefst einprägen: «Ich muss alles tun, um den Frieden zu bewahren».

In den kommenden Tagen werdet ihr begreifen, wie entscheidend wichtig es ist, im Frieden zu sein. Ein Herz, das im Frieden ist, kann alle Gnaden empfangen, die der Heilige Geist ihm geben will, es kann in der Stille einer Begegnung von Herz zu Herz auf die Stimme seines Herrn und seines Gottes hören. Mit einem Herzen voller Frieden gelingt es euch, alles mit einem großen Vertrauen und mit dem Blick des Glaubens zu betrachten – dem Glauben an euren Vater im Himmel.

Den Frieden müsst ihr jedem Aufruhr der Kinder dieser Welt entgegensetzen, in der die Gewalt, das Misstrauen, die Lüge, der Zorn herrschen. Mit eurem Frieden könnt ihr euch den verängstigen Herzen nähern und sie trösten und wieder Hoffnung in die Herzen bringen, die Angst vor der Zukunft haben.

Ich bin die Königin des Friedens und will euch Frieden schenken, damit ihr ihn dieser Welt übermittelt, die im Sterben liegt. Es gibt keinen Frieden mehr. Man weiß, dass etwas Schlimmes bevorsteht: das weltweite wirtschaftliche Chaos, die Gefahr eines Atomkrieges… Meine armen Kinder haben Angst, Ungewissheit herrscht in den Herzen. Deshalb bin ich auf euch angewiesen, meine Kinder des Lichtes. Strahlt durch eure Lebensweise Frieden aus, seid helle Leuchttürme in dieser Nacht, in der die Dunkelheit immer dichter wird.

Betet, betet, betet, meine Kinder, harrt im Gebet und im Lobpreis aus, was immer geschieht. Seid tapfer, verteidigt euren Frieden. Seid wachsam, tragt euren Glauben und euer Vertrauen zu Gott Vater, Gott Sohn und Gott Heiliger Geist zur Schau.

Wir sind bei euch und werden bis zum Ende der Welt immer bei euch sein. Seid gesegnet im Namen des Vaters, im Namen des Sohnes und im Namen des Heiligen Geistes. Amen. Halleluja.

ಇ

Maria, Königin des Friedens 11. November 2011

171 – Rückkehr zur Heiligen Schrift. Durch die enge Pforte gehen, die zum Himmelreich führt.

Gelobt sei, der da kommt im Namen des Herrn. Bekreuzige dich und schreibe, mein Kind, bedeckt vom Kostbaren Blut meines göttlichen Sohnes, dem Herrn Jesus Christus.

Die Zeit vergeht und die Kinder dieser Welt wissen noch immer nichts von ihrem Gott und Vater. Man spricht nicht mehr über ihn, denn schon allein der Name Gottes stört. Man betrachtet ihn wie einen Eindringling, der keinen Platz mehr in dieser Welt hat, die Er erschaffen hat. Der Himmel erbebt vor Grauen angesichts der Undankbarkeit dieser sündigen Generation.

Schaut umher, wie viele ihren Glauben immer noch verleugnen, und ich spreche über alle Altersklassen, auch über die, die bald ihre

Seele aushauchen. Sie wollen nicht sterben und leben in einer großen Auflehnung. Sie hängen am irdischen Leben und vergessen, dass alle Krankheiten von der Sünde verursacht werden.

Mein Unbeflecktes Herz leidet, wenn es sieht, wie wenig Kinder sich auf diesen Übergang vom Leben zum Tod vorbereiten, auf diese Begegnung mit ihrem Schöpfer, auf das Leben, das sie erwartet, auf das ewige Leben, das wahre Leben in Gott, auf das Ende für das sie alle erschaffen wurden: Die Rückkehr in die Arme des Vaters.

Meine Kinder, die ihr in diesem Moment leidet, richtet euch auf, hebt den Kopf, denn eure Erlösung naht. Ja, richtet euch auf, lasst euch nicht von den Krankheiten, den Ängsten, dem Stress und all dem bedrücken, was sich in eurer Umgebung abspielt. Das alles muss vor der Rückkehr in Herrlichkeit meines göttlichen Sohnes Jesus geschehen. Schaut ins Weite, starrt nicht unbeweglich auf all die Ereignisse, die ihr im Moment lebt. Schaut vielmehr auf das, was kommt: die Neue Erde mit dem Neuen Himmel, das Zeitalter des Friedens, des wahren Friedens, den allein Gott euch geben kann.

Kehrt zur Quelle, zum Wort des Lebens, der Heiligen Bibel zurück, folgt den Weisungen, die Gott der Vater euch geschenkt hat: sein göttliches Gesetz, seine Gebote (Ex 20). Lasst euch nicht vom rechten Weg abbringen. Es stimmt, dass die Tür schmal ist: Ihr müsst Gott mit ganzem Herzen, mit ganzer Seele, mit all eurer Kraft lieben (Lk 10,27); auf die Welt, auf das Fleisch und auf den Dämon verzichten und durch die schmale Pforte gehen (Mt 7,13), die euch zum Himmelreich führt: Zu diesem Reich, das der Vater von Anbeginn an für euch vorbereitet hat.

Ja, meine Kinder, richtet euch auf, vertraut Dem, der euch alles geschenkt hat. Hebt den Kopf, um das Leuchten seiner Herrlichkeit zu sehen, denn der Himmel und das Universum verkünden sie und die ganze Erde bereitet sich darauf vor, seinen Schöpfer aufzunehmen.

Danke, meine Kinder, dass ihr meine Worte aufnehmt, danke, dass ihr euch die Zeit nehmt nachzudenken und mit einem reumütigen Herzen in die Arme Gottes des Vaters zurückzukehren. Seid gesegnet im Namen des Vaters, im Namen des Sohnes und im Namen des Heiligen Geistes. Amen. Halleluja.

Maria, Königin des Friedens 12. November 2011

172 – Die Kirche muss ihren Karfreitag mit Maria am Fuß des Kreuzes durchmachen. Nach ihrer Läuterung wird die Kirche vollkommen schön, demütig und heilig sein.

Dankt dem Herrn für die Wunder, die er in der Vergangenheit getan hat, die er in diesem Moment tut und die er für seinen kleinen Rest in diesen Zeiten tun wird, die die letzten sind. Bekreuzige dich und schreibe, mein Kind, bedeckt vom Kostbaren Blut meines göttlichen Sohnes, dem Herrn Jesus Christus.

Meine Kinder, vergesst die Wunder nicht, die der Höchste für euch getan hat. Nie lässt Er ein Kind im Stich, das sich Ihm anvertraut. Betet, ohne den Mut zu verlieren, seine Vorsehung ist stets da, denn Er hält seine Versprechen. Seid euch seines göttlichen Eingreifens sicher, Er handelt im gegebenen Augenblick.

In den kommenden Tagen werdet ihr im reinen Glauben vorangehen und in der heiligen Hingabe leben müssen. Deshalb bitte ich euch zu beten, ohne den Mut zu verlieren, euch darin zu üben, im Stand der Gnade, im Gebet zu bleiben, ohne zu vergessen, euch mit dem Kostbaren Blut Jesu, eures Erlösers zu bedecken. Der Tag naht, da ihr alle einer harten Glaubensprüfung unterzogen werdet. Harrt aus im Gebet und der Anbetung, damit ihr der Versuchung der Verzweiflung, der Entmutigung, der Angst und vor allem des Zweifels an der Gegenwart eures Herrn und Gottes nicht erliegt.

Vergesst nie, dass ich in den schwierigsten Moment bei euch bin. Ich werde am Fuß eures Kreuzes stehen, um euch beizustehen, euch zu ermutigen, euch Hoffnung zu schenken und euch vor allem in meine Arme zu nehmen, wenn ihr erschöpft seid. Ja, Mama Maria wird bei euch sein, wie ich mit den Aposteln und den Jüngern in der ersten Zeit der Kirche war. Ich werde bei euch sein, um diese Kirche zu empfangen, die derzeit krank ist. Doch nach der Läuterung wird sie vollkommen schön, faltenlos, demütig, arm, heilig sein und der Stimme des Herrn gehorchen. Sie wird die Mutter aller Kinder sein, die ihr Gründer ihr anvertraut hat.

Betet, meine Kinder, für eure heilige Mutter, die Kirche, denn sehr bald wird auch sie ihren Karfreitag durchmachen. Betet, damit die Zeit abgekürzt wird. Betet, damit die geweihten Seelen mit dem Weinstock vereint bleiben.

Danke für eure Großzügigkeit, danke für eure Liebe. Seid gesegnet im Namen des Vaters, im Namen des Sohnes und im Namen des Heiligen Geistes. Amen. Halleluja.

༄

Jesus, das Licht der Welt 14. November 2011

173 – Weiht euch meinem Heiligsten Herzen und dem Unbefleckten Herzen Mariens.

Siehe, es kommt die Sonne der Gerechtigkeit (Mal 3,20). Bekreuzige dich und schreibe, mein Kind, bedeckt von meinem Kostbaren Blut, zur Ehre Gottes, meines Vaters.

Ich bin das Licht der Welt, das euch in dieser Nacht der großen Verwirrung erleuchtet. Folgt meinen Schritten, meine Kinder, ohne nach rechts und links zu schauen. Achtet nicht auf all diesen Lärm. Lasst euch nicht ablenken, denn die Nacht wird immer dunkler. Unterstützt einander und folgt mir nach, ihr meine Getreuen, mein ganz kleiner Rest. Schaut unverwandt auf mein Licht, damit ihr nicht in eine der zahlreichen Fallen stolpert, die die bösen Geister auf eurem Weg aussäen.

Es ist spät, bereitet euch vor, ihr müsst das Öl des Glaubens vorrätig haben. Lasst eure Lampen brennen (Lk 12,35), die ihr mit dem Wort Gottes angezündet habt, und bewahrt das Vertrauen zu Dem, der euch alles geschenkt hat. Lasst euch vom Thron der Weisheit, meiner heiligen Mutter belehren. Sie kann euch mit allen Gnaden vorbereiten, die ihr braucht. Sie weiß, was jedes ihrer Kinder braucht, um die Mission zu erfüllen, die Gott Vater ihm anvertraut hat.

Sie ist die neue Arche, die der Heilige Geist euch in diesen Zeiten schickt, die die letzten sind. Kommt, meine Kinder, kommt in ihr Heiligstes Herz, eurem einzigen Zufluchtsort! Kommt, bevor die Türen geschlossen werden. Weiht euch meinem Heiligsten Herzen und ihrem Unbefleckten Herzen, dann seid ihr vor allen Unwettern, vor allen Drangsalen, vor den bösen Geistern sicher, die zum Verderben der Menschen durch die Welt ziehen.

Habt keine Angst (Mt 14,27), ich bin bei jedem Kind, das mich sucht, das zu mir betet und ruft. Ich beschütze euch, ich führe euch, denn ich bin der Weg, die Wahrheit und das Leben (Joh 14,6)… Wer mir nachfolgt, hat das Licht des ewigen Lebens. Kommt zu mir, um euch in dieser kalten Nacht zu erwärmen. Ruht euch an meinem Heiligsten Herzen aus, um neue Kraft zu schöpfen. Erlaubt mir, euch zum Reich zu führen, in dem Gott der Vater euch erwartet, ihr seine Gesegneten (vgl. Mt 25,34).

Freut euch, denn eure Befreiung ist nahe (Lk 21,28). Seid gesegnet im Namen des Vaters, im Namen des Sohnes und im Namen des Heiligen Geistes. Amen. Halleluja.

༄

Maria, Königin des Friedens   15. November 2011

174 – Lasst euch lieben, damit ihr lernt, wie Er zu lieben.
Das Hohelied der Liebe des heiligen Paulus.

Danke, mein Kind, bekreuzige dich und schreibe, bedeckt vom Kostbaren Blut meines göttlichen Sohnes, dem Herrn Jesus Christus.

Kommt, meine Kinder und sammelt euch mit einem reinen Herzen am Fuß des Tabernakels, in dem mein sanfter Jesus wohnt. Haltet ihm Gesellschaft und teilt euren Tag, eure Freuden, euren Kummer, eure Sorgen mit ihm. Er erwartet euch, denn er freut sich, wenn seine Kinder ihn umgeben. Wo Jesus ist, dort ist auch der Vater, dort wirkt auch der Heilige Geist.

Lasst euch lieben, damit ihr lernt, wie Er zu lieben. Wisst ihr, dass viele Kinder die wahre Liebe, die Schönheit der Liebe nicht kennen, die der heilige Paulus in seinem Hohenlied der Liebe (1 Kor 13) beschreibt? Diese Liebe ist das Wesen Gottes, denn Gott ist die Liebe (1 Joh 4,16). Und wenn wir lieben lernen, wie Gott Sohn es uns gelehrt hat, kann uns nichts von der Liebe trennen. Die Liebe zu Gott ist so groß, dass sie unsere ganze Existenz verwandelt. Dann sehen wir alles mit dem Blick Gottes, dann handeln wir aus Liebe zu Gott. Dann lieben wir, um Gott zu gefallen, dann sehen wir in jedem Menschen das Werk Gottes. Und schließlich spricht uns die ganze Schöpfung von Gott. Wir werden wie Kinder, die sich von allem entzücken lassen, was sie umgibt. Sie leben in

Halleluja-Rufen, nichts kann sie von der Liebe ihres Vaters trennen, sie leben durch ihn in einer Gemeinschaft kindlicher Liebe.

Diese Liebe will Jesus euch kosten lassen, wenn ihr vor ihm steht. Nach seinem Willen sollt ihr in dieser Zeit, in der Hass, Gewalt, Zorn und Misstrauen herrschen, Geschöpfe der Liebe werden, um den anderen Frieden, Lebensfreude, Hoffnung und Vertrauen zu bringen. Das sind die Früchte der Liebe, die Früchte des Heiligen Geistes, die euch helfen, die Zeiten der großen Drangsal im Frieden durchzustehen. Euer Herz wird voller Liebe und voller Frieden sein, und so wächst in euch der Glaube und das Vertrauen zu eurem Vater im Himmel.

Ja, meine Kinder, lasst euch von Dem lieben, der euch als Erster geliebt hat, der die ersten Schritte getan hat, um euch entgegenzugehen, der euch bis zur Torheit eines Todes am Kreuz geliebt hat: euer Jesus, der Liebe ist. Habt keine Angst, dass er euch gegenüber anspruchsvoll sein könnte.

Danke, meine Kinder, dass ihr die ganze Liebe aufnehmt, die er in euren Herzen ausgießen will. Seid gesegnet im Namen des Vaters, im Namen des Sohnes und im Namen des Heiligen Geistes. Amen. Halleluja.

∽

Euer Jesus, der Liebe ist   17. November 2011

175 – Selig, wenn ihr den Glauben bewahrt, der alles schenkt, was ihr in den Prüfungen braucht.

Warum zweifelt ihr an meinem göttlichen Eingreifen? Bekreuzige dich und schreibe, mein Kind, bedeckt von meinem Kostbaren Blut, zur Ehre Gottes, meines Vaters.

Vergesst nicht, dass ich der Gott des Unmöglichen bin. Seid gewiss, dass ihr alles erlangt, was ihr im Gebet mit einem kindlichen Herzen, mit Beharrlichkeit und mit Glauben erbittet. Habt keine Angst vor morgen (Mt 14,27). Auch wenn sich nichts zu bewegen scheint, sollt ihr wissen, dass der Heilige Geist in diesem Moment am stärksten handelt. Der Vater schaut auf das Vertrauen, das in euren Herzen wohnt, auf euer beharrliches Gebet, auf die Hingabe an seine Göttliche Vorsehung.

Verliert nicht den Mut, freut euch über das Geschenk des Glaubens, den der Heilige Geist in jeden von euch gelegt hat. Warum spreche ich mit euch über all das? Um euch daran zu erinnern, dass ihr nicht allein seid. Selig seid ihr, wenn ihr euren Glauben bewahrt, denn so könnt ihr in dieser harten Glaubensprüfung bis zum Schluss aufrecht bleiben und tapfere Soldaten sein, die bereit sind, die Wahrheit und das Wort des Lebens zu verteidigen. Ihr steht in der ersten Reihe, um eure Zugehörigkeit zu Jahwe, eurem Vater, mit der Fackel des Glaubens, mit dem Panzer des Glaubens, mit dem Schild des Glaubens vor allen zu bezeugen.

Seht ihr, wie entscheidend wichtig der Glaube in dieser Zeit ist, in der ihr lebt? Wenn ihr Glauben habt, habt ihr alles, was ihr braucht, um alle Prüfungen durchzustehen. Durch eure Gebete erwartet ihr alles von eurem Vater im Himmel; durch eure Beharrlichkeit berührt ihr Sein Herz auf besondere Weise. Euer Gebet ist ein vertrauensvolles Zwiegespräch der Liebe, der glühenden Liebe zu eurem Gott und Vater.

Habt keine Angst (Mt 14,27), meine Geliebten. Was immer geschieht, nehmt alles mit Liebe und im Frieden an und übergebt es den Händen eures Jesus, der die Liebe ist. Ich mache mir euer Gebet zu Eigen und halte es meinem Vater hin, damit Er euch in meinem Namen die Gnaden gewährt, die ihr braucht.

Danke, meine Kinder, dass ihr meine Worte gut aufnehmt, die Worte der Hoffnung sind. Seid gesegnet im Namen des Vaters, im Namen des Sohnes und im Namen des Heiligen Geistes. Amen. Halleluja.

༄

Jesus, König des Universums   20. November 2011
Christkönigsfest

176 – Beim Neuen Pfingsten der Liebe werden die Gaben des Heiligen Geistes auf der ganzen Erde verbreitet.

Ich, der König des Universums, spreche mit euch. Bekreuzige dich und schreibe, mein Kind, bedeckt von meinem Kostbaren Blut, zur Ehre Gottes, meines Vaters.

Ich sammle euch aus allen Nationen und mache aus euch, meinen Kindern des Lichtes, ein heiliges Volk, das das Reich des Göttlichen Willens annimmt, in dem Gott Vater von allen seinen Kindern geehrt, angebetet und verherrlicht wird. Diese Kinder geben ihm den ersten Platz in ihrem Leben, sie leben die zehn Gebote, die er ihnen hinterlassen hat, und lieben ihn mit ganzem Herzen, mit ganzer Seele und mit all ihrer Kraft (Ex 20).

Ja, ich sammle euch aus allen Himmelsrichtungen der Erde. Niemand wird vergessen: Ich werde mich um jedes meiner Schafe kümmern. Ich führe euch in den Schafstall, denn ihr folgt meiner Stimme. Ich erleuchte eure Wege, gebe euch neue Kraft und bringe euch in Sicherheit vor diesem Sturm, der sich überall auf der Welt entfesselt: der Verlust des Glaubens.

Ich selbst hole euch zu mir, damit ihr wieder auflebt, wenn ich euch bei dem Neuen Pfingsten der Liebe, da der Heilige Geist seine Gaben über euch ausgießt, einen neuen Lebenshauch verleihe. Ihr werdet von neuem das wahre Leben in Gott empfangen, das der Vater in jeden von euch gelegt hat, um die Erben des Himmelreiches aus euch zu machen.

Ich komme mit dem ganzen Glanz meiner Herrlichkeit! Bald werdet ihr mich sehen, denn ich stelle meine Herrschaft unter meinem heiligen Volk wieder her, das ich von Ewigkeit erwählt habe.

Danke, meine Kinder, dass ihr meine Worte gut aufnehmt. Danke, dass ihr all die Liebe aufnehmt, die ich in euer Herz lege. Empfangt meinen besonderen Segen an diesem bedeutenden Tag im Namen des Vaters, im Namen des Sohnes und im Namen des Heiligen Geistes. Amen. Halleluja.

Maria, Königin des Friedens 21. November 2011

177 – Bei der Heiligen Messe empfangt ihr den König der Könige.

Bekreuzige dich und schreibe, mein Kind, bedeckt vom Kostbaren Blut meines göttlichen Sohnes, dem Herrn Jesus Christus, zur Ehre Gottes, seines Vaters.

Heute ist ein Fest im Himmel: Der Tag, an dem meine Eltern Joachim und Anna mich im Tempel, der Wohnstätte des Höchsten, vorstellten. Der gesegnete Tag, an dem ich mich voll und ganz dem Herrn und Gott, meinem Vater weihte. Ich verneigte mich, um Ihn anzubeten und bat ihn, mich durch die Hand des Priesters zu segnen, der mich empfing. Was für eine Freude erlebte mein Herz in diesem Moment, als ich die Welt verließ, um mich seinem Dienst zu weihen! Ich wollte durch Ihn, mit Ihm und in Ihm leben.

Meine Kinder, ich möchte, dass euer Herz sich jedes Mal, wenn ihr zur Heiligen Messe geht, mit Freude auf diese Begegnung vorbereitet, bei der ihr den König der Könige, den Herrn der Herren, euren Schöpfer und Gott empfangt. Denkt über dieses große Vorrecht nach, euren Gott in eurem Herzen zu empfangen – ein Vorrecht, das nicht einmal die heiligen Engel haben!

Wer ist der Mensch, dass Gott ihn so sehr liebt! Leider versteht ihr den Reichtum und die Größe dieser unerhörten Gnade noch nicht. Und – Wunder über Wunder – diese Gnade wird euch zu jeder Zeit geschenkt: Meine Kinder, die ihr sie jeden Tag empfangt, ich möchte, dass sie eure Freude und die Quelle eures Lebens wird, dass die Eucharistie ein Feuer der Liebe ist, das euch ergreift, das euch in Geschöpfe der Liebe verwandelt, damit ich euch eines Tages vor den dreifaltigen Thron stellen und sagen kann: Vater, sieh deine Kinder, die sich deinem Dienst geweiht haben. Auch sie wollen durch dich, mit dir und in dir leben, um in der Einheit des Heiligen Geistes nur noch eins zu sein. Danke, Herr, dass du sie annimmst. Sie verneigen sich vor dir, um dich anzubeten und in diesen Zeiten, die die letzten sind, deinen besonderen Segen zu empfangen. Wie meine Eltern mich im Tempel vorgestellt haben, so stelle auch ich dir alle meine Kinder vor, die gesagt haben: «Ja, Vater, ich komme, um deinen Willen zu tun» (Ps 40).

Ich bin eure himmlische Mama und ich kümmere mich um jeden von euch. Ich will, dass ihr dort im Himmelreich bei mir seid, wo auch ich bin. Danke, meine Kinder, dass ihr meine Worte gut aufnehmt. Seid gesegnet im Namen des Vaters, im Namen des Sohnes und im Namen des Heiligen Geistes. Amen. Halleluja.

Maria, Königin des Friedens 25. November 2011

178 – Wie er die Israeliten gerettet hat, rettet er sein Volk und bereitet es auf den Übergang zur Neuen Erde vor.

Gepriesen sei der allmächtige Vater, der Herr Zebaoth. Bekreuzige dich und schreibe, mein Kind, bedeckt vom Kostbaren Blut meines göttlichen Sohnes, dem Herrn Jesus Christus.

Jauchzt vor Gott, alle Länder der Erde! Spielt zum Ruhm seines Namens! Verherrlicht ihn mit Lobpreis! (Ps 66) Verbeugt euch und betet den an, der ist, der war und der sein wird. Jubelt ihm mit ganzem Herzen, mit ganzer Seele und mit all eurer Kraft zu, damit die Welt begreift, dass er lebt und in jedem von euch wirkt.

Wie er die Israeliten gerettet hat, so rettet er auch sein erwähltes Volk (vgl. Joh 15,19): Euch, seine treuen Kinder, die an ihn glauben, die auf ihn zählen, die alles von Ihm erhoffen. Er sammelt euch aus allen Nationen, um euch darauf vorzubereiten, zur Neuen Erde überzugehen, auf der es nichts Böses mehr gibt, auf der ihr alle Kinder einer großen Familie seid. Ja, die große Familie der Kinder Gottes, in der das Teilen, die gegenseitige Hilfe, die Einheit, der Frieden, die Freude, die Kindesliebe herrschen, um dem dreimal Heiligen Vater die Ehre, die Herrlichkeit und den Lobpreis zu geben, die sie ihm schuldet.

Richtet euch wieder auf, meine Kinder, seid wachsam, denn der Herr rettet seinen kleinen Rest, der im Gebet und in der Anbetung ausharrte und seine göttlichen Gesetze, die Gebote (Ex 20) befolgte und einhielt.

Hebt den Kopf, lasst euch nicht ablenken oder entmutigen, denn eure Befreiung ist nahe (Lk 21,28). Ja, der Herr kommt, Ihm sei alle Ehre und ewiges Lob. Freut euch, bald werdet ihr Ihn sehen, bewahrt den Mut. Seid gesegnet im Namen des Vaters, im Namen des Sohnes und im Namen des Heiligen Geistes. Amen. Halleluja.

Maria, Königin des Friedens 26. November 2011

179 – Die Erleuchtung eures Gewissens ist ein einmaliges Ereignis in der Menschheitsgeschichte. Bereitet euch vor und geht zum Sakrament der Versöhnung.

Friede sei mit euch, meine Kinder. Bekreuzige dich und schreibe, mein Kind, bedeckt vom Kostbaren Blut meines göttlichen Sohnes, dem Herrn Jesus Christus.

Selig, wer im Gebet wacht in diesen so wirren Zeiten, in denen man alles tut, um euch vom Gebet, von der Anbetung, von der inneren Sammlung abzubringen und euch vor allem daran zu hindern, die Stille zu finden, die euch zu einem innerlichen Leben führt, damit ihr die Stimme eures Herrn und Gottes hören könnt.

Selig, wer im Gebet ausharrt und sich nicht von allen möglichen Sorgen und Prüfungen entmutigen oder bedrücken lässt. Er kann allem entgehen, was geschehen muss, denn er hat einen unerschütterlichen Glauben und ein vollkommenes Vertrauen zu Gott, seinem Vater. Er ist in der Lage, den gegenwärtigen Moment zu leben in dem Wissen, dass sein Vater da ist, um ihn zu beschützen, ihn zu führen, ihn zu beruhigen.

Selig seid ihr, meine Kinder, wenn es euch gelingt, in dieser so tiefen Nacht des großen Glaubensabfalls im Gebet zu wachen. Ihr werdet würdig, aufrecht vor dem Menschensohn zu erscheinen, wenn ihr dieses außerordentliche Handeln der göttlichen Barmherzigkeit, die Erleuchtung eures Gewissens an euch erfahrt.

Bleibt im Stand der Gnade, bittet um die Hilfe des Heiligen Geistes, um eine gute Gewissenserforschung zu machen. Bereitet euch vor, geht zum Sakrament der Vergebung und verschiebt nicht auf morgen, was ihr heute tun könnt, denn die Stunde kommt mit Riesenschritten näher! Das werdet ihr zu gegebener Zeit und an gegebenem Ort sehen. Hört auf die Ratschläge eurer himmlischen Mama, ich will euch helfen, dieses Ereignis zu leben, das in der Menschheitsgeschichte einmalig ist. Ihr habt nicht die geringste Vorstellung davon, was ihr in Kürze erleben werdet. Seid wachsam, bleibt wach und betet. Betet für alle eure Brüder und Schwestern auf der ganzen Welt, meine Kinder. Betet, bevor es zu spät ist.

Danke, meine Geliebten, dass ihr meine Worte aufnehmt. Ich liebe euch und bin für immer bei euch mit Gott Vater, Gott Sohn und Gott Heiligem Geist. Seid gesegnet im Namen des Vaters, im Namen des Sohnes und im Namen des Heiligen Geistes. Amen. Halleluja.

Maria, Königin des Friedens 27. November 2011
Erster Adventssonntag

180 – Schaut nicht auf das Böse, das euch umgibt.
Schaut nach vorne, eure Befreiung ist nahe.

Jetzt ist die Adventszeit gekommen. Bekreuzige dich und schreibe, mein Kind, bedeckt vom Kostbaren Blut meines göttlichen Sohnes, dem Herrn Jesus Christus.

Ihr wartet auf den Tag, an dem er mit dem ganzen Glanz seiner Herrlichkeit kommt: Einem gesegneten Tag für alle Kinder des Lichtes, die im Gebet, im Glauben, in der Hoffnung ausharrten. Ein Tag der Freude für jene, die sich in dieser dunklen Nacht der großen Verwirrung nicht vom Geist der Welt, dem Fleisch und dem Dämon einschläfern ließen.

Wacht, meine Kinder, betet, betet, betet, um in diesem Kampf gegen die Mächte des Bösen bis zum Ende durchzuhalten. Schaut nicht auf das Böse, das euch umgibt, schaut nach vorne auf das, was kommt: Eure Befreiung ist nahe (Lk 21,28), hebt den Kopf, bemitleidet euch nicht selbst.

Diese Zeit des Advents sei eine liebliche Erwartung. Sie soll euch als Vorbereitung darauf dienen, euren Herrn und Gott, meinen Sohn Jesus, der Liebe ist, in euer Herz aufzunehmen.

Seid gesegnet im Namen des Vaters, im Namen des Sohnes und im Namen des Heiligen Geistes. Amen. Halleluja.

Jesus, Retter der Welt — 29. November 2011

181 – Ich befreie euch von all eurer Sklaverei.
Bindet euch an mein Herz und an das meiner heiligen Mutter.

Friede sei mit euch, meine Kinder. Bekreuzige dich und schreibe, mein Kind, bedeckt von meinem Kostbaren Blut zur Ehre Gottes, meines Vaters.

Jetzt kommen Tage der Gerechtigkeit und des Friedens. Betrachten wir diesen kurzen Satz: In diesen Zeiten, die die letzten sind, wird die Gerechtigkeit aufblühen (Ps 72), denn ich habe den Schrei der Armen (Ps 34), der Unterdrückten und derer vernommen, die jede Hoffnung verloren haben… Ja, ich befreie euch aus aller Sklaverei, ich erleuchte euren Weg. Öffnet eure Herzen, verzichtet auf alles, was nicht von mir kommt, lasst mich Wohnung in euren Herzen nehmen, damit der Heilige Geist euer ganzes Wesen wieder herstellt und euch ein Herz aus Fleisch gibt, das sich an Mein Heiligstes Herz bindet, um von Herzen sanft und demütig zu werden. In meiner Schule sollt ihr jenen Frieden stiften, den nur ich, euer Gott, euch geben kann (Mt 5,9).

Ja, meine Kinder, sieht, es kommen Tage des Friedens, doch bevor sie kommen, müsst ihr Tage großer Drangsal durchmachen, in denen euer Glaube schwer geprüft wird. Deshalb bitte ich euch, auf alles Böse zu verzichten, das Gute anzunehmen und mir zu erlauben, euch vorzubereiten, euch zu unterweisen und euch zu führen.

Bindet euch an mein Heiligstes Herz und an das Unbefleckte Herz meiner heiligen Mutter Maria, dann erreichen wir gemeinsam diesen Tag des Friedens, an dem es keinerlei Platz für das Böse gibt.

Vergesst nicht, meine Kinder, der Herr weiß euch zu belohnen, die ihr mit ganzem Herzen, mit ganzer Seele und mit all eurer Kraft nach meiner Wiederkunft in Herrlichkeit verlangt (vgl. 2 Petr 3).

Ich komme, meine ganz Kleinen, ich befreie euch. Bewahrt den Mut, seid stark, denn euer Lohn wird groß sein. Seid gesegnet im Namen des Vaters, im Namen des Sohnes und im Namen des Heiligen Geistes. Amen. Halleluja.

Anhang 1 – Gebete

Das Credo: das Große Glaubensbekenntnis (Nicäno-Konstantinopolitanum)

Wir glauben an den einen Gott,
den Vater, den Allmächtigen,
der alles geschaffen hat, Himmel und Erde,
die sichtbare und die unsichtbare Welt.

Und an den einen Herrn, Jesus Christus,
Gottes eingeborenen Sohn,
aus dem Vater geboren vor aller Zeit:
Gott von Gott, Licht vom Licht,
wahrer Gott vom wahren Gott,
gezeugt, nicht geschaffen,
eines Wesens mit dem Vater;
durch ihn ist alles geschaffen.

Für uns Menschen und zu unserem Heil
ist er vom Himmel gekommen,
hat Fleisch angenommen
durch den Heiligen Geist
von der Jungfrau Maria
und ist Mensch geworden.

Er wurde für uns gekreuzigt
unter Pontius Pilatus,
hat gelitten und ist begraben worden,
ist am dritten Tage auferstanden
nach der Schrift
und aufgefahren in den Himmel.

Er sitzt zur Rechten des Vaters
und wird wiederkommen in Herrlichkeit,
zu richten die Lebenden und die Toten;
seiner Herrschaft wird kein Ende sein.

Wir glauben an den Heiligen Geist,
der Herr ist und lebendig macht,
der aus dem Vater und dem Sohn hervorgeht,
der mit dem Vater und dem Sohn
angebetet und verherrlicht wird,
der gesprochen hat durch die Propheten;
und die eine, heilige, katholische
und apostolische Kirche.

Wir bekennen die eine Taufe
zur Vergebung der Sünden.
Wir erwarten die Auferstehung der Toten
und das Leben der kommenden Welt.
AMEN.

Der Johannesprolog
(Joh 1,1-18)

¹Im Anfang war das Wort, /und das Wort war bei Gott, / und das Wort war Gott. ²Im Anfang war es bei Gott. ³Alles ist durch das Wort geworden / und ohne das Wort wurde nichts, was geworden ist. ⁴In ihm war das Leben / und das Leben war das Licht der Menschen. ⁵Und das Licht leuchtet in der Finsternis / und die Finsternis hat es nicht erfasst. ⁶Es trat ein Mensch auf, der von Gott gesandt war; sein Name war Johannes. ⁷Er kam als Zeuge, um Zeugnis abzulegen für das Licht, damit alle durch ihn zum Glauben kommen. ⁸Er war nicht selbst das Licht, er sollte nur Zeugnis ablegen für das Licht.

⁹Das wahre Licht, das jeden Menschen erleuchtet, / kam in die Welt. ¹⁰Er war in der Welt / und die Welt ist durch ihn geworden, / aber die Welt erkannte ihn nicht. ¹¹Er kam in sein Eigentum, / aber die Seinen nahmen ihn nicht auf. ¹²Allen aber, die ihn aufnahmen, / gab er Macht, Kinder Gottes zu werden, / allen, die an seinen Namen glauben, ¹³die nicht aus dem Blut, / nicht aus dem Willen des Fleisches, / nicht aus dem Willen des Mannes, / sondern aus Gott geboren sind. ¹⁴Und das Wort ist Fleisch geworden / und hat unter uns gewohnt / und wir haben seine Herrlichkeit gesehen, / die Herrlichkeit des einzigen Sohnes vom Vater, / voll Gnade und Wahrheit.

¹⁵Johannes legte Zeugnis für ihn ab und rief: Dieser war es, über den ich gesagt habe: Er, der nach mir kommt, ist mir voraus, weil er vor mir war. ¹⁶Aus seiner Fülle haben wir alle empfangen, / Gnade über Gnade. ¹⁷Denn das Gesetz wurde durch Mose gegeben, die Gnade und die Wahrheit kamen durch Jesus Christus. ¹⁸Niemand hat Gott je gesehen. Der Einzige, der Gott ist und am Herzen des Vaters ruht, er hat Kunde gebracht.

Weihe an den Willen des Vaters
Vor dem eucharistischen Jesus
(Mutter Eugenia Ravasio, 1907-1990)

OH JESUS,
Wir sind alle hier,
nicht nur vor Dir, sondern mit Dir,
vereint mit Dir, mit allem, was Du bist,
um mit Dir in diesem Göttlichen Sakrament eins zu sein.

Du bist da und wir sind vor allem deshalb bei Dir,
um voll und ganz
den göttlichen Willen des Vaters zu erfüllen.
In jedem Augenblick lebst Du eine Ganzhingabe und sagst:
Ich erfülle ständig den Willen des Vaters.

Dieser göttliche Wille ist Dein Wesen, Deine Kraft
und Deine Nahrung. Dieser Wille ist Dein Leiden und Deine Freude,
und das genügt, damit Du Dich in keinem Moment
bei etwas anderem aufhältst als bei dem, was der Vater will.

Damit wir mit Dir sind,
möge dieser göttliche Wille des Vaters
jeden Augenblick unserer Existenz füllen.

Deshalb wollen wir stets und immer mehr
auf die Vereinigung mit Dir vorbereitet werden,
durch die Weihe an den Willen des Vaters,
mit allem, was wir sind,
und was noch hinzukommt,
solange wir auf dieser Erde leben.

AMEN.

Magnifikat

(Lk 1,47-55)

Ein Lobgesang, in dem Maria die vielen Wundertaten Gottes preist, die er in ihr und in den Nationen vollbracht hat. Dieser Lobgesang der Jungfrau Maria wird während der Chor-Vesper gesungen.

Meine Seele preist die Größe des Herrn,
und mein Geist jubelt über Gott, meinen Retter.

Denn auf die Niedrigkeit seiner Magd hat er geschaut.
Siehe, von nun an preisen mich selig alle Geschlechter.

Denn der Mächtige hat Großes an mir getan,
und sein Name ist heilig.

Er erbarmt sich von Geschlecht zu Geschlecht
über alle, die ihn fürchten.

Er vollbringt mit seinem Arm machtvolle Taten:
Er zerstreut, die im Herzen voll Hochmut sind.

Er stürzt die Mächtigen vom Thron
und erhöht die Niedrigen.

Die Hungernden beschenkt er mit seinen Gaben
und lässt die Reichen leer ausgehen.

Er nimmt sich seines Knechtes Israel an
und denkt an sein Erbarmen,
das er unseren Vätern verheißen hat,
Abraham und seinen Nachkommen auf ewig.

Ehre sei dem Vater und dem Sohn
und dem Heiligen Geist,
wie im Anfang, so auch jetzt und alle Zeit
und in Ewigkeit.
AMEN.

Ehre sei dir, Jesus
(nach einem Gebet der Dienerinnen Jesu und Mariens)

Ehre und Lob sei Dir,
Herz Jesu, Priester und Hostie!

Oh Mama Maria,
demütige Magd des Herrn,

Gib, dass alle Priester
vom Geist der Liebe geheiligt werden
und sie alle Menschen zur Einheit des Glaubens,
der Liebe und der Hoffnung
in der göttlichen Eucharistie führen!
AMEN.

༄

Gebet zum heiligen Erzengel Michael
(Papst Leo XIII – 1903)

Heiliger Erzengel Michael,
verteidige uns im Kampfe.

Gegen die Bosheit und die Arglist des Teufels
sei du unser Schutz.

Gott gebiete ihm! So bitten wir flehentlich.
Du aber, Fürst der himmlischen Heerscharen,
stürze den Satan und die anderen bösen Geister,
die zum Verderben der Seelen die Welt durchstreifen,
in der Kraft Gottes
hinab in den Abgrund der Hölle.

AMEN.

Gebete des Engels von Fatima

Oh mein Jesus,
verzeih uns unsere Sünden
Bewahre uns vor dem Feuer der Hölle
und führe alle Seelen in den Himmel,
besonders jene, die deiner Barmherzigkeit am meisten bedürfen.
Amen.

Mein Gott,
ich glaube an Dich, ich bete Dich an,
ich hoffe auf Dich und ich liebe Dich!
Ich bitte Dich um Verzeihung für jene,
die nicht an Dich glauben, dich nicht anbeten,
die nicht auf Dich hoffen und Dich nicht lieben.
Amen.

Anhang 2

Die Erleuchtung des Gewissens in der Botschaft von Fatima

Hier zitieren wir kommentarlos Texte, die sich auf unser Thema beziehen und aus dem Bericht Lucias über die Erscheinungen Unserer Lieben Frau vor den Hirtenkindern von Fatima stammen.

Schwester Lucia von Fatima berichtet in ihren Memoiren, dass Unsere Liebe Frau sie am 13. Mai 1917 in die Vision Gottes einführte: «Sie öffnete zum ersten Mal die Hände und vermittelte uns wie durch einen Lichtreflex, der von ihren Händen ausging, ein so intensives Licht, dass es in unser Herz und in die Tiefe unserer Seele eindrang. Es ließ uns erkennen, wie Gott uns sah, der dieses Licht war. Und wir sahen uns klarer als im klarsten aller Spiegel.»

Francisco fügt hinzu: «Ich habe mich sehr gefreut, den Engel zu sehen. Noch mehr Freude empfand ich beim Anblick Unserer Lieben Frau. Am schönsten aber fand ich den Heiland in jenem Licht, das Unsere Liebe Frau in unsere Brust strahlen ließ. Ich liebe Gott so sehr!»

Als Schwester Lucia sich an diese Vision erinnerte, schrieb sie: «Das gab uns eine so tiefe Kenntnis Gottes und vernichtete uns derart in seiner Gegenwart, dass es nicht einfach ist, darüber zu sprechen.»

Am 13. Juni 1917: «...In dem Augenblick, als sie diese letzten Worte sagte, öffnete sie die Hände und übermittelte uns zum zweiten Male den Widerschein dieses unermesslichen Lichtes. Darin sahen wir uns wie in Gott versenkt. Jacinta und Francisco schienen in dem Teil des Lichtes zu stehen, der sich zum Himmel erhob, und ich in dem Teil, der sich über die Erde ergoss. Vor der rechten Handfläche Unserer Lieben Frau befand sich ein Herz, umgeben von Dornen, die es zu durchbohren schienen. Wir verstanden, dass dies das Unbefleckte Herz Mariä war, verletzt durch die Sünden der Menschheit, das Sühne wünscht.»

Am 13. Juli 1917: Mehr noch als die Ankündigung von Hungersnot, Kriegen und Verfolgungen ist die atemberaubende, schreckenerregende Erinnerung an die ewige Hölle, die wir durch unsere Sünden verdienen, der Hauptgegenstand der Botschaft von Fatima. Nachdem Schwester Lucia berichtet hatte, wie Unsere Liebe Frau ihnen ein Gebet beibrachte, das jedes Opfer begleiten soll, das für die Umkehr der Sünder aufgeopfert wird, schreibt sie weiter:

«Bei diesen letzten Worten öffnete sie von neuem die Hände wie in den zwei vorhergegangenen Monaten. Der Strahl schien die Erde zu durchdringen, und wir sahen gleichsam ein Feuermeer und eingetaucht in dieses Feuer die Teufel und die Seelen, als ob sie durchscheinend, schwarz und bronzefarbig glühende Kohlen in menschlicher Gestalt waren, die in diesem Feuer schwammen, empor geschleudert von den Flammen, die mit Rauchwolken aus ihnen selbst hervor schlugen. Sie fielen nach allen Seiten wie Funken bei gewaltigen Bränden, ohne Schwere und Gleichgewicht, unter Schreien und Heulen vor Schmerz und Verzweiflung, was uns erbeben und erstarren ließ. (Ich muss wohl bei diesem Anblick «au» geschrien haben, wie es einige Leute angeblich gehört haben.) Die Teufel unterschieden sich durch die schreckliche und scheußliche Gestalt widerlicher, unbekannter Tiere. Sie waren aber durchscheinend wie schwarze, glühende Kohle.

Diese Vision dauerte nur einen Augenblick. Dank sei unserer himmlischen Mutter, die uns vorher versprochen hatte, uns in den Himmel zu führen (in der ersten Erscheinung). Wäre das nicht so gewesen, dann glaube ich wären wir vor Schrecken und Entsetzen gestorben.»

Erschrocken und wie um Hilfe bittend erhoben die Kinder den Blick zu Unserer Lieben Frau, die voll Güte und Traurigkeit zu ihnen sprach: «Ihr habt die Hölle gesehen, wohin die Seelen der armen Sünder kommen. Um sie zu retten, will Gott die Andacht zu meinem Unbefleckten Herzen in der Welt begründen.»

Bei der dritten Erscheinung, so berichtet Lucia, schien Francisco am wenigsten von der Vision der Hölle erschreckt worden zu sein, obwohl auch er davon recht mitgenommen war. Was ihn am meisten beeindruckte und fesselte war Gott, die Heiligste Dreifaltigkeit in jenem unermesslichen Licht, das uns bis in die Tiefe der Seele durchdrang. Danach meinte er: «Wir brannten in jenem Licht, das Gott ist, und wir wurden nicht verbrannt[29]. Wie Gott doch ist! Das kann man nicht aussprechen! Ja, das kann keiner jemals sagen! Aber wie schade ist es, dass Er so traurig ist! Wenn ich ihn doch trösten könnte!»

Und so lautet der dritte Teil des Geheimnisses:

«Wir haben links von Unserer Lieben Frau etwas oberhalb einen Engel gesehen, der ein Feuerschwert in der linken Hand hielt; es sprühte Funken, und Flammen gingen von ihm aus, als sollten sie die Welt anzünden; doch die Flammen verlöschten, als sie mit dem Glanz in Berührung kamen, den Unsere Liebe Frau von ihrer rechten Hand auf ihn ausströmte: den Engel, der mit der rechten Hand auf die Erde zeigte und mit lauter Stimme rief:

Buße, Buße, Buße!

Und wir sahen in einem ungeheuren Licht, das Gott ist: «Etwas, das aussieht wie Personen in einem Spiegel, wenn sie davor vorübergehen»: Einen in Weiß gekleideten Bischof. Wir hatten die Ahnung, dass es der Heilige Vater war.

Wir sahen verschiedene andere Bischöfe, Priester, Ordensmänner und Ordensfrauen steigen einen steilen Berg hinauf, auf dessen Gipfel sich ein großes Kreuz befand aus rohen Stämmen wie aus Korkeiche mit Rinde[30]. Bevor er dort ankam, ging der Heilige Vater durch eine große Stadt, die halb zerstört war und halb zitternd mit wankendem Schritt, von Schmerz und Sorge gedrückt, betete er für

---

29. Moses hatte denselben Eindruck, als er Gott in dem brennenden Dornbusch sah. Bei dieser Gelegenheit sprach Gott mit ihm. Er brachte seine Sorge wegen der Versklavung seines Volkes zum Ausdruck und sagte, dass er beschlossen habe, es durch ihn zu befreien: «Ich werde mit dir sein» (vgl. Ex 3,2-12). Wer diese Gegenwart aufnimmt, wird der Brennende Dornbusch des Höchsten.

30. «Am Kreuz war Christus», erklärte Schwester Lucia im Sprechzimmer bei einer Unterhaltung mit Pater Kondo und Julio Gil im Sommer 2000.

die Seelen der Leichen, denen er auf seinem Weg begegnete. Am Berg angekommen, kniete er zu Füßen des großen Kreuzes nieder. Da wurde er von einer Gruppe von Soldaten getötet, die mit Feuerwaffen und Pfeilen auf ihn schossen. Genauso starben nach und nach die Bischöfe, Priester, Ordensleute und verschiedene weltliche Personen, Männer und Frauen unterschiedlicher Klassen und Positionen. Unter den beiden Armen des Kreuzes waren zwei Engel, ein jeder hatte eine Gießkanne aus Kristall in der Hand. Darin sammelten sie das Blut der Märtyrer auf und tränkten damit die Seelen, die sich Gott näherten.»

So endet das große Geheimnis. Unsere Liebe Frau fügte hinzu: «Sagt es niemandem. Francisco könnt ihr es sagen. Wenn ihr den Rosenkranz betet, sagt nach jedem Geheimnis:
OH MEIN JESUS,
VERZEIH UNS UNSERE SÜNDEN,
BEWAHRE UNS VOR DEM FEUER DER HÖLLE
UND FÜHRE ALLE SEELEN IN DEN HIMMEL
BESONDERS JENE, DIE DEINER BARMHERZIGKEIT
AM MEISTEN BEDÜRFEN.

Am 19. August 1917: Unsere Liebe Frau sah betrübter aus und bat die drei Kinder: «Betet, betet viel und bringt Opfer für die Sünder; denn viele Seelen kommen in die Hölle, weil niemand für sie opfert und für sie betet.»

Am 13. Oktober 1917 vertraute Lucia an: «Was sich mir von dieser Erscheinung am tiefsten ins Herz prägte, war die Bitte unserer heiligsten Himmelsmutter: Man soll Unseren Herrn nicht mehr beleidigen, der schon so sehr beleidigt worden ist.»

Und Schwester Lucia fügte hinzu: «Welche Klage voll Liebe und welch sanfte Bitte! Wie sehr wünschte ich, dass sie durch die ganze Welt widerhallte und alle Kinder der himmlischen Mutter den Klang ihrer Stimme hören könnten!»

Zusammengestellt von André Couture

Inhaltsverzeichnis

Widmung 3
Prolog 5
Kurze Beschreibung des Bildes auf der Umschlagseite 6
Vorworte 7
Einführung 11

2010

1. Man denkt an alles außer an das höchste Opfer Jesu,
   der Liebe ist, der in einer kleinen Hostie gefangen ist. 15
2. Sich in der Tugend der Geduld üben;
   dann folgen Friede und Heiterkeit. 16
3. Betrachten wir den Glauben. Singt wie die Kinder in der Feuersglut. 17
4. Eure Herzen seien voller Dankbarkeit und Liebe,
   damit ihr den Neugeborenen aufnehmen könnt. 18
5. Wenn ein Armer ruft, erhört ihn der Herr.
   Glaubt, dann werdet ihr nicht enttäuscht. 19
6. Die Welt geht einem wirtschaftlichen Chaos entgegen.
   Lernt, mit dem Wesentlichen zu leben und zu teilen. 19
7. Ich will meine Freude, meinen Frieden
   und meine große Liebe mit euch teilen. 21
8. Sich wie ein Kind voller Vertrauen hingeben.
   Das göttliche Kind nach seinem Belieben handeln lassen. 21
9. Der Glaubensabfall erreicht seinen Höhepunkt:
   die Zeit der Barmherzigkeit geht zu Ende 22

10. Tröstet das Herz meines göttlichen Kindes, indem ihr
    dafür betet, dass die verlorenen Schafe in den Stall zurückkehren 23
11. Viele vergessen, dem Vater zu danken und ihm das neue Jahr
    zu weihen 24

2011

12. Es wird ein schwieriges Jahr. Lasst euch auf die vereinten
    Herzen Jesu und Mariens ein, um vor allem Bösen sicher zu sein..... 27
13. Wie bei seinem ersten Kommen wird Jesus abgelehnt.
    Doch «Gott lässt keinen Spott mit sich treiben!» 28
14. Welch großes Vorrecht, an der Heiligen Messe teilzunehmen
    und zu kommunizieren! Bereitet euch in einer großen inneren
    Sammlung darauf vor. 29
15. Eine glückliche oder unglückselige Erfahrung,
    je nach dem Zustand eures Gewissens 31
16. Sich an das Wesentliche, das Wort Gottes halten.
    Wie viele verleugnen ihre Taufe und die heilige Lehre! 33
17. Die Zeit der göttlichen Barmherzigkeit geht ihrem Ende
    entgegen und macht der göttlichen Gerechtigkeit Platz 34
18. Die verlogenen Theorien des New Age.
    Nach der Erleuchtung werden mehrere zu Gott zurückkehren........... 36
19. Es bleibt kaum noch Zeit. Dann folgen die Prüfung
    des Glaubens und der Übergang in ein Zeitalter des Friedens
    und der Liebe. 38
20. Welche Demut geht vom Gott-Kind in der Krippe aus!
    Es zündet das Feuer der Liebe in den Herzen an................................ 39
21. Die heilige, kindliche Hingabe bringt Liebe hervor,
    wie die kleine Therese sagte. 41
22. Die Kirche lebt ihre Passion, man wird sie für tot halten.
    Sie wird auferstehen und ein neues Pfingsten der Liebe erleben. 42
23. Die Rüstung des Christen anziehen, um die Pfeile aufzuhalten,
    die die Welt durch die Medien, das Fernsehen, Internet abschießt... 44
24. Sich angewöhnen, um den Segen des Allerhöchsten zu bitten,
    bevor man irgendetwas beginnt.. 46
25. Die Macht des heiligen Namens Jesu.
    Ihn in allen Situationen aussprechen und anrufen.............................. 47

26. Der Allmächtige führt und beschützt euch wie
    er die Israeliten in der Wüste beschützt hat. 48
27. Ihr erlebt auf Erden den Kampf der Geister:
    Das Gute gegen das Böse 49
28. Ihr tretet im Hinblick auf die bevorstehende Rückkehr
    Jesu in eine neue Etappe des Plans des Vaters ein. 50
29. Maria hat vom Vater die Gnade der Erleuchtung
    eures Gewissens erlangt, um euch eine letzte Chance zu geben,
    die richtige Entscheidung zu treffen. 52
31. Der Schock, den jene erleiden, die meinen, dass sie Gott
    nie gegenüberstehen werden! Der Dienst im Unsichtbaren. 55
32. Meine Kinder sind meinen Aufrufen gegenüber gleichgültig.
    Die Jungfrau Maria ist betrübt und weint wegen ihrer Kinder. 56
33. Freude und Leiden Mariens, die als Mutter Gottes erwählt wurde.
    Entfesselung der Naturelemente vor der Erleuchtung
    des Gewissens. 57
34. Auserlesene Gnaden und Früchte eines Besuchs
    des Allerheiligsten. Freude und Trost für das Heiligste Herz Jesu. 59
35. Es ist wichtig, der Kirche und dem Papst zu gehorchen.
    Einige Kriterien, um falsche Propheten zu erkennen. 60
36. Ich habe meine Kinder des Lichtes erwählt. Gebt das Leben,
    die Liebe, das Licht im Sichtbaren wie im Unsichtbaren weiter. 62
37. Lobt Gott für die vielen empfangenen Wohltaten.
    Die Macht des Gebetes, des Segens, der Sakramentalien
    in den Prüfungen. 63
38. Hört aufmerksam auf das, was der Heilige
    Geist euch in der Tiefe eures Herzens sagen will. 65
39. Der Heilige Geist, den Jesus verheißen hat, gießt seinen Hauch aus,
    um euch in das Leben im göttlichen Willen einzuführen. 66
40. Die Unbefleckte Empfängnis ist das größte Vorrecht,
    das der Vater Maria geschenkt hat. 67
41. Die Kirche ist krank, sie muss ihre Verfolgung,
    ihre Passion, ihre Auferstehung durchmachen 69
42. Man glaubt nicht mehr an die Hölle, und noch weniger an
    das Fegefeuer. Nur wenige Seelen kommen direkt in den Himmel. .. 70
43. Nur wenige nehmen unsere Warnungen und Rufe an.
    Die Erde wird schwer erschüttert werden. 72

44. Die Geschichte der Patriarchen und der Wunder des Alten Testaments
nochmals lesen. Das Vertrauen zu Jesus bewahren,
der in der Eucharistie ist. 74

45. Das große Vorrecht, noch Priester zu haben, die mit Jesus
selbst bekleidet sind. Die Bedeutung und die Größe ihres Amtes. 74

46. Der Tag der Erleuchtung eures Gewissens naht. Wie zur Zeit
des Noah… wird es ein unbarmherziges Erwachen geben 76

48. Das Sakrament der Vergebung empfangen. In Freiheit seinen Weg
wählen: das ewige Leben oder den ewigen Tod. 79

49. Die Engel und die Heiligen sind bestürzt zu sehen,
in welchem Zustand sich die heutige Generation befindet. 81

50. Wie Jesus durch Maria kam, so kommt er auch
bei seiner Wiederkehr durch sie. 81

51. Sich Tag für Tag der Vorsehung hingeben, alles dem Vater übergeben.
Jesus Christus wird mit Macht
und Majestät wiederkehren. 83

52. Ruft den Heiligen Geist an, bevor ihr euer Gebet beginnt.
Die Verlockungen der Welt… und ihre zahlreichen Lügen. 84

53. Die Bürgerkriege werden den Krieg zwischen den Nationen auslösen.
Bald wird Gott sagen: «Es reicht!» 86

54. Angesichts des Buchs eures Lebens werdet ihr euch selbst richten.
Geht regelmäßig zu den Sakramenten, vor allem
zur Eucharistie. 87

55. Je mehr ihr gebt, umso mehr empfangt ihr. Gott ist auf Zeugen
angewiesen, um das Evangelium zu verkünden. 88

56. Die verstreuten Kinder werden bereuen, sie werden
die verlorene Zeit beweinen. Das schöne Geschenk des Glaubens. ... 90

57. Das Vertrauen zum Vater ist eine große Tugend;
die Hingabe ist die köstliche Frucht der Liebe. 91

58. Die Fastenzeit ist eine Zeit der Vorbereitung,
der Buße und des Fastens. Worin besteht das Fasten? 93

59. Die Naturkatastrophe in Japan. Die Prophezeiungen werden
von der Zahl der Gebete entscheidend beeinflusst. 94

60. Die absolute Macht des Glaubens über das Herz des Vaters…
Werkzeuge für die Evangelisierung sein. 95

61. Der Mensch hat alles verdorben. Bereitet die Rückkehr Jesu Christi
vor. Betrachtet die Passion Jesu 96

62. Die Jungfrau bringt ihre Traurigkeit zum Ausdruck,
weil viele sich weigern zu glauben. Der Feind ist gewaltig
am Werk. 97

63. Es wird einen weiteren, gewaltigen Angriff gegen die Kirche geben.
Bis zum Triumph des Unbefleckten Herzens
Mariens durchhalten. 98

64. Wenn die Familien den heiligen Joseph nachahmen würden,
wäre die Welt anders. Ihr müsst euch der Heiligen Familie
weihen. 100

65. Man will Gott, den Schöpfer loswerden: Heime, Schulen,
öffentliche Einrichtungen, Nationen… Wach auf,
törichte Generation! 101

66. Das Schicksal der Welt hing vom «fiat» Mariens ab!
Sie bereitet die Rückkehr in Herrlichkeit ihres Sohnes vor… 103

67. Der Vater wird die Naturelemente loslassen,
damit die Welt versteht. 104

68. Wir werden abscheuliche Dinge auf der Welt sehen.
Der Wert eines Tropfens des Kostbaren Blutes des Lammes. 105

69. Die Welt erlebt ihre Läuterung. Das recht angenommene
Leiden ist ein großer Reichtum. 107

70. Jesus wird in der Wüste vom Heiligen Geist geleitet.
Bereitet euch auf die Mission vor, die ihr bei der Taufe
empfangen habt. 108

71. Der Tag der Erleuchtung kommt mit großen Schritten
näher. Große Katastrophen werden ihr vorausgehen. 110

72. Man versagt den ganz Kleinen die Taufe. Das New Age
ist in die Erziehung und bei den alten Menschen eingezogen. 112

73. Jesus weint wegen der großen Zahl der Verdammten.
Er erwartet uns in jedem Beichtstuhl. 114

74. Kommentare zu einer Episode aus dem Evangelium:
Martha und Maria. 115

75. Die schrecklichen Schmerzen des Herzens Mariens
bei der Passion. Die Leiden des Herzens Jesu in den letzten Tagen
seines Lebens. 116

76. Die Oberfläche der Erde wird sich verändern.
Sich mit dem Kostbaren Blut Jesu bedecken…
Das Zeitalter des Friedens kommt. 117

77. Die Leiden des Sohnes und der Mutter entsprechen
    ihrer Liebe zu ihren Kindern. 119
78. Maria hat alle Leiden gekannt und hoffte trotz allem.
    Die Kirche ist aus dem offenen Herzen Jesu geboren. 121
79. Der glorreiche Tag, an dem Jesus den Tod überwunden
    und den Himmel geöffnet hat. Ihn in unsere Herzen einlassen. 123
80. Jesus gibt die Hoffnung und die Kraft wieder.
    Betet für die Unentschlossenen, die Opfer der Katastrophen. 124
81. Die Erleuchtung des Gewissens naht mit Riesenschritten:
    Die Augen und die Herzen werden sich öffnen. 125
82. Den gegenwärtigen Augenblick leben, sich völlig den Händen
    des Vaters übergeben. Liebt Ihn für die anderen… 126
83. Betet für den Papst, die Priester, die geweihten Seelen.
    Die Verfolgung wird groß sein. 127
84. Der Geist ist am Werk, um das neue Pfingsten
    der Liebe vorzubereiten. 129
85. Betet für den Frieden, vor allem im Mittleren Osten.
    Das Gebet kann den Schaden verringern.
    Der heilige Michael kämpft mit seinen himmlischen Truppen. 130
86. Durch die Erleuchtung des Gewissens werden
    die verlorenen Söhne zurückkehren 131
87. Wie viele Mütter werden auf der Welt vergessen!
    Wo ist das Familienleben? Was für eine Zukunft haben
    die kleinen Kinder?... 133
88. Der Himmel wird schweigen. Ihr werdet keine Priester finden.
    Ein großer Glaubensabfall. Bittet um die Gnade
    der Unterscheidung... 135
89. Die Gleichgültigkeit der vielen, die in den unendlich tiefen Abgrund
    laufen. Maria warnt sie; man macht sich über sie lustig. 136
90. Maria lehrt das Vaterunser... 137
91. Betet für jene, die in Gefahr sind, ihre Seele zu verlieren:
    Sie weigern sich, an Jesus und an sein Evangelium zu glauben. 138
92. Jedes Gebet, das ihr mit einem kindlichen Herzen sprecht,
    wird erhört. 139
93. Beschreibung der Erleuchtung des Gewissens.
    Alle werden die Herrlichkeit Gottes und ihr Gewissen sehen,
    wie Er es sieht... 140

94. Es wird eine Warnung sein, die dem Einzelgericht
    im Augenblick des körperlichen Todes gleicht. 142
95. Der göttliche Wille wird auf der Erde wie im Himmel herrschen. 143
96. Die Gleichgültigen werden bitterlich weinen. Jesus kann
    nicht auf diese Erde kommen, wenn sie nicht geläutert ist. 145
97. Tröstet das Herz Jesu, indem ihr ihn
    oft im Tabernakel besucht. 147
98. Jetzt kommen finstere Tage für die Menschheit. Meine Kinder
    werden in einen Amoklauf gegen die Zeit hineingerissen. 148
99. Er ist in jedem Tabernakel gegenwärtig, er bettelt
    um eure Liebe. Der ganze Himmel nimmt an jeder Messe teil. 149
100. Harrt wie Abraham in der heiligen Hingabe aus.
    Bittet um den Geist der Kraft. 150
101. Der Kelch der göttlichen Gerechtigkeit läuft über.
    Ihr steht kurz vor einer großen Naturkatastrophe. 151
102. Maria ist die Vorläuferin, die den Weg
    der Rückkehr ihres Sohnes vorbereitet. 152
103. Maria weiß, was für diese sündige Menschheit kommt.
    Wie Rachel weint sie um ihre Kinder… 154
104. Mit dem Heiligen Geist bereitet Maria ihre Kinder darauf vor,
    sich auf die Erleuchtung des Gewissens einzulassen. 154
105. Ereignisse großen Ausmaßes werden den Planeten treffen,
    um ihn zu läutern. 155
106. Schon in ihrer Kindheit bat Maria bei all ihrem Tun
    Gott um seinen Segen: Ahmen wir sie nach. 157
107. Folgt Benedikt XVI, eurem Führer in diesen letzten Zeiten. Wölfe
    wollen ihn beseitigen, um den Antichristen einzuführen. 158
108. Jesus hat uns seine ständige Gegenwart
    in der heiligen Eucharistie hinterlassen.
    Maria kommentiert dieses unergründliche Geheimnis. 159
109. Die glorreiche Rückkehr des Messias.
    Wenn ihr wüsstet, welchen Wert eine Seele hat! 161
110. Die Erde wird innehalten und auf die Stimme Gottes hören.
    Eine Warnung und eine letzte Chance. 162
111. Die Kirche ist aus dem durchbohrten Herzen geboren.
    Wer würde seinen einzigen Sohn aufopfern,
    um ein anderes Kind zu retten? 164

112. Die Kirche muss ihren Karfreitag durchmachen.
Ihr dürft die Priester nicht richten, ihr müsst sie unterstützen. 166

113. Die Achse der Erde wurde verrückt. Kanada wird schwer getroffen
werden. Weiht euch den vereinten Herzen Jesu und Mariens......... 168

114. Der Glaubensabfall ist flächendeckend. Der Vater wird
von seinen Kindern schwer verletzt.
Das Allerheiligste Altarsakrament wird entheiligt. 170

115. Die Herzen sind voller Angst und Verzweiflung, sie vergessen,
dass sie einen Vater voller Liebe haben.
Betet zum Heiligen Geist. 171

116. Einen uneingeschränkten Glauben an den Gott des Unmöglichen
haben, sich seiner Vorsehung hingeben, Ihm jeden Tag danken..... 173

117. Wie Gott sein Volk in das Gelobte Land führte, so führt er es jetzt
zur Neuen Erde. 174

118. Bald werdet ihr eine endgültige Wahl zwischen dem Himmel
und der Hölle treffen müssen. Diese Prüfung wird
von den notwendigen Gnaden begleitet. 175

119. Der große Glaubensabfall, ein Zeichen, dass die Rückkehr Jesu
Christi unmittelbar bevorsteht. Ihr findet Zuflucht in der Arche
des Neuen Bundes: dem Unbefleckten Herzen Mariens................. 176

120. Mit dem Herzen beten; manchmal genügt ein einfacher Blick
zum Himmel. Alles aufopfern und alles zur Ehre Gottes tun. 178

121. Betet, um die Gnade der Reue für die verlorenen Söhne
der ganzen Welt zu erlangen. 179

122. Seid in der Freude, denn eure Befreiung ist nahe.
Bittet den Heiligen Geist, den Glauben in euren Herzen
zu vermehren... 181

123. Jesus ist bei seiner ersten Ankunft durch Maria gekommen.
Durch sie kommt er in Herrlichkeit bei seiner zweiten Ankunft. ... 182

124. Sich immer den Händen des himmlischen Vaters überlassen.
Ruft in der Versuchung sofort zur Mutter Gottes........................... 183

125. Weiht dem Vater den Monat August.
Törichte Generation, erwache vor der Warnung!............................ 184

126. Folgen der fehlenden Unterweisung im Glauben.
Die Eltern sind für den Glauben ihrer Kinder verantwortlich. 186

127. Das Reich des Friedens kommt durch den Triumph
des Unbefleckten Herzens Mariens... 187

128. Der Friede des Herzens: ein großes Geschenk des Himmels.
Seinen Glauben, sein Vertrauen zum Vater bezeugen. 189
129. Macht euch doch keine Sorgen um morgen. 190
130. Das Fest der Aufnahme wird im Himmel gefeiert.
Sein fiat sprechen, um sich auf den Plan der Dreifaltigen Liebe
einzulassen. 193
131. Schaut auf Jesus, den Weg, der zum Vater führt.
Lasst euch nicht ablenken oder beeinflussen. 194
132. Die Warnung wird der derzeitigen Generation angekündigt.......... 195
133. Das Blut fließt im Mittleren Osten.
Ein Weltkrieg kann in Kürze ausbrechen. 197
134. Man tut alles, um den Namen Jesu zu verschleiern.
Meine Erwählten sind das Licht in der Finsternis. 198
135. Die persönlichen Sorgen bilden ein Hindernis für die Gnade. Sich
besser auf die Kommunion vorbereiten. 199
136. Sich von allem lösen, was nicht von Gott kommt,
um Ihm den ganzen Raum zu geben. 201
137. Eure Gebetsgruppen sind Blitzableiter geworden,
die der Macht des Bösen entgegenwirken. 202
138. Im Sakrament der Vergebung übt Jesus sein Priestertum
durch den Priester aus. Nicht bis zur letzten Minute warten. 204
139. Die Bedeutung des Herzensgebetes zu Beginn,
im Lauf und am Ende des Tages, nach dem Vorbild Jesu. 205
140. Die Jungfrau Maria bittet für jedes ihrer Kinder bis
zur letzten Sekunde ihres Lebens.. 207
141. Die Kirche wird eine schwere Verfolgung erleben.
Die Sekten haben sich überall auf der Welt stark vermehrt. 208
142. Ich stehe am Fuß eures Kreuzes.. 211
143. Jedes Kind hat eine einmalige Mission im Mystischen Leib.
Sich nicht mit den anderen vergleichen. 213
144. Der Okkultismus und die falschen Lehren legen die Seelen
in Ketten. Sich von einem Priester befreien lassen. 214
145. Alle für den geistlichen Kampf notwendigen
Waffen stehen bereit, angefangen beim Kostbaren Blut. 216
146. Die Erleuchtung des Gewissens ist eine außergewöhnliche Gnade,
um mehrere zur Wahrheit zurückzuführen............................... 218

147. Steht den Menschen mit Liebe bei, die schreckliche Angst
haben werden, wenn die schlimmen Ereignisse beginnen.............220
148. Tage der Schmerzen kommen für die sündige Menschheit.
Beten und sich bekehren, bevor es zu spät ist...........................221
149. Alles wird innehalten, damit der Heilige Geist
euch erfüllen kann..222
150. Maria geht durch die Welt, um ihre Kinder
darauf vorzubereiten, dem Sohn Gottes zu begegnen...................224
151. Ihr werdet eine große Aufgabe bei denen erfüllen müssen,
die in die Arme Gottes, des Vaters, zurückkehren wollen. 226
152. Die Heilige Bibel ist das Album der großen Familie
der Kinder Gottes...227
153. Jedes Kind muss seine täglichen Prüfungen
nach dem Vorbild Jesu annehmen...228
154. Bald kommt das neue Zeitalter des Friedens.
Dann gibt es keine Tränen, keine Trauer, kein Leiden mehr..........229
155. Die Katastrophen, die sich ereignen,
sind eine Folge der Sünde..230
156. Das Chaos wird für mein untreues Volk sehr groß sein.
Die derzeitige Generation wird die Erleuchtung ihres Gewissens
erleben..231
157. Der große Glaubensabfall wird die Erde überziehen.
Der einzige Zufluchtsort ist das Unbefleckte Herz Mariens. 233
158. Die Kinder des Lichtes sind von Wölfen umgeben; stellt
euch ihnen in Ruhe. Der Heilige Geist macht dann alles andere....234
159. Sich an die innere Stille gewöhnen, um auf die Stimme des Herrn
zu hören, den Eingebungen des Heiligen Geistes gehorchen. 235
160. Sich vom Geist der Welt freimachen lassen.
Das Neue Pfingsten verwandelt euch in geistliche Wesen.............237
161. In einem außerordentlichen Wirken der göttlichen
Barmherzigkeit werdet ihr euer Gewissen sehen,
wie Gott es sieht..238
162. Verbringt mehr Zeit vor der Realpräsenz,
damit ihr die Gnaden erhaltet, die während der großen Drangsal
nötig sind..240
163. Nehmt jene auf, die ich auf euren Weg schicke,
und bereitet sie vor..241

164. Maria bereitet euch auf die große Drangsal vor. 242
165. Sie werden sehen, mit welcher Liebe der Vater sie geliebt hat.
Betet für die, die diese väterliche Liebe nicht kennen. 243
166. Lernen, sich Gott Vater zu nähern und mit ihm zu sprechen. 244
167. Die Kinder Gottes durchqueren im Frieden
alle möglichen Stürme und Probleme. 246
168. Dankt dem Höchsten für alle Wohltaten, die ihr empfangen habt
und noch empfangen werdet. Seine Schätze sind unerschöpflich... 247
169. Maria bereitet euch darauf vor, die große Drangsal durchzustehen. .248
170. Das Herzensgebet in der Stille einer Begegnung von Herz zu Herz.
Dieser Welt, die im Sterben liegt, den Frieden übermitteln. 250
171. Rückkehr zur Heiligen Schrift. Durch die enge Pforte gehen,
die zum Himmelreich führt. 251
172. Die Kirche muss ihren Karfreitag mit Maria am Fuß
des Kreuzes durchmachen. Nach ihrer Läuterung wird die Kirche
vollkommen schön, demütig und heilig sein. 253
173. Weiht euch meinem Heiligsten Herzen
und dem Unbefleckten Herzen Mariens. 254
174. Lasst euch lieben, damit ihr lernt, wie Er zu lieben.
Das Hohelied der Liebe des heiligen Paulus. 255
175. Selig, wenn ihr den Glauben bewahrt, der alles schenkt,
was ihr in den Prüfungen braucht. 256
176. Beim Neuen Pfingsten der Liebe werden die Gaben
des Heiligen Geistes auf der ganzen Erde verbreitet. 257
177. Bei der Heiligen Messe empfangt ihr den König der Könige. 258
178. Wie er die Israeliten gerettet hat, rettet er sein Volk
und bereitet es auf den Übergang zur Neuen Erde vor. 260
179. Die Erleuchtung eures Gewissens ist ein einmaliges
Ereignis in der Menschheitsgeschichte. Bereitet euch vor
und geht zum Sakrament der Versöhnung. 261
180. Schaut nicht auf das Böse, das euch umgibt.
Schaut nach vorne, eure Befreiung ist nahe. 262
181. Ich befreie euch von all eurer Sklaverei.
Bindet euch an mein Herz und an das meiner heiligen Mutter. 263
Anhang 1. Gebete. 264
Anhang 2 271